慧编程与
人工智能教学

王永生　王海旭　赵书艺 ◎ 主编

陕西师范大学出版总社

图书代号　JC22N0191

图书在版编目（CIP）数据

慧编程与人工智能教学/王永生,王海旭,赵书艺主编.—西安:陕西师范大学出版总社有限公司,2022.2
ISBN 978-7-5695-2826-8

Ⅰ.①慧… Ⅱ.①王…②王…③赵… Ⅲ.①程序设计—中小学—教学参考资料②人工智能—中小学—教学参考资料 Ⅳ.①G633.673

中国版本图书馆CIP数据核字（2022）第030911号

慧编程与人工智能教学
HUIBIANCHENG YU RENGONG ZHINENG JIAOXUE

王永生　王海旭　赵书艺　主编

责任编辑	于盼盼
责任校对	刘金茹
封面设计	鼎新设计
出版发行	陕西师范大学出版总社
	（西安市长安南路199号　邮编 710062）
网　　址	http://www.snupg.com
经　　销	新华书店
印　　刷	陕西隆昌印刷有限公司
开　　本	889mm×1194mm　1/16
印　　张	21.25
字　　数	453千
版　　次	2022年2月第1版
印　　次	2022年2月第1次印刷
书　　号	ISBN 978-7-5695-2826-8
定　　价	58.00元

读者购书、书店添货或发现印刷装订问题，请与本社高教出版中心联系。
电　话：（029）85307864　85303622（传真）

前言

自20世纪50年代中期人工智能（artificial intelligence，AI）概念正式提出以来，伴随着互联网、大数据、云计算和新型传感等技术的发展，经过60多年的发展和积淀，人工智能正引发可产生链式反应的科学突破，催生一批颠覆性技术，对人类社会生产与生活的各个方面产生着深刻的影响。

2003年，教育部颁布的《普通高中技术课程标准（实验）》中，首次提出在信息技术课程中设立"人工智能初步"选修模块。2017年，中共中央、国务院印发《新一代人工智能发展规划》（以下简称《规划》）。《规划》提出到2030年我国新一代人工智能发展的指导思想、战略目标、重点任务和保障措施。在保障措施有关要求中，《规划》指出"支持开展形式多样的人工智能科普活动""实施全民智能教育项目，在中小学阶段设置人工智能相关课程"。2018年，教育部印发《教育信息化2.0行动计划》，在"信息素养全面提升行动"中要求"加强学生信息素养培育……完善课程方案和课程标准，充实适应信息时代、智能时代发展需要的人工智能和编程课程内容"。2020年出版的《普通高中信息技术课程标准（2017年版2020年修订）》中，则更进一步强调了人工智能在信息社会中发挥着越来越重要的促进作用，已逐步成为信息社会的积极参与者。

基于以上的发展趋势和政策要求，国内一批专业人员开始在中小学引入人工智能教学的实践探索，他们或是开设专门的人工智能课程，或是在STEAM或创客课程中引入人工智能的内容。但各地、各学校相关的软硬件条件存在差异，课程实施的类型不同，课程资源的选择有限等现状，对人工智能的普及和发展带来了一定的不利影响。本教材的出版，将为人工智能编程教学提供有力的支撑，拓展现有课程类型，丰富现存教学资源。

　　本教材分为人工智能编程入门、人工智能体验和人工智能编程机器人玩转物联网3个章节（分别由赵书艺、王海旭、王永生编写），每个章节包含12个主题活动，每个主题设置了知识回顾、情景导入、知识冲浪、编程实战和展示反馈等环节。教材内容编排由浅入深，还原教学流程，符合学习者思维习惯，无论对学生、教师，还是少儿编程及人工智能爱好者来说，都是一本不可或缺的思考资料。

　　由于时间仓促，教材中难免会有一些缺点和错误，望广大读者批评指正。

目录 Contents

第1章 人工智能编程入门 …… 1

1.1 认识慧编程 …… 5

1.2 智慧星球人 …… 14

1.3 看我72变 …… 25

1.4 原地踏步走 …… 40

1.5 校园运动会 …… 50

1.6 点球大战 …… 61

1.7 鹦鹉周游 …… 74

1.8 小虫快跑 …… 82

1.9 猜箱子游戏 …… 92

1.10 水果大作战（1） …… 101

1.11 水果大作战（2） …… 112

1.12 数字猜猜猜 …… 121

第2章 人工智能体验 …… 131

2.1 AI，我想认识你 …… 132

2.2 距离感应灯 …… 138

2.3 智能语音灯 …… 144

2.4 小麦·智能音箱（1） …… 153

2.5 小麦·智能影响（2） …… 160

2.6 小麦老师·翻译助手 …… 167

2.7 中华成语大会 ·· 173

2.8 情绪面板 ·· 183

2.9 风随我动 ·· 192

2.10 民族大联欢 ·· 199

2.11 AR手保健操 ·· 207

2.12 石头剪刀布 ·· 215

第3章 人工智能编程机器人玩转物联网 ·· 223

3.1 智能垃圾桶 ·· 224

3.2 智控窗帘 ·· 233

3.3 智趣笔筒 ·· 242

3.4 物联网小车 ·· 250

3.5 全地形机器人 ··· 259

3.6 安防巡逻机器人 ·· 268

3.7 环境数据采集 ··· 275

3.8 远程数据监测 ··· 284

3.9 智能通风系统 ··· 293

3.10 智能传送 ··· 301

3.11 物流分拣 ··· 309

3.12 自动驾驶 ··· 315

附录 ·· 322

第1章
人工智能编程入门

STEAM教育

STEAM教育是一种全新的教育理念，它正成为全球教育趋势。与传统的单学科教育不同，STEAM融合了科学、技术、工程、艺术、数学等学科的知识，鼓励孩子通过探索尝试完成他们感兴趣且与生活相关的"项目"，并从中找到解决问题的方法，全面锻炼孩子们的逻辑思维、创新能力和团队合作等能力。

童心制物

童心制物（Makeblock）是深圳市创客工场科技有限公司旗下品牌，成立于2013年，是一家服务全球的STEAM教育解决方案提供商。面向学校、教培机构、家庭的STEAM教育场景和娱乐场景，提供齐全的机器人硬件、编程软件，输出优质的教学内容，并打造国际化的青少年机器人赛事。童心制物致力于降低创造的门槛，让每个人都能实现自己的奇思妙想，享受创造的乐趣。

截至目前，童心制物（Makeblock）已将产品销往全球140多个国家和地区，拥有超过1600个渠道合作伙伴，用户人数超过1800万并持续增长。同时，产品已进入全球25000多所学校，被广泛应用于课堂教学及家庭教育，为孩子提供STEAM教育启蒙。

在法国，其产品已被写入学校教科书，超过6000所法国小学和初中都在使用；在中国香港，有一半以上的中小学使用STEAM教育解决方案，仅在2017年，就有超过200场主题工作坊和机器人比赛；在南极，mBot系列机器人成功帮助欧洲学生科考团完成极地考察任务；在非洲，我们与联合国教科文组织合作，作为官方指定的机器人供应商进驻马里首个国家机器人教育中心；在俄罗斯，超过半数政府投资的儿童科技园"Kvantorium（Кванториум）"使用其教育解决方案，旨在为培养更多战略储备人才奠定基础；在全球，神经元探索者套件于2018年全面登陆Apple Store，兼容苹果Swift Playgrounds编程软件，全面推动编程教育。

在全球布局上，童心制物在欧洲、美国、日本和中国香港均设有子公司，并于2017年与日本软银C&S达成战略合作。

童心制物的STEAM教育理念

童心制物将科技和教育融合在一起，通过建立涵盖机械、电子、软件的STEAM基础设施平台，全面降低创造的门槛。在孩子的基础教育阶段，知识的广度比深度更重要，能力的培养比知识的传授更重要。童心制物以软硬件结合的方式，帮助孩子在做中学，兼顾动手实践和思维训练，让孩子不惧未来的任何挑战，成长为有能力、会思考、有社会责任感的世界公民。

童心制物·教育版

慧编程·教育版是一个服务STEAM教育的一体化教学管理平台，适用于人工智能教育、STEAM教育、创客教育、信息技术教育、机器人教育、编程教育等不同的教学场景。

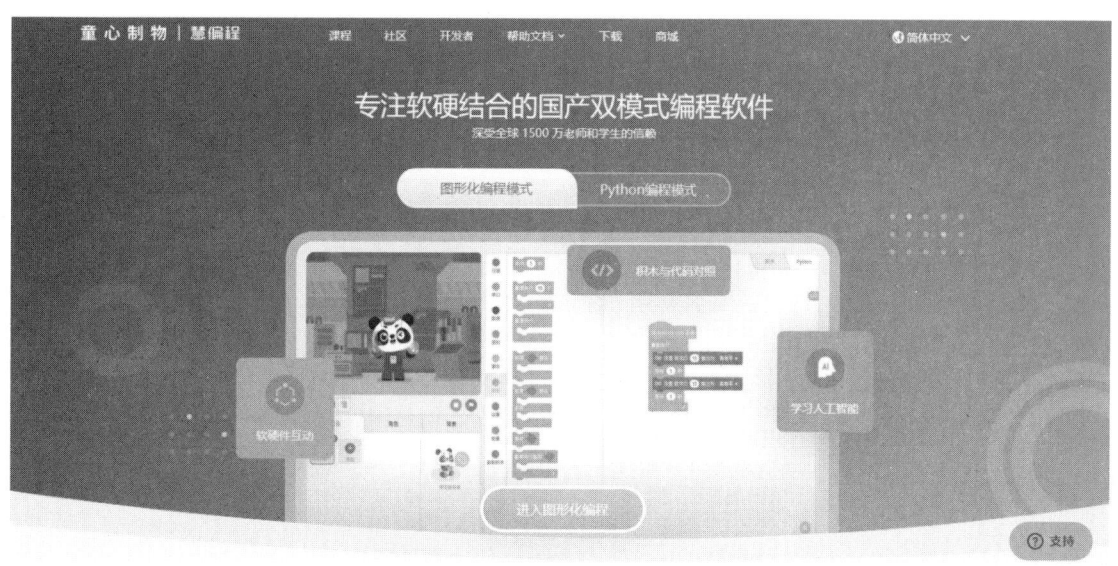

优势1：专业软硬件结合的国产"图形化编程 & Python编程"双模式编程软件，可满足不同阶段的编程需求。

优势2：全球性的编程社区，可结识世界各地的编程伙伴，发现更多有趣的作品。

优势3：精选编程专题，形式多样，活动丰富。

优势4：丰富的教育服务资源，可轻松实现编程教学。

优势5：跨设备在线编程，可满足不同编程教学场景，随时随地学编程。

1.1 认识慧编程

建议课时：40分钟

◎ **教学目标**

☆ 了解图形化编程软件，可以识记慧编程软件的功能分区及特点；

☆ 能够启动、运行和退出编程软件；

☆ 了解程序的概念，培养初步的计算机语言意识；

☆ 简单体验示例程序，感受编程乐趣。

◎ **教学重难点**

重点：识记慧编程软件的功能分区及特点。

难点：识记慧编程软件的功能分区及特点。

◎ **课前准备**

教师：准备好装有慧编程软件的电脑。

◎ **教学过程**

教师活动	学生活动
1. 情景导入（5分钟） 同学们，你们平时在家喜欢做什么？ 老师听到有同学提到喜欢玩游戏（或其他相关回答），那大家知道游戏是怎么做出来的吗？其实这些都需要借助计算机编程来实现，那编程到底是什么呢？它可以做些什么呢？我们一起了解一下。 ①可以开发各种手机软件。	▶ 学生可能回答：看书、看电视、玩手机、玩电脑、玩游戏等。

| 教师活动 | 学生活动 |

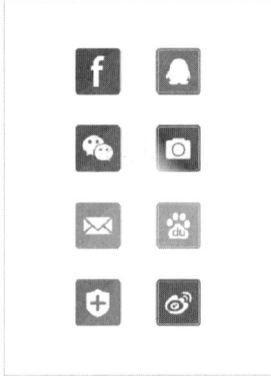

②可以设计制作好玩有趣的电脑游戏。

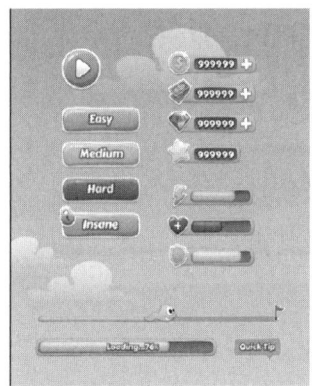

③可以实现对机器人的控制。

编程还可以做许许多多其他的事情，同学们平时可以多观察哦！接下来，老师给大家带来一个小游戏。

2. 游戏时光（5分钟）

老师用编程制作了一个游戏"太空历险记"。

游戏玩法：

教师活动	学生活动

①点击"绿旗" ,游戏开始;点击"红色按钮" ,游戏结束。

②用电脑键盘的"上下键"控制飞行员Panda的上下移动。

③单击"空格键"来射击炮弹 。

④在游戏中要避开或者发射炮弹射击"小星球" 或 ,每射中一个小星球,得1分,如果碰到小星球会受伤失血,生命值就会减少,飞行员也会变小,生命值为0时游戏即结束。

⑤看到红"十字救援" 时,要想办法接触它或者发射炮弹射击,每碰到或者击中一个,就可以补充10个生命值,同时飞行员会变大。

▶ 2名参赛选手玩游戏,其他同学观战。

现在邀请两位同学进行游戏PK,规定:

①两位同学轮流到教师电脑前进行游戏体验。

②游戏时长均为一分钟,一分钟内得分高者获胜。

③如果得分一样,生命值大的获胜。

④如果得分一样,生命值一样,则为平局。

PK结束之后,引导全班同学在自己的电脑上体验此游戏。

3. 知识冲浪(15分钟)

1)慧编程基本操作

引导学生打开示例程序"太空历险记",步骤如下:

①双击电脑桌面上的软件图标,打开慧编程软件。

▶ 打开示例程序"太空历险记",玩游戏。

| 教师活动 | 学生活动 |

②点击右上角的"教程" ，选择"示例程序"　　　。

③在"示例程序"界面下找到"太空历险记"并单击选中，再点击"确定"。

此时，"太空历险记"的游戏就打开了。

提示 在玩游戏的时候，可能会用到以下按钮，需要先了解一下不同按钮的功能。

图标	名称	功能
	绿旗	启动程序
	停止	停止程序
	全屏演示	将演示效果放大到全屏
	退出全屏	退出全屏演示效果

引导全班学生体验游戏，将时间控制在3分钟内。

点击不同的角色，可以在脚本区显示每个角色对应的程序。

教师活动	学生活动
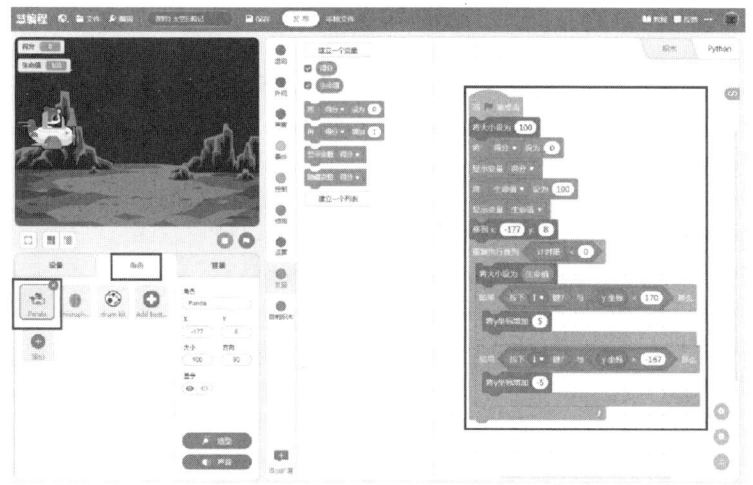 切换不同的角色,向学生展示游戏的程序代码。告知学生:"太空历险记"这个游戏的设计并不难,相信同学们只要坚持学习,不久就会制作出比这个还高级的游戏。 2)程序 大家知道"太空历险记"是老师通过编程设计制作的,那具体是如何控制实现游戏效果的呢?这就需要用到"程序"。 将计算机能够理解的语言按照一定的顺序拼接起来的指令就叫做程序。程序可以帮助我们控制角色实现我们希望的效果。在"太空历险记"中,我们通过把指令按照一定的顺序拼接起来,组成完整的程序,才能实现游戏效果。而挑选指令和拼接的过程就叫作编程。 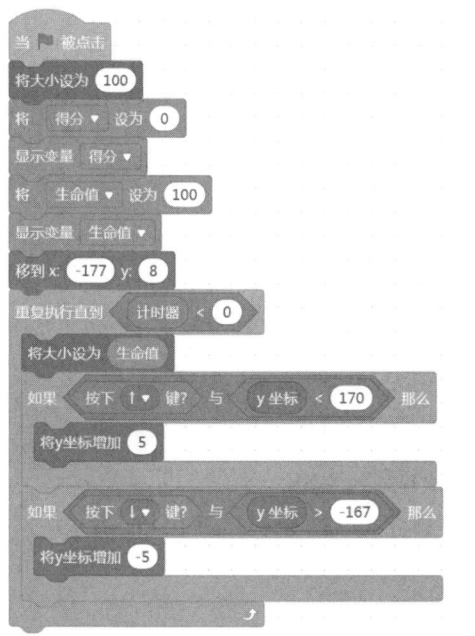 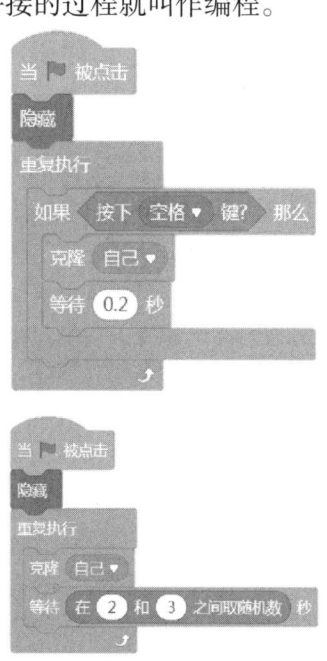	▶ 学生了解"程序"和"编程"的概念,知道两者之间的关系。

教师活动	学生活动

3）认识慧编程界面

编程需要工具。老师开发这款游戏时使用的工具，也正是大家刚刚打开的慧编程。

（1）展示慧编程的界面

展示"太空历险记"的游戏界面，以"太空历险记"程序为例，向大家介绍每个区域功能。

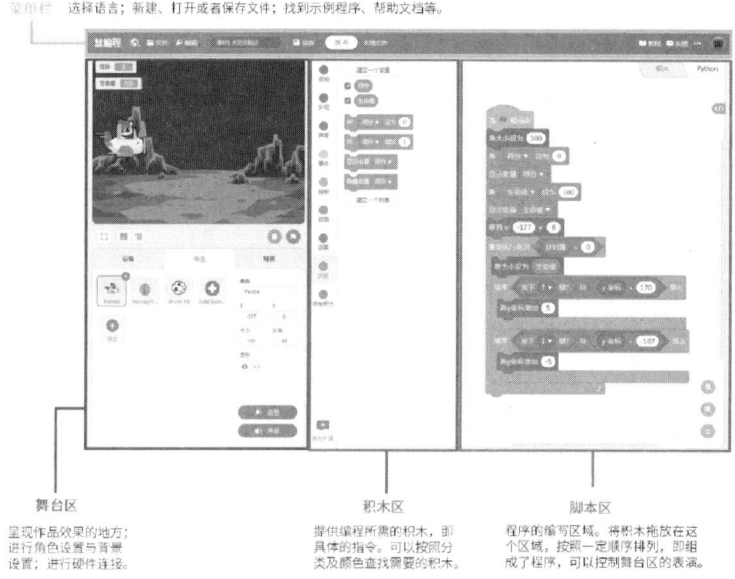

菜单栏　选择语言；新建、打开或者保存文件；找到示例程序、帮助文档等。

舞台区
呈现作品效果的地方；
进行角色设置与背景
设置；进行硬件连接。

积木区
提供编程所需的积木，即
具体的指令。可以按照分
类及颜色查找需要的积木。

脚本区
程序的编写区域。将积木拖放在这
个区域，按照一定顺序排列，即组
成了程序，可以控制舞台区的表演。

（2）各个区域的功能

区域	名称	功能
1	菜单栏	选择语言；新建、打开或者保存文件；找到示例程序、帮助文档等
2	舞台区	呈现作品效果的地方；进行角色设置与背景设置；进行硬件连接
3	积木区	提供编程所需的积木，即具体的指令。可以按照分类及颜色查找需要的积木
4	脚本区	程序的编写区域。将积木拖放在这个区域，按照一定顺序排列，即组成了程序，可以控制舞台区的表演。

▶ 学生需熟记各个区域的名字。

4. 编程实战（10分钟）

知道了什么是"程序"，体验了"太空历险记"，熟悉了"慧编

| 教师活动 | 学生活动 |

程"软件。现在就亲自动手,实现第一个程序——"会动的Panda"。

引导学生按照步骤说明,编写第一个小程序,体验鼠标的拖拽和程序的运行。

①在菜单栏找到"文件" 📁文件 ,选中"新建" 新建 并单击鼠标左键,在弹出的窗口点击"不保存" 不保存 ,这样就新建了一个文件。

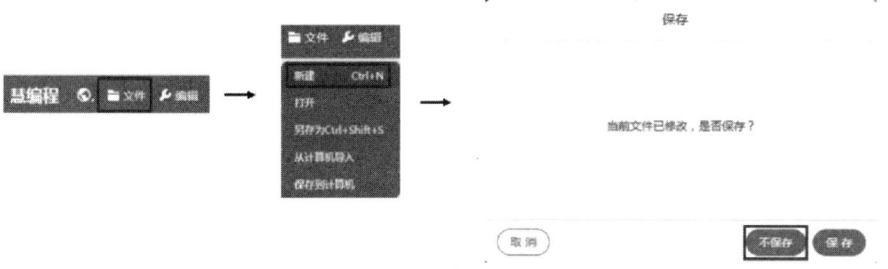

②在舞台区下方点击"角色",确定是在角色下进行操作,否则将找不到相应积木块。这里出现的角色都会在舞台中显示。

▶ 学生按步骤说明,体验鼠标的拖拽,程序的运行。

③从积木区找到并选中"事件" ,找到"当绿旗被点击" ,用鼠标左键按住不松,移动鼠标,将它拖到脚本区后松开。

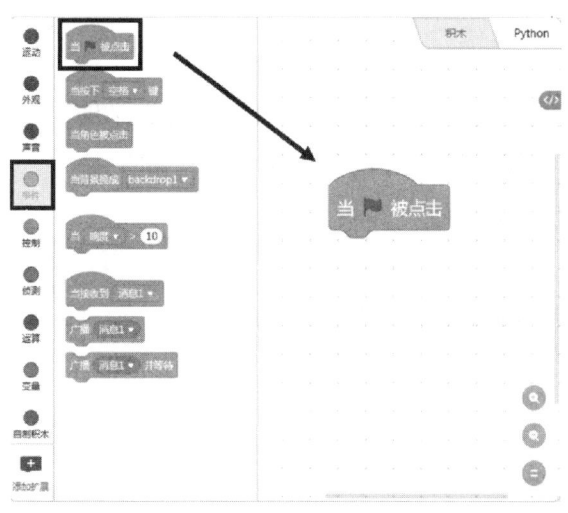

| 教师活动 | 学生活动 |

④从积木区找到并选中"运动" ，找到"移动10步" ，拖拽到脚本区，卡合在"当绿旗被点击"积木 在下面。

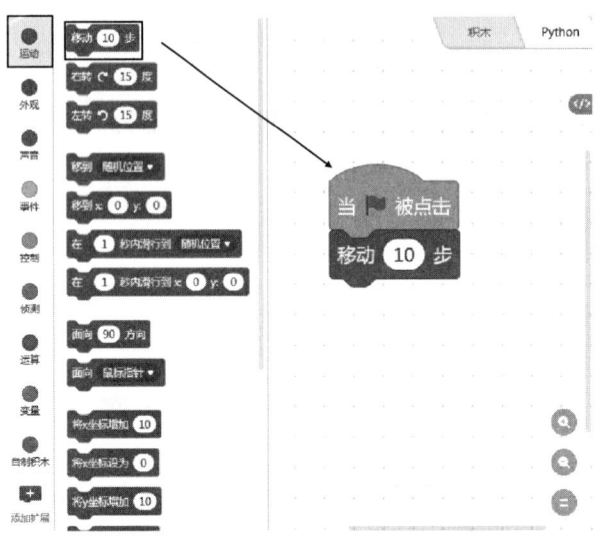

⑤点击"绿旗" 运行程序，观察舞台动画效果。

5.展示与反馈（5分钟）

1）课堂活动

举办"游戏畅想"的主题活动，引导同学思考并回答：这节课我们在"太空历险记"中体验了编程设计的游戏。想象一下，如果是你，你希望用编程设计一个什么样的游戏？

2）总结回顾

①玩"太空历险记"时，展示游戏界面的区域叫什么？（　　）

A.积木区

B.脚本区

C.菜单栏

教师活动	学生活动

D.舞台区

参考答案：D

②在"太空历险记"中，启动程序的按钮是？（ ）

A.　　　B. 　　　C. 　　　D.

参考答案：B

③下列选项中关于编程说法错误的是？（ ）

A.编程就是搭积木。

B.编程是将计算机能够看懂的指令按照一定的顺序拼接起来的过程。

C.手机内的APP都是通过编程开发的。

D.通过编程可以开发各种各样的游戏。

参考答案：A

▶ 学生完成题目，回顾本节课所学内容。

1.2　智慧星球人

建议课时：40分钟

◎ **教学目标**

☆ 了解事件积木"当绿旗被点击"的作用；

☆ 可以认识并正确使用简单的外观积木"说……"和"说……（）秒"，能够区分两个积木的效果；

☆ 知道如何添加舞台背景，能够给程序选择合适的舞台背景；

☆ 编写程序，实现"让Panda做自我介绍"的效果。

◎ **教学重难点**

重点：能够正确区分"说……"和"说……（）秒"两个积木的使用效果。

难点：能够正确区分"说……"和"说……（）秒"两个积木的使用效果。

◎ **课前准备**

教师：准备好装有慧编程软件的电脑。

◎ **教学过程**

教师活动	学生活动
1. 知识回顾（3分钟） 上一节课我们认识了慧编程软件，知道了如何运行程序。让我们一起来回顾一下慧编程的软件界面划分，复习一下不同按钮的作用。	▶ 学生回顾慧编程的软件界面，复习不同按钮的作用。

教师活动	学生活动
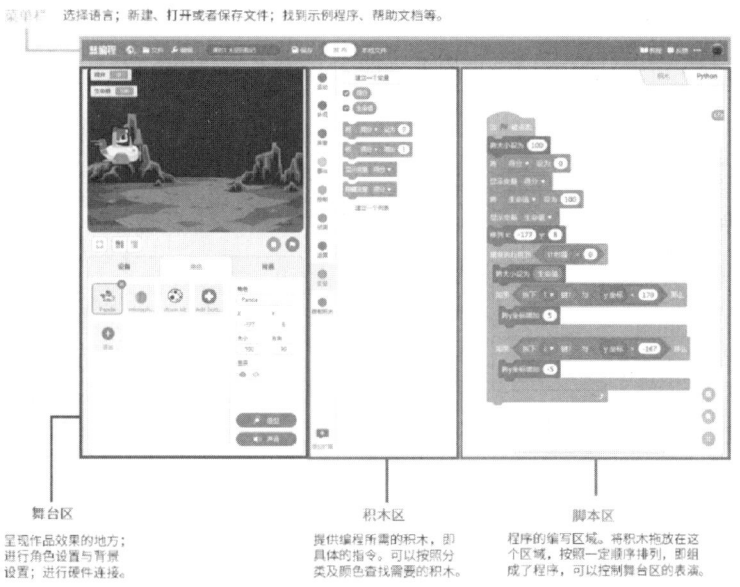	

图标	名称	功能
▶	绿旗	启动程序
●	停止	停止程序
⟷	全屏演示	将演示效果放大到全屏
⤫	退出全屏	退出全屏演示效果

2. 情景导入（2分钟）

提问：在上一节课的游戏中，有一个飞行员，还记得他叫什么吗？

▶ 学生回答"Panda"。

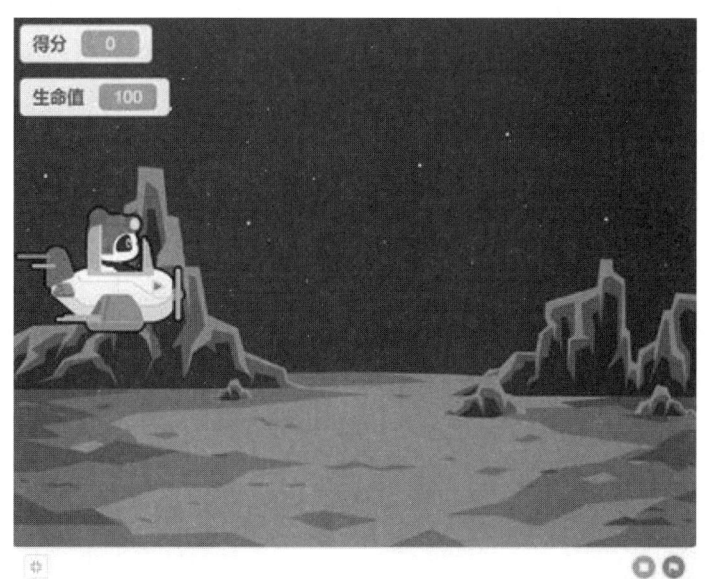

教师活动	学生活动

这位来自智慧星球的飞行员Panda突破重重险阻,终于穿越太空来到了地球。可是他不会汉语,无法和大家打招呼,他希望我们能帮助他和大家打招呼。

播放案例视频《不会说话》。

3. 知识冲浪(15分钟)

要帮助Panda说话,我们得先学习一些编程知识。

1)让角色说话

▶ 学生学习新积木。

积木区	积木	功能	示例
事件	当▶被点击	开始事件。使用此积木的程序在点击绿旗后开始执行此积木后续的指令积木	
外观	说 你好! 2 秒	说"你好!"显示2秒后消失。说的内容和显示时间可以自由设置	当▶被点击 说 你好! 2 秒
	说 你好!	一直说"你好!"。说的内容可以自由设置	

示例实现步骤,此环节由教师带领学生进行实际操作。

①打开慧编程软件,单击舞台区下方的"角色",进入"角色"的程序设计界面。

▶ 学生在老师的指导下完成示例程序。

教师活动	学生活动

②在积木区找到并选中"事件" ，找到"当绿旗被点击"积木 ，点击并将其拖拽到脚本区后松开。

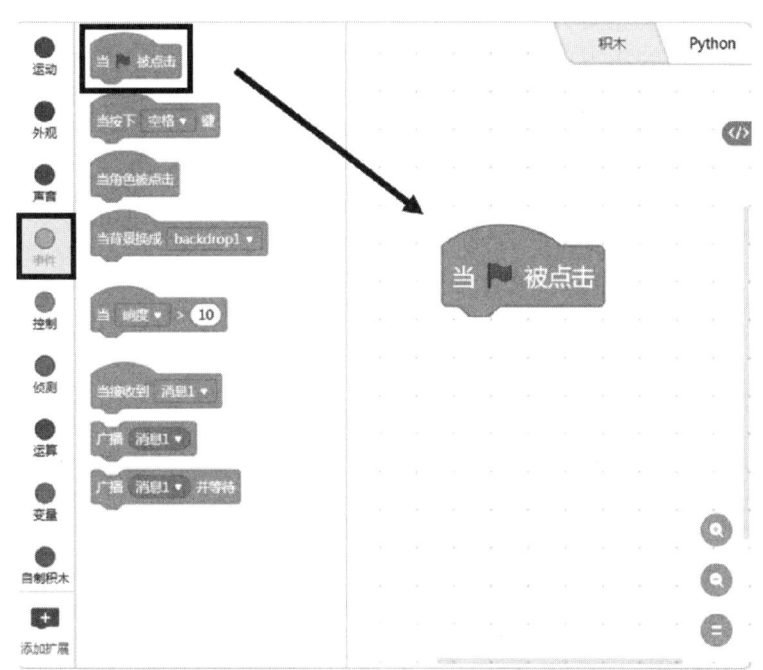

③在积木区找到并选中"外观" ，找到"说（你好！）（2）秒"积木 ，将其拖拽至"当绿旗被点击"积木 的下方，完成积木卡合。

④点击"绿旗" ，体验程序效果。

⑤ 在积木区选中"外观" ，找到"说（你好！）"积木 ，将其拖拽并卡合在"当绿旗被点击"积木 的下方，替换原积木 。

▶ 学生通过实践操作，体会两个"外观"积木的区别。

教师活动	学生活动
⑥再次点击"绿旗" ▶ ，体验效果差异。  **提示** （1）如何删除积木？ 用鼠标左键点击选择要删除的积木，将其拖拽至积木区，松开鼠标左键，就可以删除目标积木。 （2）如何保存文件？ 如果想保存程序，点击菜单栏中的"文件"，选择"保存到计算机"，并确定要存放的位置和文件名，就可以把作品保存在电脑上了。 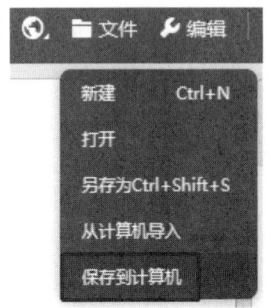	▶学生了解如何删除积木。 ▶学生练习保存文件的操作。

教师活动	学生活动
2）添加背景 为了让Panda在地球有家的感觉，我们要给Panda布置一个熟悉的环境，让他有在太空的感觉。这就需要借助舞台区的"背景"，通过它可以给舞台布置成想要的环境。现在我们需要一个"太空"背景。 ①单击舞台区下面的"背景"，点击 ⊕ 。 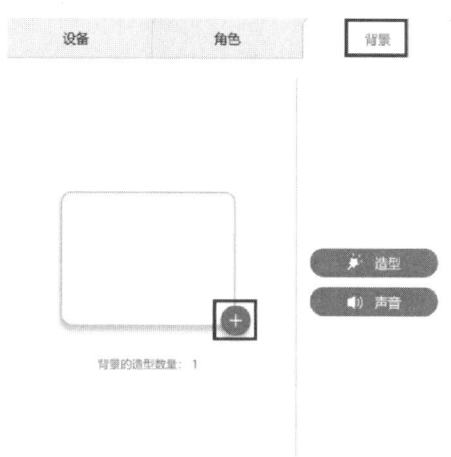 ②进入"背景库"，点击"太空" 太空 ，选择"space3"背景，并点击"确定"。  通过以上操作，就成功地给Panda布置了"太空"背景。	▶ 学生在老师的指导下给舞台添加背景。

教师活动	学生活动

4. 编程实战（15分钟）

播放案例，引导学生编写案例中的小程序，让Panda做自我介绍。

1）要求

①让Panda说4句话：

说"你好！"1秒；

说"我是来自智慧星球的Panda"2秒；

说"这是我第一次遇到你，超级开心"2秒；

说"我们以后一起玩耍呀~~"2秒。

②设置舞台背景。

2）参考步骤

①新建一个文件，点击"角色"，进入"角色"的程序设计界面。

▶ 学生独立完成"Panda的自我介绍"程序设计。

②在积木区的"事件"中选择"当绿旗被点击"积木，点击并拖拽至"脚本区"。

③从"外观"中选择"说……（2）秒"积木，卡合在"当绿旗被点击"积木，并修改时间为"1"秒。

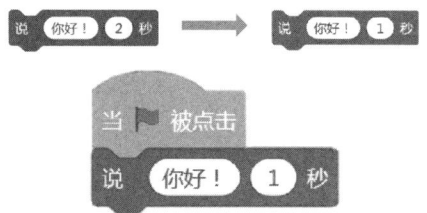

④从"外观"中选择"说……（2）秒"积木，并按顺序卡合在脚本区积木下，将"你好"修改为"我是来自智慧星球的Panda"。

⑤从"外观"中选择"说……（2）秒"积木，并按顺序卡合在脚本区积木下，将"你好"修改为"这是我第一次遇到你，超级开心"。

⑥从"外观"中选择"说……（2）秒"积木，并按顺序卡合在脚本区积木下，将"你好"修改为"我们以后一起玩耍呀~~"。

⑦将"脚本区"的积木拼接在一起，如图：

| 教师活动 | 学生活动 |

⑧选择"背景",点击 ➕ ,选择"太空",选中其中一个背景,点击确定,给Panda换一个太空背景。此处以最后一个背景为例。

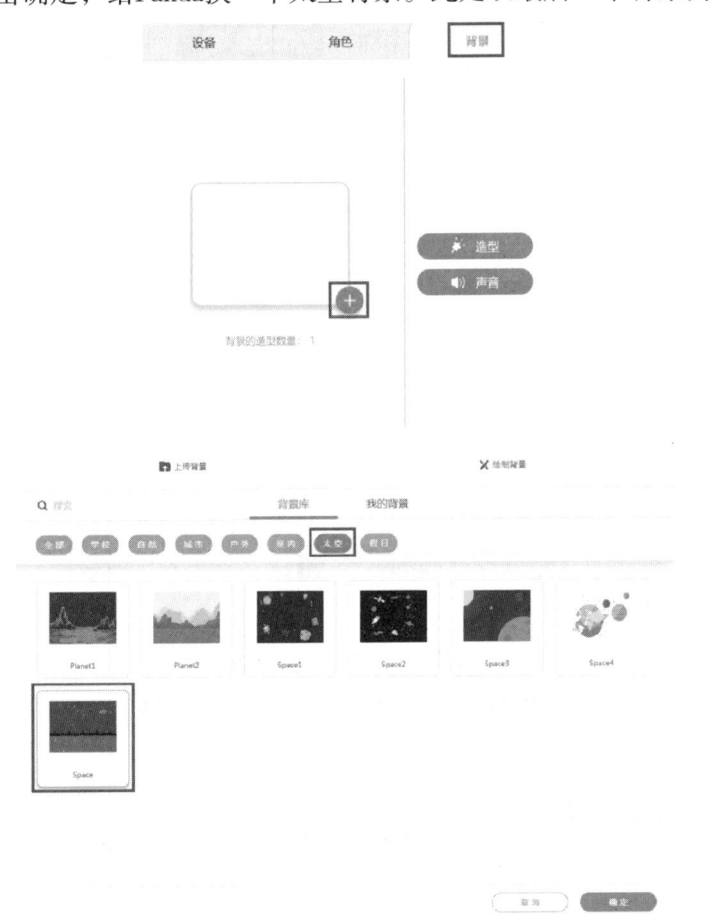

⑨点击"绿旗" 🚩 ,体验程序效果。

| 教师活动 | 学生活动 |

选中舞台上的角色，长按左键，可以将角色移动到舞台的任意区域。

对学有余力的同学，可以让他们自由发挥，让Panda从太空来到教室，修改Panda自我介绍的内容，完成个性化的"Panda的自我介绍"。

5. 展示与反馈（5分钟）

1）课堂活动

①举办"Panda的自我介绍"的主题活动，鼓励学生展示自己设计的程序，介绍Panda。

②引导其他同学从作品的趣味性、表达的完整性方面对这些同学的展示进行简单的点评。

③引发思考：作品是否有可优化的地方？

▶ 学生参加主题活动，设计并点评"Panda的自我介绍"。

2）总结回顾

① 说 你好！ 和 说 你好！ 2 秒 均属于哪个积木区域？（　）

A. 事件　　B. 外观　　C. 声音　　D. 控制

参考答案：B

②以下哪个选项的程序能让Panda成功地做自我介绍呢？（　）

A.

▶ 学生完成题目，回顾本节课所学的内容。

B.

（积木图：当▶被点击 / 说 你好！1秒 / 说 我是来自智慧星球的Panda 2秒 / 说 这是我第一次遇到你，超级开心 2秒 / 说 我们以后一起玩耍呀~~ 2秒）

C.

（积木图：说 你好！1秒 / 说 我是来自智慧星球的Panda 2秒 / 说 这是我第一次遇到你，超级开心 2秒 / 说 我们以后一起玩耍呀~~ 2秒 / 当▶被点击）

D.

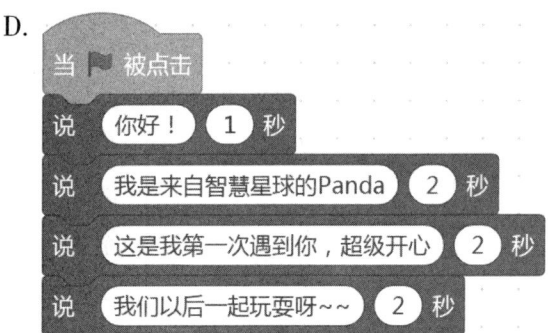

参考答案：D

③如果想保存文件，需要找到"文件"按钮 ，请问"文件"按钮在哪个位置？

A. 积木区　　　　B. 舞台区

C. 脚本区　　　　D. 菜单栏

参考答案：D

1.3　看我72变

建议课时：40分钟

◎ **教学目标**
　　☆了解事件的概念，认识且能够使用事件积木"当按下（　）键"；
　　☆知道如何让角色实现外观变化：变化大小，增加特效，清除特效；
　　☆编写程序，实现"让Panda变身"的效果。

◎ **教学重难点**
　　重点：理解事件的概念，理解一个角色可以设置多个事件。
　　难点：如何对同一角色设置多个事件，实现不同效果。

◎ **课前准备**
　　教师：准备好装有慧编程软件的电脑。
　　学生：知道"程序"的含义，了解慧编程软件的特点和功能分区。

◎ **教学过程**

教师活动	学生活动
1. 知识回顾（3分钟） 在上一次课程中我们成功地帮助了Panda，进行了一次有趣的"自我介绍"。让我们一起来回顾一下，Panda是如何进行自我介绍的，以及 说 你好! 2 秒 和 说 你好! 两个积木效果的不同之处。 	

教师活动		学生活动
示例	效果	▶ 学生回顾两个外观积木之间的区别。
当▶被点击 说 你好! 2 秒	点击"绿旗",角色说"你好!",2秒之后消失。	
当▶被点击 说 你好!	点击"绿旗",角色说"你好!",一直显示。	

2. 情景导入(2分钟)

Panda刚到地球,就被《西游记》深深地吸引了,尤其喜欢孙悟空,因为他本领高强。大家知道《西游记》中孙悟空有什么厉害的本领吗?

老师做了一个"孙悟空72变"的程序,让我们一起来看一看。

▶ 学生回答"筋斗云""72变""火眼金睛",体验游戏。

3. 游戏时光(5分钟)

游戏规则:

①用键盘的"↑""↓"键控制孙悟空变大、变小;

②用键盘的"←""→"键控制孙悟空变化颜色;

③用键盘的A键和D键控制孙悟空的分身和集合;

④用键盘的W键和S键控制孙悟空身体的左右扭转;

⑤用空格键控制孙悟空恢复原状。

邀请一位同学体验游戏。

Panda看到孙悟空的表演后十分羡慕,希望也能够像孙悟空一样拥有72般变化。他希望我们能帮帮他,我们来看看怎么帮助他吧!

教师活动	学生活动
4. 知识冲浪（15分钟） **1）事件** 　　展示"孙悟空72变"的代码，看看都用到了哪些积木。会发现用到了很多次"当按下（ ）键"积木。这些积木用来给角色发送信号，当对应按键被按下，就会触发角色做出相应的动作。在计算机中，这样的由外界触发的动作，叫做"事件"。在一个程序中，可能会只有一个事件，也可能有多个事件，有了这些事件才会导致后续的动作发生。慧编程中所有的　　　形状积木，都是"事件"积木。 　　**提问**：其实在之前我们就已经使用过一个事件类积木，你能猜出是哪一个吗？ 　　"当绿旗被点击"　　　是事件类积木。	▶ 学生了解什么是"事件"。 ▶ 学生思考并回答问题。 ▶ 学生学习新积木。

积木区	积木		
事件	当按下 空格 键（下拉：空格、↑、→、任意、a、b、c、d、e、f）	按下键盘上某个按键，开始执行后续相应的动作	当按下 ↓ 键 将大小增加 -10 当按下 ↑ 键 将大小增加 10 当按下 ← 键 将 马赛克 特效增加 25 当按下 → 键 将 马赛克 特效增加 -25 当按下 空格 键 清除图形特效
外观	将 颜色 特效增加 25	改变角色大小。数值为正时，角色变大；角色为负时，角色变小	
	将大小增加 10	改变角色特效。数值为正时，增加图形特效；数值为负时，减弱图形特效	
	清除图形特效	清除已设置的图形特效，恢复角色初始状态	

示例实现步骤，此环节由教师带领学生进行实际操作。	▶ 学生在老师的指导下完成示例程序。

教师活动	学生活动

①打开慧编程软件，点击"角色"，进入"角色"的程序设计界面。

②从"事件"中选择"当按下（空格）键"积木，将其拖拽到脚本区，并修改为"当按下（↑）键"。

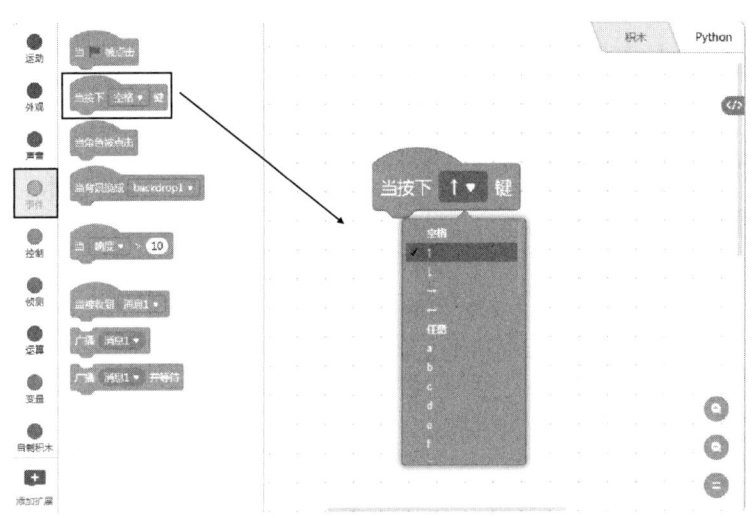

③从"外观"中选择"将大小增加（10）"，卡合在"当按下（↑）键"积木下方。

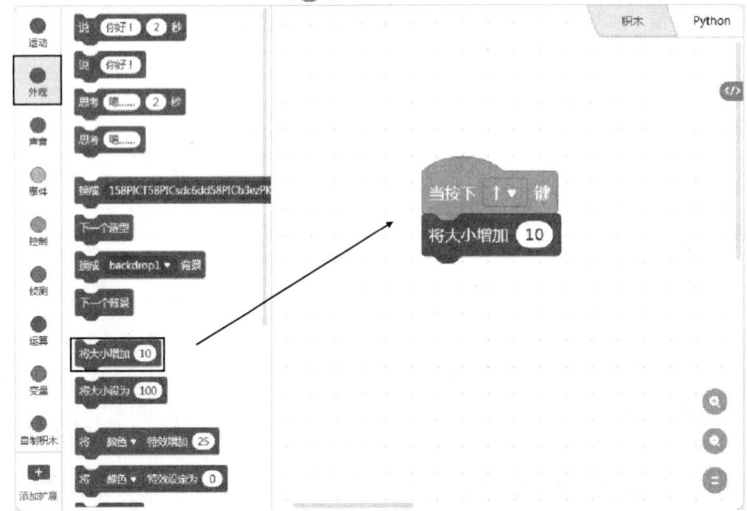

教师活动	学生活动

④从"事件"中选择"当按下（空格）键"积木，将其拖拽到脚本区，并修改为"当按下（↓）键"。

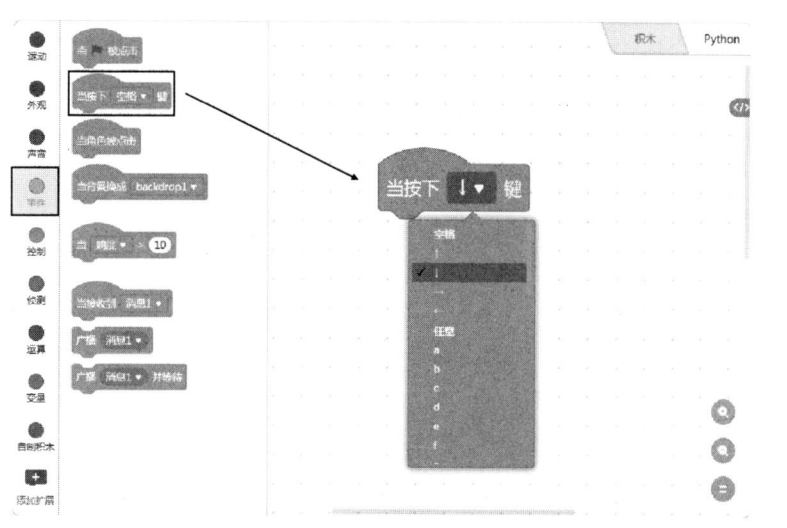

⑤从"外观"中选择"将大小增加（10）"积木，修改为"将大小增加（-10）"，卡合在"当按下（↓）键"积木下方。

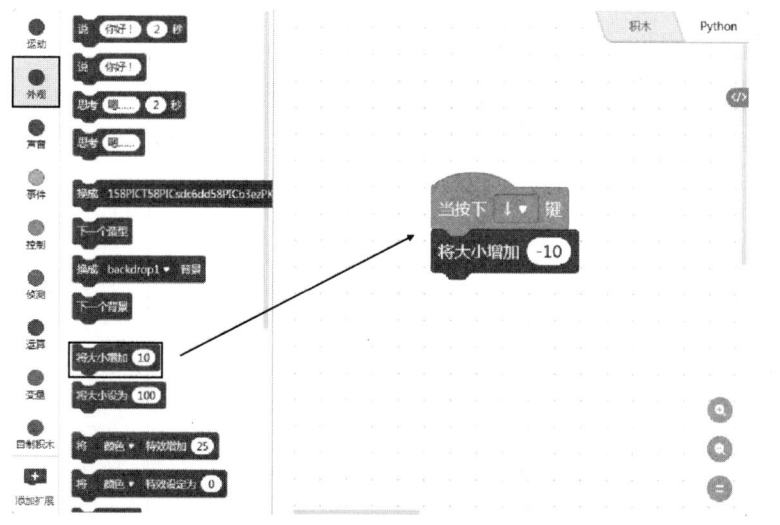

⑥从"事件"中选择"当按下（空格）键"积木，将其拖拽到脚本区，并修改为"当按下（←）键"。

教师活动	学生活动

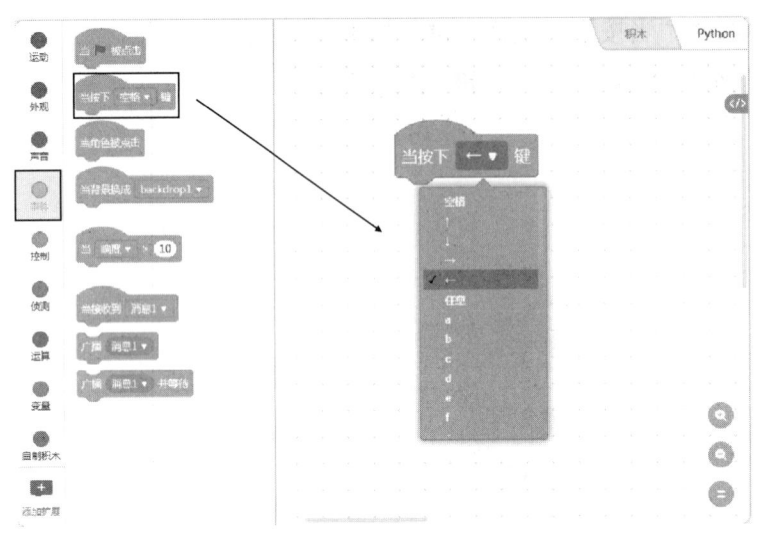

⑦从"外观"中选择"将（颜色）特效增加（25）"积木，修改为"将（马赛克）特效增加（25）"，卡合在"当按下（←）键"积木下方。

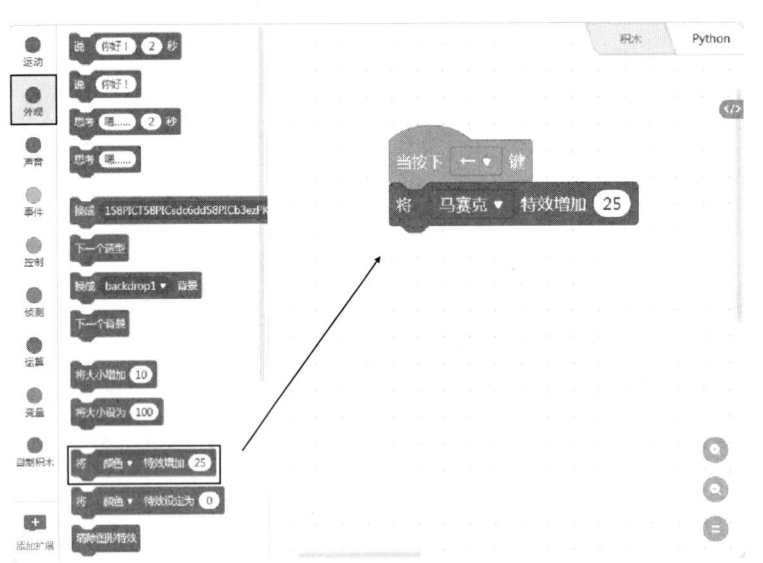

⑧从"事件"中选择"当按下（空格）键"积木，将其拖拽到脚本区，并修改为"当按下（→）键"。

教师活动	学生活动

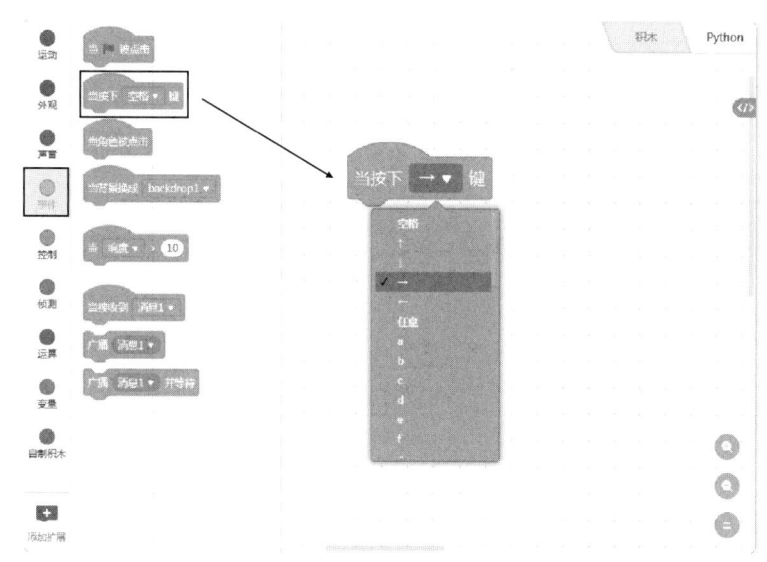

⑨从"外观" 中选择"将（颜色）特效增加（25）"，修改为"将（马赛克）特效增加（−25）"，卡合在"当按下（→）键"积木下方。

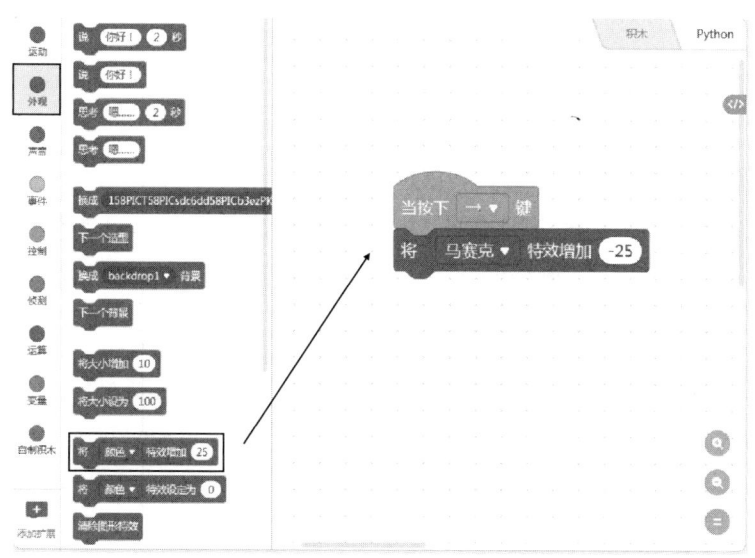

⑩从"事件" 中选择"当按下（空格）键"，并将其拖拽到脚本区。

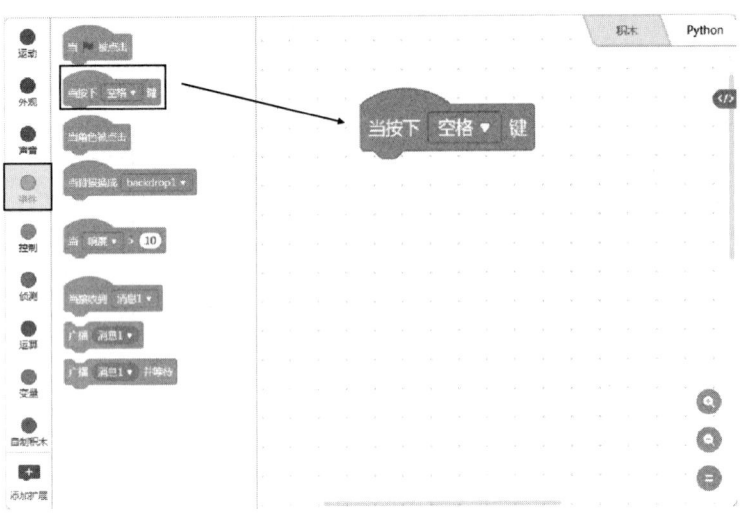

⑪ 从"外观" ● 中选择"清除图形特效"积木 ，卡合在"当按下（空格）键"积木 下方。

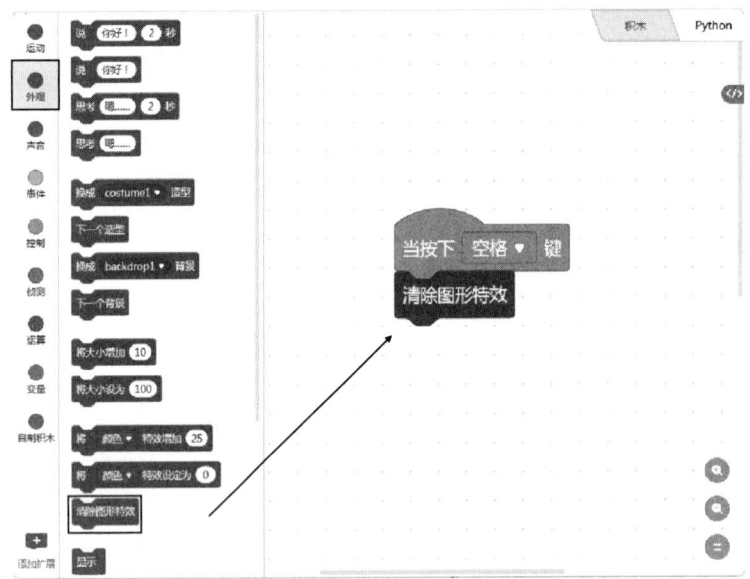

⑫ 从键盘上按下"↑""↓""←""→"和"空格"键，体验程序效果。

教师活动	学生活动

5. 编程实战（10分钟）

再次播放案例，引导学生在上一个程序的基础上继续编写"看我72变"的程序。

1）要求

①选取角色"Wukong"，在角色"Wukong"下编写程序。选取角色的过程和选取背景类似，只是需要在角色选项下进行。

▶ 学生编程实现"看我72变"的程序设计。

②让角色实现5种以上的变化，并要分别用不同的事件触发。

2）参考步骤

①选择"背景"进入背景编辑区，点击 ，选择"自然"，任意选中一个背景，点击"确定"，布置舞台背景。此处以第三个背景为例。

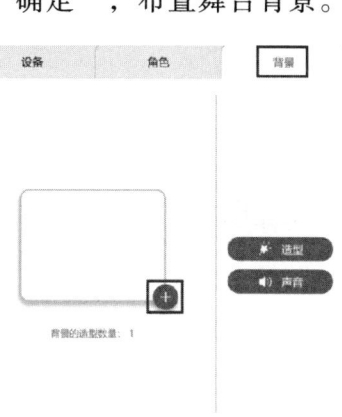

| 教师活动 | 学生活动 |

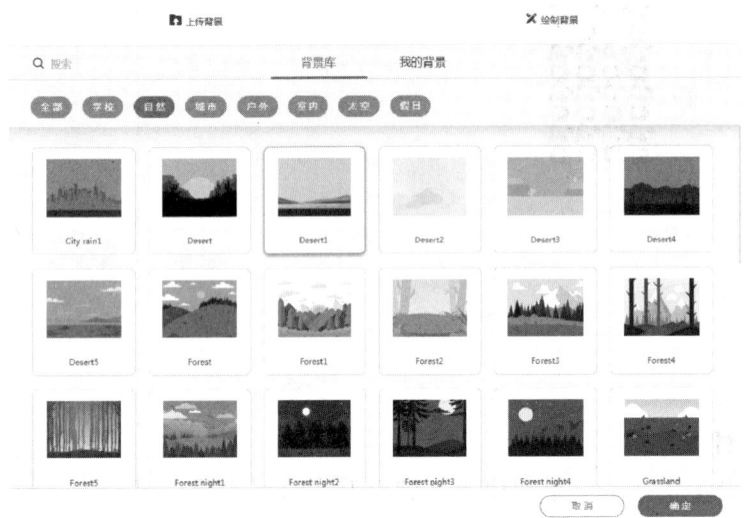

②点击"角色",进入"角色"的程序设计界面。

③从"事件" 中选择 "当按下(空格)键"积木 ,将其拖拽到脚本区,并修改为"当按下(a)键" 。

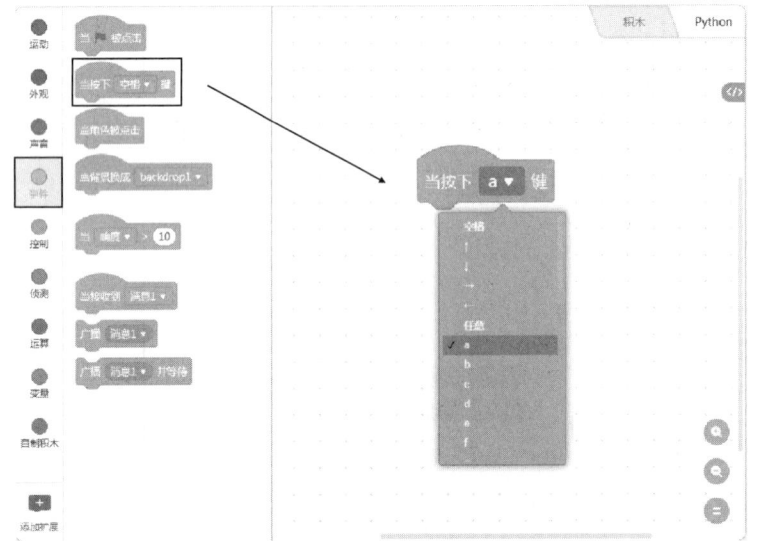

教师活动	学生活动

④从"外观" 中选择"将(颜色)特效增加(25)"积木 ，修改为"将(漩涡)特效增加(25)" ，卡合在"当按下(a)键"积木 下方。

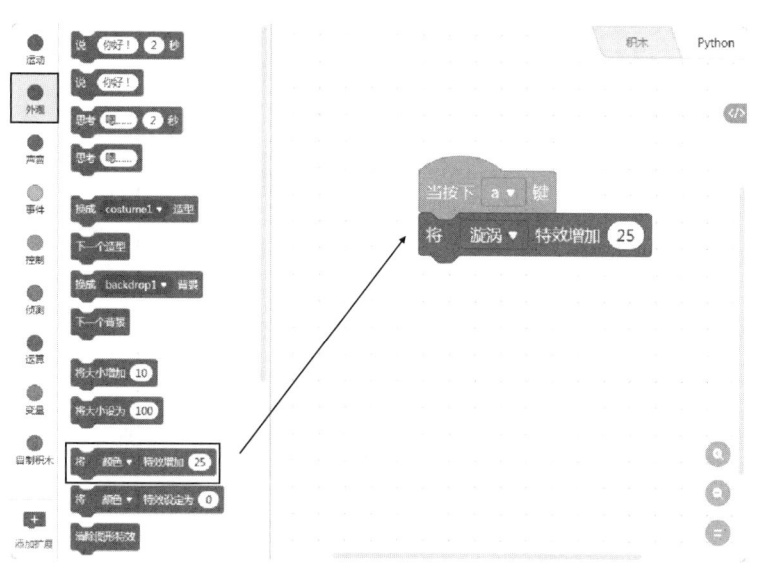

⑤从"事件" 中选择"当按下(空格)键"积木 ，将其拖拽到脚本区，并修改为"当按下(d)键" 。

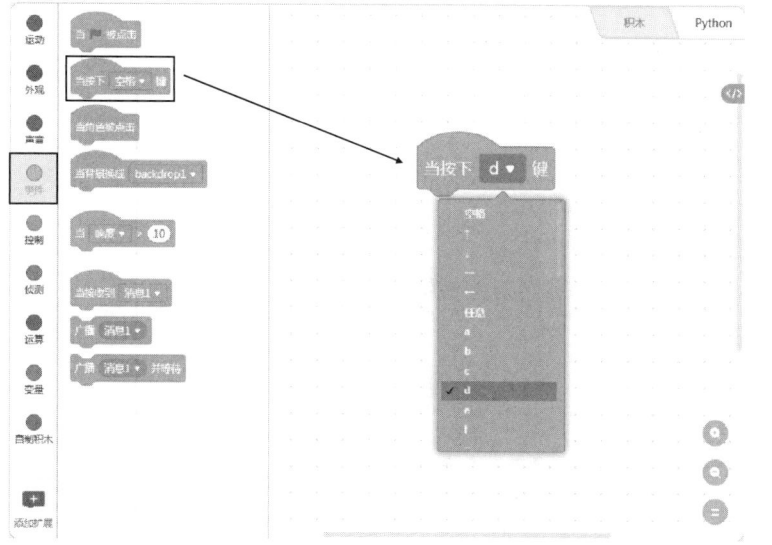

⑥从"外观"中选择"将(颜色)特效增加(25)"积木,修改为"将(漩涡)特效增加(-25)",卡合在"当按下(d)键"积木下方。

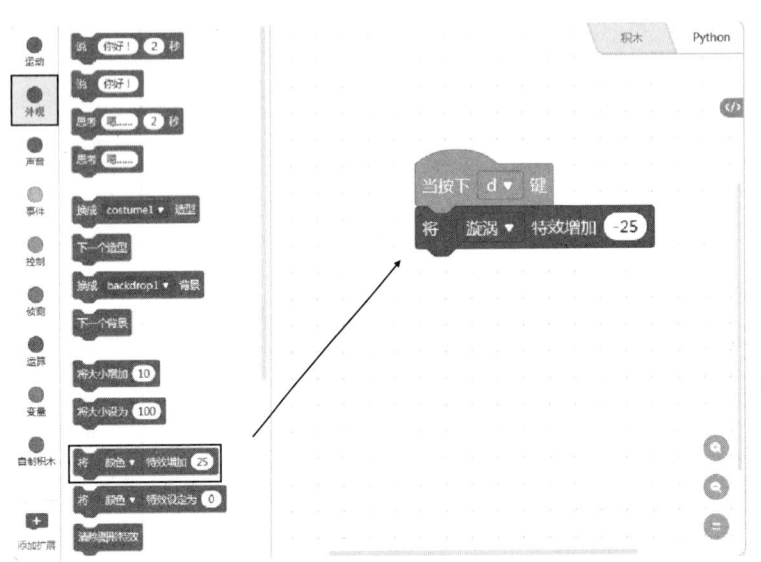

⑦从"事件"中选择"当按下(空格)键"积木,将其拖拽到脚本区,并修改为"当按下(w)键"。

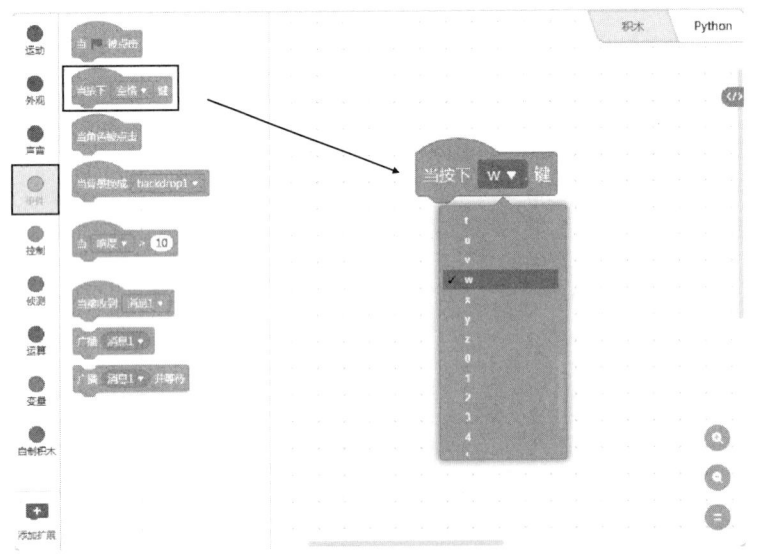

| 教师活动 | 学生活动 |

⑧从"外观"中选择"将（颜色）特效增加（25）"积木，修改为"将（虚像）特效增加（25）"，卡合在"当按下（w）键"积木下方。

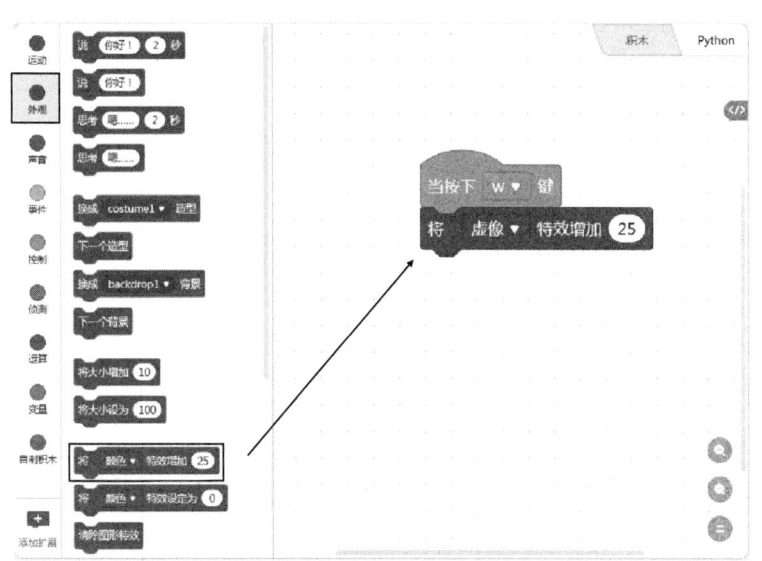

⑨从"事件"中选择"当按下（空格）键"积木，将其拖拽到脚本区，并修改为"当按下（s）键"。

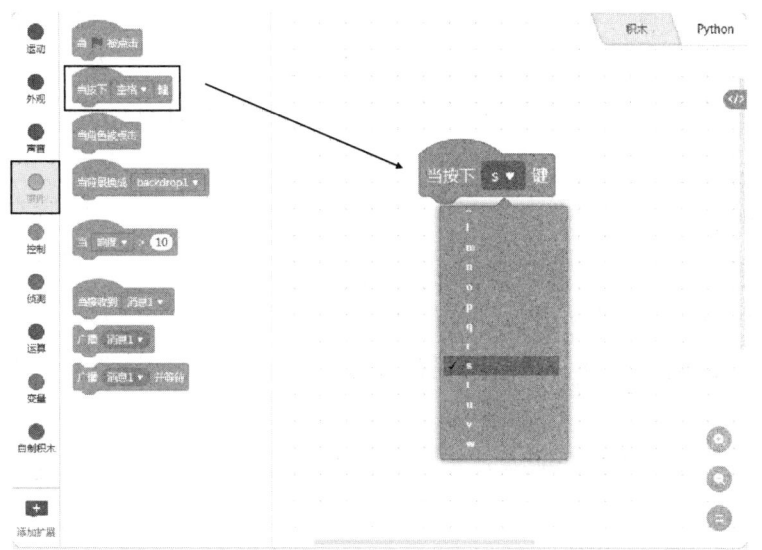

教师活动	学生活动

⑩从"外观"  中选择"将（颜色）特效增加（25）"积木 ，修改为"将（虚像）特效增加（-25）" ，卡合在"当按下（s）键"积木下方。

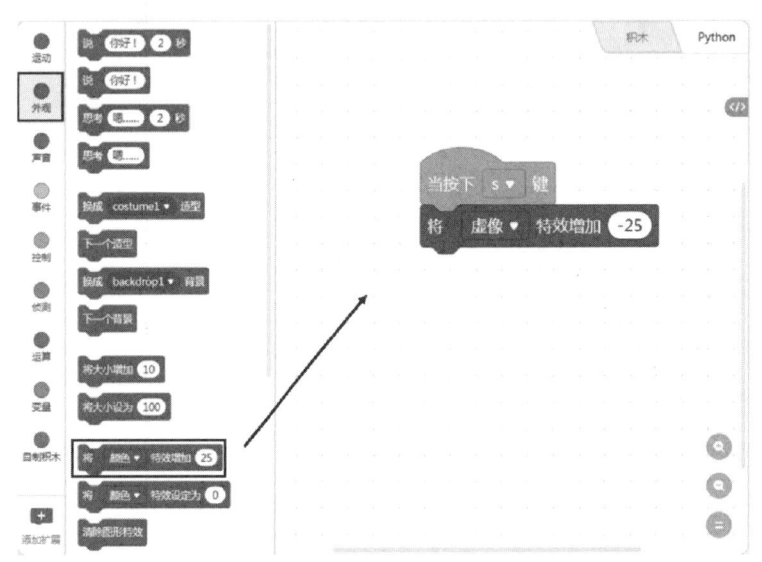

⑪在键盘上分别按已设置的字母按键，体验程序效果。

提示

将作品保存在云端

除了把作品保存在电脑，还有另外一种方便的保存作品的方法：把作品保存在你自己的帐号里面。这样不论在哪台电脑上登录，都可以看到自己的作品。

对学有余力的同学，可以为Panda设计更多的特效，增加Panda的变身本领。

▶ 学生了解如何将作品保存在云端账户中。

6. 展示与反馈（5分钟）

1）课堂活动

①鼓励学生展示自己设计的"看我72变"程序。

②引导其他同学从作品的趣味性、表达的完整性方面对这些同学的展示进行简单的点评。

③引发思考：作品是否有可优化的地方？

2）总结回顾

①下列选项中，哪个不属于慧编程的图形特效？

A. 颜色　　　　　　B. 虚像

▶ 学生参加主题活动，进行"看我72变"的展示活动。

▶ 学生完成题目，回顾本节课所学的内容。

C. 滤镜　　　　　　D. 马赛克

参考答案：C

②下列选项中哪一个不属于事件类积木？

A. 　　B. 当角色被点击

C. 当按下 空格 键　　D. 等待 1 秒

参考答案：D

③下列哪个积木，能让孙悟空变成图片中的模样？

A. 将 颜色 特效增加 200　　B. 将 漩涡 特效增加 200

C. 将大小增加 200　　D. 将 马赛克 特效增加 200

参考答案：B

1.4 原地踏步走

建议课时：40分钟

◎ **教学目标**

☆认识"角色造型"，了解一个角色可能有不同的造型，认识并运用"下一个造型"积木；

☆了解"循环"的含义，知道"重复执行"和"重复执行（）次"两个积木块的区别；

☆知道"等待（）秒"积木的作用并能够灵活运用；

☆编写程序，实现"让Panda原地踏步走"的效果。

◎ **教学重难点**

重点：理解"循环"的概念和特点。

难点：正确使用"循环"语句。

◎ **课前准备**

教师：准备好装有慧编程软件的电脑。

学生：熟练使用慧编程软件，能够编写简单的程序。

◎ **教学过程**

教师活动	学生活动
1. 知识回顾（3分钟） 在前面的课程中，我们知道了如何给一个角色设置多个事件。观察下面的程序，猜想它的实现效果是什么？	▶ 学生回顾两个程序的效果。

第1章 人工智能编程入门

	教师活动	学生活动

示例	效果
(代码块图示)	当按下空格键时,角色说"太热了,要膨胀了!"2秒,之后体格增大10;再说"都快融化了!"2秒,然后像素化特效增加25。(展示案例效果)
(代码块图示)	当按下↑上键时,角色说"好冷!"2秒,之后体格缩小10;再说"快冻裂了!"2秒,然后马赛克特效增加25。(展示案例效果)

2. 情景导入(5分钟)

在我们的帮助下,Panda已经会说话了,也拥有了强大的变身技能。那你知道怎么让Panda"动"起来吗?(虽然在第一课中我们让Panda移动了十步,但是他的姿势却没有变化)

提示 回想生活中,我们是怎么让本子上静态的卡通人物动起来的?

播放手翻书动画视频《Action Man》。视频中,每一张纸上小人的造型都不一样,快速翻动时,看起来就像是一个动画一样,给我们带来了很多乐趣。那我们能不能利用这个原理让Panda动起来呢?

我们先来看看Panda是否有多个造型吧!打开慧编程,在角色选项右下方有一个"造型"按钮,单击"造型"按钮,就可以进入角色Panda的造型界面了。

▶ 学生思考问题并回答。

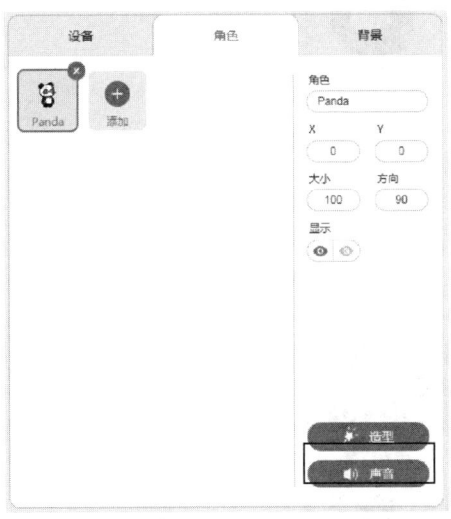

此时,"造型"按钮会变成"×",点击"×",可以退出角色

教师活动	学生活动

的造型界面,回到程序设计界面。

点击不同的角色造型,可以看到每一个造型名称和放大后的角色造型,同时可以观察舞台区Panda的变化。

造型一:costume1

造型二:costume2

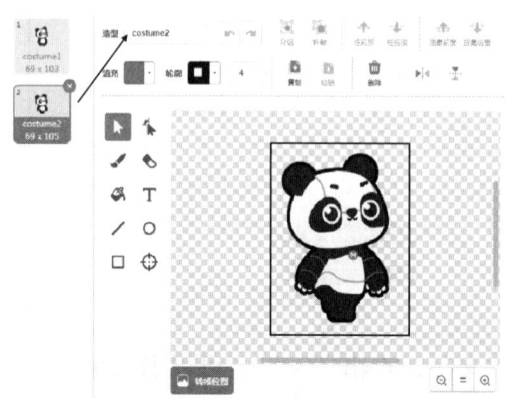

▶ 学生学习如何切换角色造型。

教师活动	学生活动

3. 游戏时光（2分钟）

先用鼠标单击costume1，再单击costume2，观察Panda的变化。

此时，会发现无论是造型中放大后的Panda还是舞台上的Panda都已经运动起来了。接下来，玩一个拼手速的游戏，找两位同学PK，看谁的Panda运动得最快？

邀请两位同学轮流在教师端的电脑上切换两个造型，实现Panda运动的效果。谁的Panda运动得快，说明谁的手速快。

思考：能不能通过编程让舞台上的Panda实现自己原地踏步走的效果呢？

▶ 学生单击鼠标体验Panda造型的切换。

4. 知识冲浪（15分钟）

为了实现Panda自己在舞台上原地踏步的效果，需要学习以下编程知识。

1）切换造型

在外观类积木区中有一个"下一个造型"积木，可以实现让角色切换造型。

积木区	积木	功能	示例
外观	下一个造型	当一个角色有多个造型时，按照顺序将角色造型切换为下一个造型	当按下 空格▼ 键 下一个造型

▶ 学生学习"下一个造型"积木。

示例实现步骤，此环节由教师带领学生进行实际操作。

①打开慧编程软件，点击"角色"，进入"角色"的程序设计界面。

▶ 学生在老师的指导下完成示例程序。

②从"事件" 中选择"当按下（空格）键"积木 当按下 空格▼ 键 ，并将其拖拽到脚本区。

| 教师活动 | 学生活动 |

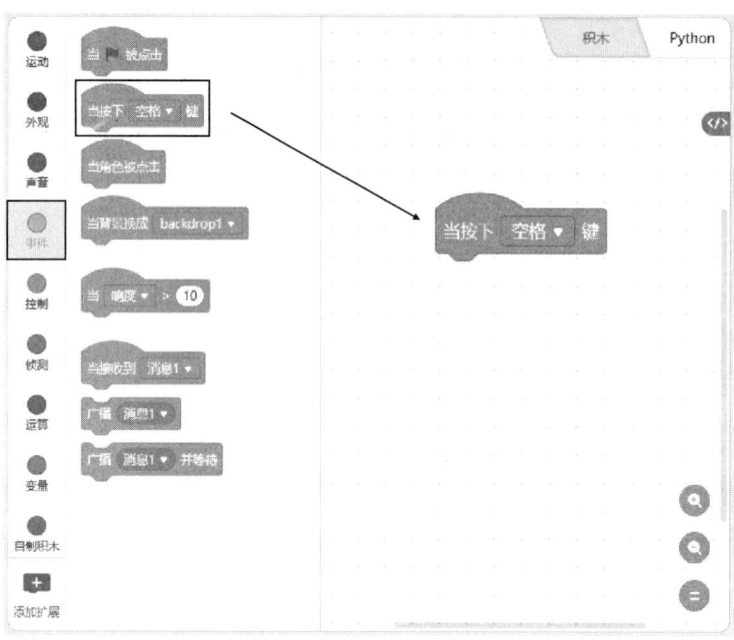

③从"外观"中选择"下一个造型"积木，卡合在"当按下（空格）键"积木下方。

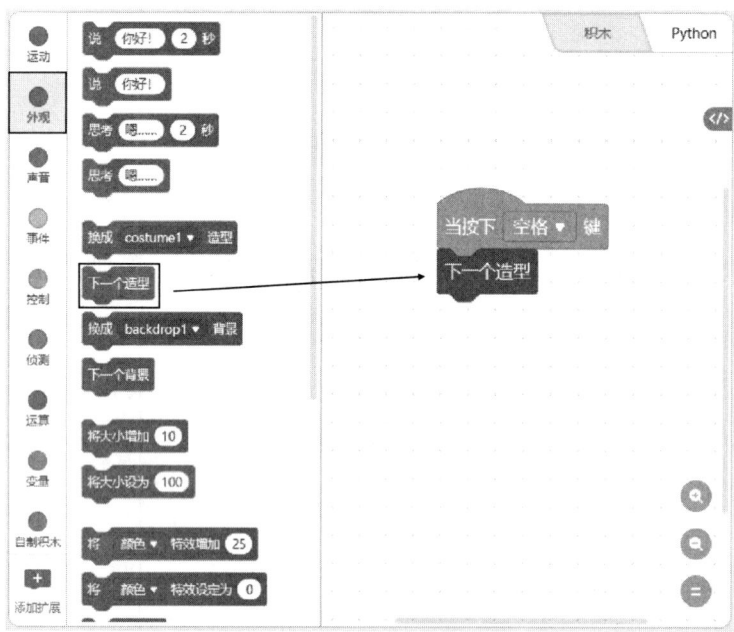

④多按几次空格键，体验程序效果。

2）循环

如果想让角色重复执行某些动作，需要用到"重复执行"积木。在计算机中，重复执行叫作循环，即循环往复地执行某段程序。当某

教师活动	学生活动

个积木是嵌套在"重复执行"积木内的,这个动作就可以被重复执行。

▶ 学生了解什么是"循环",学习两种"重复执行"积木。

积木区	积木	功能	示例
控制	重复执行	循环语句,一直重复执行该积木内部的动作	当按下 空格▼ 键 重复执行 下一个造型
	重复执行 10 次	循环语句,重复执行该积木内部的动作10次,之后停止	

示例实现步骤,此环节由教师带领学生进行实际操作。(在上一个示例基础上进行操作)

①从"控制"中选择"重复执行"积木，将其拖拽到脚本区,并卡合在"当按下(空格)键"积木 下方。在移动积木时,当出现的阴影将"下一个造型"积木 嵌套起来的时候,再松开鼠标。

▶ 学生在老师的指导下完成示例程序。

②按下空格,体验程序效果。

③从"控制"中选择"重复执行(10)次"积木，将其拖拽到脚本区,并卡合在"当按下(空格)键"积木 下方,替换原积木 。

④再次按下空格键,观察程序运行效果。

简单总结两个程序的特点:

使用"重复执行"积木 ,Panda一直在变换造型,程序无法停止运行;

使用"重复执行10次"积木 ,Panda变换10次造型后,程序自动停止运行。

3)等待

按下空格键,会发现Panda快速运动起来,不像正常走路状态。原

教师活动	学生活动

来是因为计算机的运行速度太快了，每一个造型只有一瞬间的停留时间。为了更清楚地看到不同造型之间的变化，需要用到"等待"积木。

▶ 学生学习"等待"积木。

积木区	积木	功能	示例
控制	等待 1 秒	设置某个动作持续的时间，可以修改等待的时间长短	

示例实现步骤，此环节由教师带领学生进行实际操作。（在上一个示例基础上进行操作）

①从"控制"中选择"等待（1）秒"，将其拖拽到脚本区，修改时间为0.5。

②将"等待（0.5）秒"卡合在"下一个造型"积木下方。

③按下空格键，观察舞台上程序的运行效果。

▶ 学生在老师的指导下完成示例程序。

5. 编程实战（10分钟）

播放案例程序效果，引导学生在上一个程序的基础上编写案例中的程序，让Panda一边做原地踏步一边喊口号。

1）要求

①Panda先说一句"原地踏步走！"，再开始运动；

②使用到的积木可以包括：

▶ 学生完成"原地踏步"的程序设计。

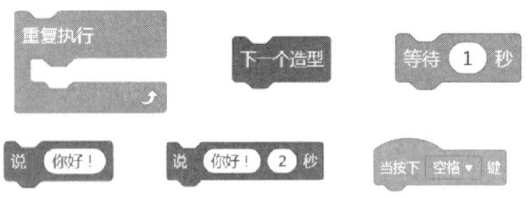

对学有余力的同学，可以让他们自由发挥，完成个性化的"Panda原地踏步走"。

2）参考步骤

① 从"外观"中选择"说（你好！）（2）秒"积木，修改为"说（原地踏步走！）（1）秒"，卡合在"当按下（空格）键"积木下方。

教师活动	学生活动

② 从"外观" 中选择"说（你好！）秒"积木 说 你好!，修改为"说（1）" 说 1 ，卡合在"下一个造型"积木 下一个造型 上方。

③ 从"外观" 中选择"说（你好！）秒"积木 说 你好!，修改为"说（2）" 说 2 ，卡合在"等待（0.5）秒"积木 等待 0.5 秒 下方。

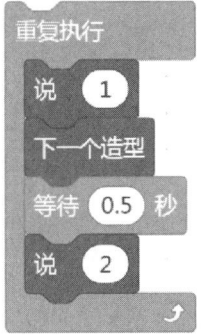

④ 从"外观" 中选择"下一个造型"积木 下一个造型，卡合在"说（2）"积木 说 2 下方。

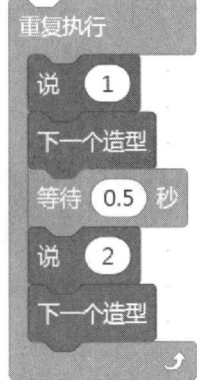

⑤ 从"控制" 中选择"等待（1）秒"积木 等待 1 秒 ，修改

| 教师活动 | 学生活动 |

为等待（0.5）秒 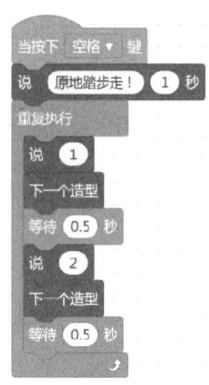，并卡合在"下一个造型"积木下方。

⑥按下空格键，体验程序效果。

提示

复制积木

选中某一个积木，点击右键，选择"复制"，即完成了这个积木和下方所有积木的复制。可以根据需要修改调整复制之后的积木。

例如：选中"说（1）"积木，进行复制，过程如下：

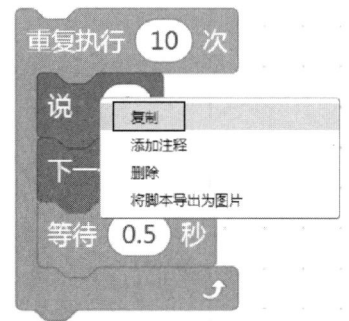 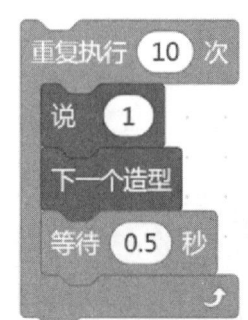 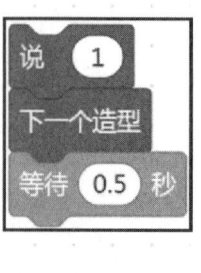

教师活动	学生活动
对学有余力的同学，可以鼓励学生自由设计。例如：Panda原地踏步几次之后，说"立正"，再踏两次步，停止踏步。 **6. 展示与反馈（5分钟）** 1）课堂活动 ①进行"Panda原地踏步走"的作品展示活动，鼓励学生展示自己设计的程序。 ②引导其他同学从作品的趣味性、表达的完整性方面对这些同学的展示进行简单的点评。 ③引发思考：作品是否有可优化的地方？ 2）总结回顾 ①下列哪个积木块不在控制类积木区内？（ ） A. [重复执行]　　B. [等待 1 秒] C. [重复执行 10 次]　　D. [当按下 空格 键] 参考答案：D ②"下一个造型"积木属于哪个积木区？（ ） A. 控制　　B. 等待 C. 活动　　D. 外观 参考答案：D ③以下哪个代码能够让角色说3次"I'm fine！"？（ ） A. 当▶被点击 / 说 I'm fine！2秒 / 等待 1 秒 / 说 I'm fine！ B. 当 被点击 / 说 I'm fine！3 秒 C. 当▶被点击 / 重复执行 3 / 说 I'm fine！1 秒 / 等待 1 秒 / 说 I'm fine！1 秒 / 等待 1 秒 / 说 I'm fine！1 秒 D. 当▶被点击 / 重复执行 3 次 / 说 I'm fine！1 秒 / 等待 1 秒 参考答案：D	▶学生参加主题活动，进行"Panda原地踏步"的展示活动。 ▶学生完成题目，回顾本节课所学的内容。

1.5 校园运动会

建议课时：40分钟

◎ **教学目标**

☆ 知道如何增加角色，能够对多个角色进行程序设计；
☆ 学会使用"移动（ ）步"积木，知道如何让角色在舞台上移动；
☆ 学习"移动到 x：（ ）y：（ ）"积木，简单了解角色的坐标位置；
☆ 编写程序，实现"校园运动会"的效果。

◎ **教学重难点**

重点：知道如何增加角色，能够对多个角色进行程序设计。
难点：知道如何确定角色的坐标位置。

◎ **课前准备**

教师：准备好装有慧编程软件的电脑。
学生：理解循环的含义，能够正确使用循环语句；知道如何使用"下一个造型"积木改变角色的造型。

◎ **教学过程**

教师活动	学生活动
1. 知识回顾（3分钟） 在上一节课中，用到了以下的积木块，帮助 Panda 学会了原地踏步走，还记得它们的功能吗？ 当按下 空格 键 重复执行 　下一个造型 　等待 0.5 秒	▶ 学生回顾重要积木块的功能。

教师活动		学生活动

积木	功能
重复执行	循环语句，一直重复执行该积木内部的动作
下一个造型	当一个角色有多个造型时，按照顺序将角色造型切换为下一个造型
等待 1 秒	设置某个动作持续的时间，可以修改等待的时间长短

2. 情景导入（2分钟）

在我们的帮助下Panda已经会原地踏步了，但是他还不能真正走起来，眼看学校要举办运动会了，Panda想参加跑步比赛，我们快来帮帮他吧！

3. 知识冲浪（20分钟）

为了帮助Panda实现参加跑步比赛的愿望，要学习以下编程知识。

1）移动

在原来原地踏步的基础上，再增加"移动（ ）步"积木就可以让角色走起来了。

积木区	积木	功能	示例
运动	移动 10 步	运动积木，每次向屏幕右侧移动10步的距离。（具体移动的距离可以修改）	当▶被点击 重复执行 　移动 1 步 　下一个造型

▶ 学生学习"移动"的知识和积木。

教师活动	学生活动
示例实现步骤，此环节由教师带领学生进行实际操作。 ①打开慧编程软件，点击"角色"，进入"角色"的程序设计界面。  ②从"事件"中选择"当绿旗被点击"积木，将其拖拽到脚本区。 ③从"控制"中选择"重复执行"积木，将其拖拽到脚本区，并卡合在"当绿旗被点击"积木下方。  ④从"运动"中选择"移动（10）步"积木，将其拖拽到脚本区，修改步数为"1"，并嵌在"重复执行"积木中。  ⑤从"外观"中选择"下一个造型"积木，并嵌入循环语句，卡合在"移动（1）步"积木下方。  ⑥点击"绿旗"，体验程序效果。 **提示** **改变每次移动的距离** 可以通过改变"移动（ ）步"积木的数据，改变角色每次移动的距离。步数越大，角色每次移动的距离越远。	▶ 学生在老师的指导下完成示例程序。

教师活动	学生活动
可以尝试修改数据，体验不同的效果。如：移动1步、移动10步、移动20步。    **2）定位** 运行程序时我们会发现：当Panda跑到终点之后，再次点击"绿旗"，Panda依旧卡在终点位置，而不是从起点开始跑。正确的效果应该是：点击"绿旗"后，Panda从屏幕的左侧开始跑。 此时，可以借助"移到x:（ ）y:（ ）"积木，确定Panda的开始位置，就可以实现每次点击"绿旗"后，Panda都从我们指定的起点出发。	▶ 学生了解如何改变每次移动的距离。 ▶ 学生学习如何定位角色的位置。

积木区	积木	功能	示例
运动	移到 x: -73 y: -136	定位积木，使角色移动到指定的位置。x、y分别是角色在舞台上水平方向和垂直方向的位置，位置可以修改	

示例实现步骤，此环节由教师带领学生进行实际操作。（在上一个示例基础上进行操作）

①单击鼠标左键选中舞台中的Panda，拖动角色到舞台偏左侧的位置，松开鼠标。

②在角色区，可以看到当前角色在舞台中的具体位置，即x、y显示的数值就是角色在舞台上的位置。此时，Panda在舞台中的位置是：（x：–193，y：–73）。

▶ 学生在老师的指导下完成示例程序。

③从"运动"中选择"移到x:（ ）y:（ ）"积木，并卡合在"当绿旗被点击"积木下方。例如，想让Panda在舞台中的位置是：（x：–193，y：–73），需要选择的积木为 移到 x: -193 y: -73 。

教师活动	学生活动
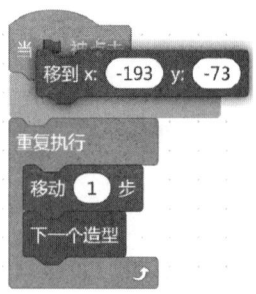

④点击"绿旗" ▶ ，体验程序效果。

3）多角色编程

Panda终于可以去学校参加运动会了。这不，现在有小伙伴正在跑道旁给Panda加油呐喊。

①选择"背景"，点击添加 ⊕ ，在"背景库"中搜索"pl",选中"playground"背景，并点击"确定"。

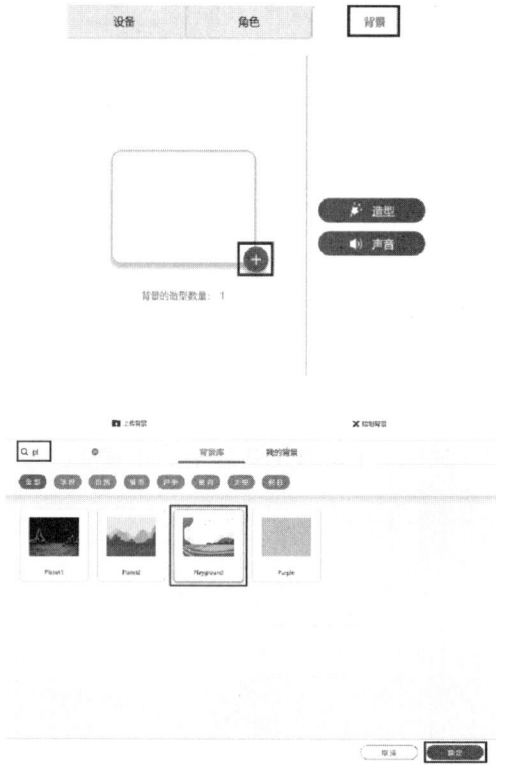

②在角色区，选择"添加"。

 | ▶ 学生学习如何添加多个角色，如何对多个角色进行程序设计。

▶ 学生在老师的指导下完成示例程序。 |

教师活动	学生活动

③在角色库中搜索"boy",选中"Boy11"角色,并点击"确定"。

④选中舞台中的角色,按住左键拖动鼠标,移动角色位置。

(为实现给Panda加油的效果,需要对"Boy11"角色进行程序编程。)

⑤在角色区选中"Boy11",进入对"Boy11"进行程序设计的界面,开始为"Boy11"角色编程。

⑥从"事件"中选择"当绿旗被点击"积木,将其拖拽到脚本区。

⑦从"控制"中选择"重复执行"积木,将其拖拽到脚本区,并卡合在"当绿旗被点击"积木下方。

教师活动	学生活动

⑧从"外观" 中选择"说(你好!)(2)秒"积木 , 修改为"说(加油!)(0.5)秒" 并嵌入循环语句。

⑨从"控制" 中选择"等待(1)秒"积木 ,修改为"等待(0.5)秒" ,嵌套在循环语句中,并卡合在"说(加油)(0.5)秒"积木 下。

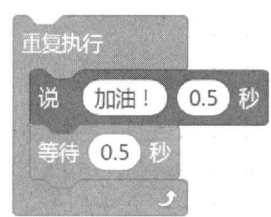

⑩点击"绿旗" ,体验程序效果。

4. 编程实战(10分钟)

播放《校园运动会》案例,引导学生在示例程序的基础上继续编写"校园运动会"的程序。

1)要求
①程序内包含多个角色。
②使用到的积木包括:

2)参考步骤
①在角色区,选择"添加"。

②在角色库中搜索"boy",选中"Boy15",并点击"确定"。

▶ 学生完成"校园运动会"程序设计。

教师活动	学生活动
 ③选中舞台中的角色，按住左键拖动鼠标，移动角色位置。  ④在角色区选中"Boy15"，进入"Boy15"的程序设计界面。 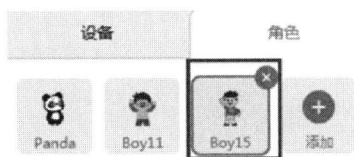 ⑤点击"造型"，会发现"Boy15"有两个不同的造型，可以进行不同造型的切换。 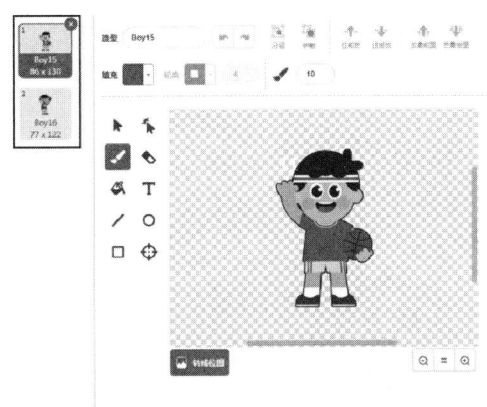	

教师活动	学生活动

⑥从"事件" 中选择"当绿旗被点击"积木,将其拖拽到脚本区。

⑦从"控制" 中选择"重复执行"积木 将其拖拽到脚本区,并卡合在"当绿旗被点击"积木 下方。

⑧从"外观" 中选择"说(你好!)(2)秒"积木 ,修改为"说(加油!)(0.5)秒" 并嵌入循环语句。

⑨从"外观" 中选择"下一个造型"积木 ,并嵌入循环语句中,卡合在"说(加油)(0.5)秒"积木 下方。

⑩点击"绿旗" ,体验程序效果。

教师活动	学生活动

提示

（1）快速确定角色是否有多个造型

①点击"角色"，选择"添加"，进入"角色库"。

②将"鼠标"放在不同的角色上，查看角色是否有不同的造型变化。（左上角有标志的角色，能够有不同的造型变化）

③添加角色之后，选中角色，点击"造型"，就可以查看造型的顺序。

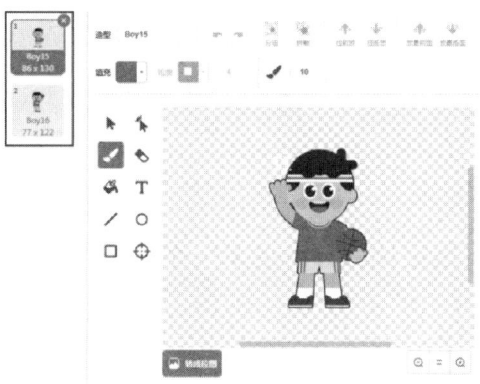

（2）改变角色前后顺序

程序运行之后，你可能会发现：Panda在跑步的过程中被其他两个角色遮挡了，这是因为舞台上的角色会按照添加的顺序进行排列。

先添加的排在最下面一层，最后添加的，排在最上面一层；角色添加之后，点击移动舞台上的角色，可以改变角色的层次顺序。最后一次被移动的角色，处于最上层。

▶ 学生了解如何改变角色的前后顺序。

此时，点击移动舞台上的Panda，即对Panda进行了一次操作，就可以将Panda移到最上层，避免Panda被遮挡了。

教师活动	学生活动
对学有余力的同学，可以鼓励学生自由设计。例如：回想学校的运动会的盛况，还有哪些元素是现在程序中缺少的呢？把"校园运动会"程序丰富起来。 **5. 展示与反馈（5分钟）** **1）课堂活动** ①进行"校园运动会"的作品展示活动，鼓励学生展示自己设计的程序。 ②引导其他同学从作品的趣味性、表达的完整性方面对这些同学的展示进行简单的点评。 ③引发思考：作品是否有可优化的地方？ **2）总结回顾** ① 移动 10 步 属于哪一类积木？（ ） A. 事件 B. 控制 C. 外观 D. 运动 参考答案：D ②以下哪一个积木能实现将角色定位到舞台区某一个位置的效果？（ ） A. 移动 10 步 B. 移到 x: -73 y: -136 C. 在 1 秒内滑行到 随机位置 D. 移到 随机位置 参考答案：B ③下列哪个程序中的角色会跑得最快？（ ） A. 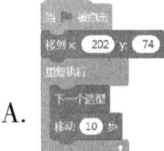 B.  C. 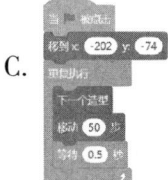 D. 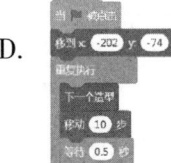 参考答案：B	▶ 学生参加主题活动，进行"校园运动会"的展示活动。 ▶ 学生完成题目，回顾本节课所学内容。

1.6 点球大战

建议课时：40分钟

◎ **教学目标**

☆学会使用"在（ ）秒内滑行到x：（ ）y：（ ）"积木，知道它与"移到x：（ ）y：（ ）"积木的区别；

☆学会使用"隐藏"和"显示"积木，能够恰当地运用两个积木，增添程序效果的趣味性；

☆编写程序，实现"点球大战"的效果。

◎ **教学重难点**

重点：能够灵活使用"隐藏"和"显示"积木。

难点：理解在程序中，角色何时应该被隐藏或显示。

◎ **课前准备**

教师：准备好装有慧编程软件的电脑。

学生：能够较熟练进行角色造型的改变，能够较熟练地使用"移到x：（ ）y：（ ）"积木。

教师活动	学生活动
1. 知识回顾（3分钟） 在上一节课中，我们用编程描绘出了校园运动会的热闹情景。在示例程序中，我们一共为3个角色进行了程序设计。还记得下面的程序分别实现什么效果吗？	▶学生回顾重要积木块的功能。

角色	积木	效果
(熊猫图)	当▶被点击 移到x: -193 y: -73 重复执行 　移动 1 步 　下一个造型	当绿旗被点击后，角色会移动到起点位置，接下来重复向前走的动作

续表

角色	积木	效果
		当绿旗点击后，每隔0.5秒，喊一次"加油！"
		当绿旗点击后，重复切换造型与喊"加油！"

2. 情景导入（2分钟）

Panda会走路之后，就开始到处玩耍了，他想多多认识这个全新的世界。现在他来到了一个足球场，看到一个运动员正在认真练习踢球，而且每一次都能够恰好把球踢进球门。

播放案例视频《球被踢进球门》。

Panda看了一会儿，想：如果用力太大，球会不会被踢飞呢？如果一不小心球撞到门柱上，又会怎样呢？

我们一起帮助Panda分析一下两种情况吧！

如果用力过大，足球可能会被踢飞并越过球门，最后从舞台中消失；如果撞到门柱上，足球会被反弹。

▶ 学生思考后在课本上绘出两种情况下足球的运动轨迹。

教师活动	学生活动

播放案例视频《球被踢飞》和《球被踢到门柱上》，引导学生思考怎么通过编程来实现足球不同的运动轨迹呢？

3. 知识冲浪（15分钟）

为了实现足球不同的运动轨迹，需要学习以下编程知识。

1）滑行

上一节课中，我们使用到了"移到x：（ ）y：（ ）"积木，移动的动作是在瞬间完成的。而现在要展现出足球向球门滚动的效果，就需要用到"在（ ）秒内滑行到x：（ ）y：（ ）"积木。

▶ 学生学习"滑行"的知识和积木。

积木区	积木	功能	示例
运动	在 1 秒内滑行到x: 39 y: -18	滑行积木，角色在规定时间内平滑移动到舞台中某个指定的位置	

示例实现步骤，此环节由教师带领学生进行实际操作。

①改变Panda大小为50，并把Panda拖动到舞台左下角。

▶ 学生在老师的指导下完成示例程序。

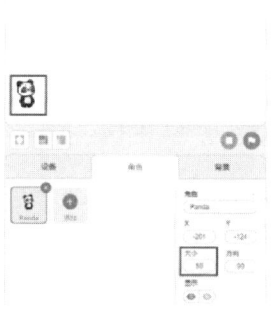

②在角色区点击"添加"，从角色库的运动类下添加角色"Soccer Ball"。

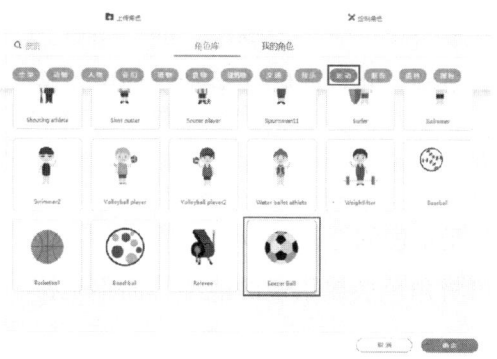

教师活动	学生活动

③改变Soccer Ball大小为50，再用鼠标拖动足球的位置，将其移动到舞台恰当的位置。

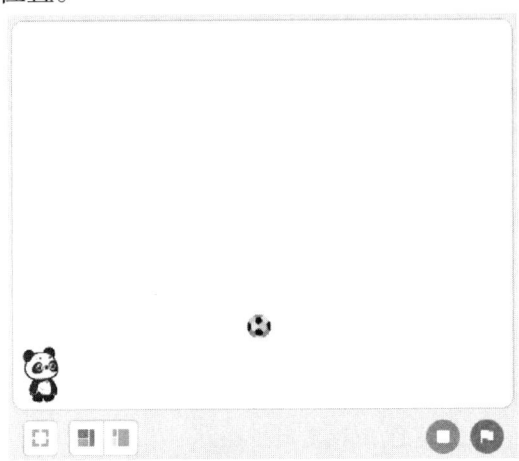

④在角色区选中"Soccer Ball"，进入"Soccer Ball"的程序设计界面。从"运动"中找到"移到x：（ ）y：（ ）"积木，并将x值修改为-11，y值修改为-116。

⑤从"运动"中找到"在（ ）秒内滑行到x：（ ）y：（ ）"积木，并将数值修改为：在1秒内滑行到x：50 y：70。

⑥点击"绿旗"，观察程序运行的效果。

2）变换造型

现在足球已经可以滑行了，但是还缺少一个会踢足球的运动员。所以现在我们需要添加一个足球运动员，并且能够让运动员做出连贯的踢球动作。

我们已经知道如果一个角色有多个造型，可以通过"下一个造型"积木按默认的造型排列顺序改变角色的造型。今天需要用到新的造型积木："换成（ ）造型"，可将角色换成指定的造型，而不是按照顺序进行切换。

▶学生学习"变换造型"的知识和积木。

教师活动

积木区	积木	功能	示例
外观	换成 costume1 ▼ 造型	控制角色进行造型变化，换成指定的角色造型	

学生活动

示例实现步骤，此环节由教师带领学生进行实际操作。在上一个程序的基础上进行修改。

①添加角色，搜索"jor"，选中角色Jordyn，并点击"确定"。

▶ 学生在老师的指导下完成示例程序。

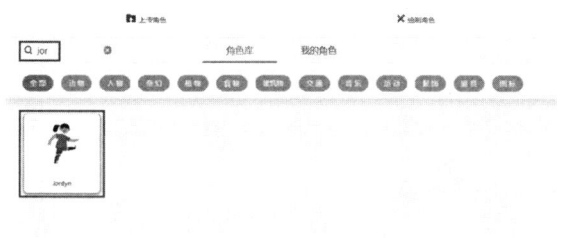

②把Jordyn的大小改为80，并查看角色Jordyn的具体造型和造型名称。

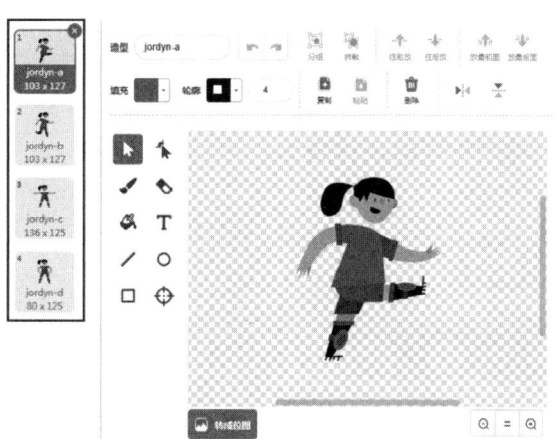

③分析运动员踢足球的动作应该是：准备—抬腿—踢球—结束。可以选择角色的造型顺序为：4-2-1-4，我们让每个动作持续0.5秒。

教师活动	学生活动

④拖动舞台中角色到适当的位置，再从"运动"中找到"移到 x：（ ）y：（ ）"积木，并将x值修改为-63，y值修改为-106。结合开始事件，查看具体的程序效果。

运行程序会发现：运动员的踢球动作和足球的运动不同步。正确的流程应该是当运动员做"踢球"动作时（即造型为jordyn-a时），球开始滚动。我们可以使用"等待（ ）秒"积木来解决这个问题：让足球先"等待1秒"再开始滚动，足球的程序应该调整为：

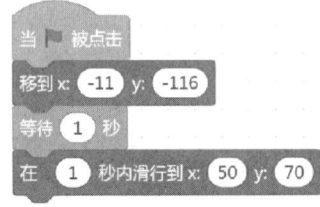

提示

（1）删除角色造型

如果遇到不需要的角色造型，可以选中"角色"，进入"造型"。再选中不需要的造型，点击右上角的"×"，删除即可。

▶ 学生了解如何删除角色造型和改变角色造型的顺序。

教师活动	学生活动

（2）改变角色造型顺序

如果觉得角色造型的排列顺序不合适，可以选中造型，按住鼠标左键，将该造型移动到目标位置上，然后松开鼠标即可，其他造型会按顺序往后延。

（3）显示与隐藏

现在已经成功实现了踢足球的动作。但是该如何实现足球被踢出舞台的效果呢？

积木区	积木	功能	示例
外观	显示	将隐藏的角色显示出来	
	隐藏	将角色隐藏起来	

▶ 学生学习"显示与隐藏"的知识和积木。

示例实现步骤，此环节由教师带领学生进行实际操作。在上一个程序的基础上进行修改。

①为了更好地体验程序效果，从背景库添加"football field1"背景，呈现出足球场的情景。

▶ 学生在老师的指导下完成示例程序。

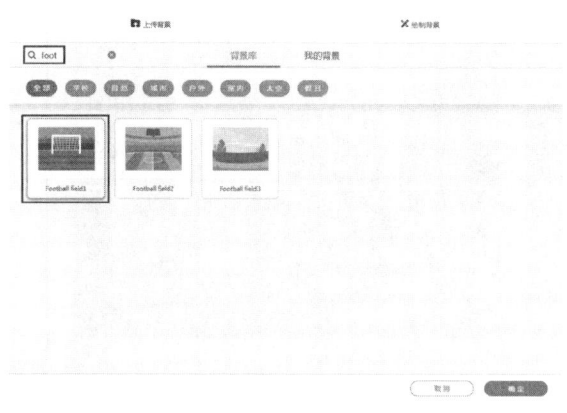

| 教师活动 | 学生活动 |

②在角色区选中"Soccer Ball",进入"Soccer Ball"的编程界面。从"外观"  中选择"显示"积木,设置足球初始状态为"显示"。

③在舞台上移动足球的位置,修改滑行时间,改变足球需要滑行到的位置为:x:228 y:169,模拟足球飞出舞台。

④从"外观" 中选择"隐藏"积木 设置足球的状态为"隐藏"。

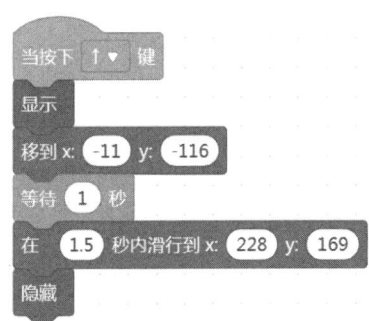

⑤点击"绿旗",体验程序效果。

提示 为防止执行了隐藏积木的角色从舞台中"永久地消失",影响到其他事件或下一次的程序执行效果,我们通常将显示积木和隐藏积木配合使用。因此无论是"球被踢飞""球被踢到门柱上",还是"球被踢进球门",这3种情景我们在开始事件后都使用显示积木。

(显示)

(隐藏)

教师活动	学生活动
4. 编程实战（15分钟） 播放案例视频《球被踢进球门》和《球被踢到门柱上》，引导学生补充编写这两个程序。 1）要求 ①按空格键，球被踢进球门； ②按右键，球被踢到门框上。 **提示** 下图给出了几个关键坐标点以供参考。 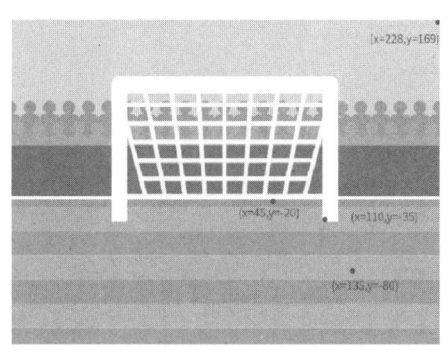 2）参考步骤 现在我们已经完成了"足球被踢飞"的效果，需要你自己尝试完成"足球踢进球门"和"足球撞到门柱"的效果了。（可以使用不同的触发事件，实现不同的踢足球效果。） （1）足球踢进球门 只需确定足球需要滑行到的位置即可。在舞台上，将足球移动到球门内，确定需要滑行到的位置。  **角色程序1——soccer** ①在角色区选中"soccer"，进入对"soccer"进行程序设计的界面。 ②复制"球被踢飞"中足球的程序，并移动到空白脚本区。	▶ 学生完成编程实战。

教师活动	学生活动

③修改"在（ ）秒内滑行到x：（ ）y：（ ）"数值为：在1秒内滑行到x：45 y：-20。

在 1 秒内滑行到 x: 45 y: -20

④删除"隐藏"积木，确定足球进网之后不会消失，并将开始事件修改为"当按下空格键"。

当按下 空格 ▼ 键
显示
移到 x: -11 y: -116
等待 1 秒
在 1 秒内滑行到 x: 45 y: -20

角色程序2——Jordyn

①在角色区选中"Jordyn"，进入对"Jordyn"进行程序设计的界面。

②复制"球被踢飞"情况下Jordyn的程序，并移动到空白脚本区。

③将开始事件修改为"当按下（空格）键"。

（2）球撞到球门

同样，球撞到球门也只需确定足球需要滑行到的位置和反弹后的位置即可。

①在舞台上，将足球移动到球框上，确定第一次需要滑行到的位置。

| 教师活动 | 学生活动 |

②在舞台上，将足球移动到其他位置，确定撞到门柱被反弹后需要滑行到的位置。

角色程序1——soccer

①在角色区选中"soccer"，进入对"soccer"进行程序设计的界面。

②再次复制"球被踢飞"中足球的程序，并移动到空白脚本区。

③改变"在（ ）秒内滑行到x：（ ）y：（ ）"数值为：在1秒内滑行到x：110 y：-35。

在 1 秒内滑行到x: 110 y: -35

④复制积木"在（ ）秒内滑行到x：（ ）y：（ ）"，将数值改为：在1秒内滑行到x：135 y：-80。

在 1 秒内滑行到x: 135 y: -80

⑤删除"隐藏"积木，并将开始事件修改为"当按下

教师活动	学生活动

（↑）键"。

角色程序2——Jordyn

①在角色区选中"Jordyn"，进入到对"Jordyn"进行程序设计的界面。

②复制"球被踢飞"情况下Jordyn的程序，并移动到空白脚本区。

③将开始事件修改为"当按下（↑）键"。

提示

以上角色的程序可以通过"复制"添加角色程序，只需改动小部分程序即可。可以回顾前面讲过的"复制程序"的方法。

对学有余力的同学，可以鼓励加入Panda的动作，例如：每次球踢到不同的位置，Panda跑到球的位置，把球踢给运动员。

5. 展示与反馈（5分钟）

1）课堂活动

①进行"点球大战"的作品展示活动，鼓励学生展示自己设计的程序。

▶ 学生参加课堂活动，进行"点球大战"的展示活动。

教师活动	学生活动
②引导其他同学从作品的趣味性、表达的完整性方面对这些同学的展示进行简单的点评。 ③引发思考：作品是否有可优化的地方？ **2）总结回顾** ①下列哪个积木块能够让隐藏的角色显示出来？（ ） A. 将大小增加 10　　B. 将大小设为 100 C. 显示　　　　　　D. 移到最 前面▼ 参考答案：C ②读代码回答问题： 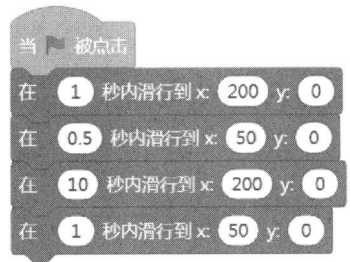 ● 运行上面的代码，角色的运动轨迹将会是？（ ） A.一个正方形　　　　　B.一个长方形 C.在一条直线上向右运动　　D.在一条直线上来回运动 参考答案：D ● 运行上面代码，角色将会进行4次滑行，其中速度最慢的指令是？（ ） A. 在 1 秒内滑行到 x: 200 y: 0 B. 在 0.5 秒内滑行到 x: 50 y: 0 C. 在 10 秒内滑行到 x: 200 y: 0 D. 在 1 秒内滑行到 x: 50 y: 0 参考答案：C	▶学生完成题目，回顾本节课所学的内容。

1.7　鹦鹉周游

建议课时：40分钟

◎ **教学目标**

☆通过游戏互动，初步体验"如果……那么……"积木的作用，理解"条件判断"的含义。

☆能够理解什么是条件，知道"条件"积木的特点。

☆编写程序，实现"鹦鹉周游"的效果。

◎ **教学重难点**

重点：理解"条件"的含义以及作用。

难点：选择合适的条件积木，进行恰当的条件判断。

◎ **课前准备**

教师：准备好装有慧编程软件的电脑。

学生：掌握"循环"的含义，知道如何使用循环语句。

◎ **教学过程**

教师活动	学生活动
1. 知识回顾（2分钟） 在前面的课程中，我们一起制作了点球大战的游戏，知道如何控制足球的运动轨迹和方向。 播放案例视频《点球大战》。 	▶ 学生回顾上节课所学的内容。

教师活动	学生活动
回顾一下哪些积木帮我们完成了点球大战游戏：	

积木	功能
在 1 秒内滑行到 x 39 y -18	滑行积木，角色在规定时间内平滑移动到舞台中某个指定的位置
显示	将隐藏的角色显示出来
隐藏	将角色隐藏起来

2. 情景导入（3分钟）

这节课，我们要认识一位新朋友——鹦鹉咯哆。勇敢的鹦鹉咯哆独自周游世界领略了世界各地的美丽风景。为了纪念它周游世界的壮举，老师为咯哆制作了一个纪录片——《鹦鹉周游》，想邀请大家一起来看看。接下来，请同学们观看这段纪录片，看完视频之后请回答问题："背景在什么时候会发生什么变化？"

播放案例视频《鹦鹉周游》。

通过视频，可以发现：当鹦鹉碰到舞台边缘的时候，背景会发生变化。

▶ 学生观看视频回答问题。

思考：计算机是怎么做到当鹦鹉碰到舞台边缘的时候就切换背景的呢？

3. 游戏时光（5分钟）

为了更好地理解计算机的工作原理，我们要玩一个"蹲蹲"小游戏。游戏规则：

①选3—4名同学站成一排，给每个人取一个蔬菜的名字，例如：白菜、萝卜……；

②第一个同学带头一边蹲一边说"我是××我来蹲，如果你是白菜那么你来蹲"，被叫到名字的"白菜"同学一边蹲一边说"我是白菜我来蹲，如果你是黄瓜那么你来蹲"，依次类推。

▶ 被选到的同学玩游戏，其他同学观看。

教师活动	学生活动
4. 知识冲浪（15分钟） **1）条件判断** 　　就像在游戏中每一名同学会先判断自己的名字有没有被叫到，然后再决定要不要蹲一样，在"鹦鹉周游"的程序中，计算机也需要先判断"鹦鹉碰到舞台边缘"这个条件是否成立，再决定要不要切换背景，即：如果鹦鹉碰到舞台边缘，那么切换背景。计算机中有专门用来进行条件判断的积木，我们一起来了解一下。	▶学生学习"条件判断"的知识和积木。

积木区	积木	功能	示例
控制	如果 那么	条件判断积木，判断是否满足条件，如果满足，则执行相应的动作	
侦测	碰到 鼠标指针▼ ？	条件积木，需要进行判断的条件，需和条件判断积木配合使用	

　　示例实现步骤，此环节由教师带领学生进行实际操作。

①选中"背景"，点击"添加" ，在背景库中搜索"gr"，选中背景"Grassland1"，并点击"确定"。

▶学生在老师的指导下完成示例程序。

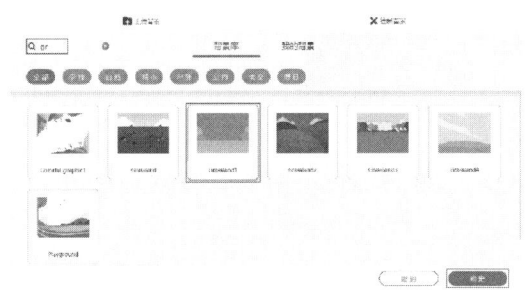

②选中"角色"，进入角色"Panda"的程序设计界面，从"事件" 中选择"当绿旗被点击"积木 。

③从"控制" 中选择"重复执行"积木 。

④从"外观" 中选择"显示"和"隐藏"积木。

⑤从"控制" 中选择"如果……那么……"积木。

教师活动	学生活动

⑥从"侦测"  中选择需要判断的条件积木，并嵌入条件判断积木中。

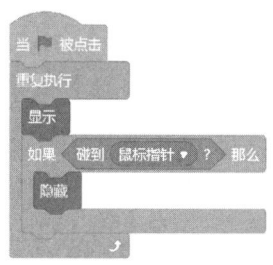

⑦将积木按顺序组合在一起，点击"绿旗"，让鼠标指针在舞台上来回移动，体验程序效果。

2）反弹与旋转

在《鹦鹉周游》视频中，发现鹦鹉碰到边缘的时候，不只是背景切换了，鹦鹉的飞行方向也改变了，这是怎么做到的呢？

想要实现角色在舞台上来回运动的效果，可以使用"碰到边缘就反弹"积木 碰到边缘就反弹 。但是我们会发现反弹后角色的运动姿态很奇怪，此时再使用"将旋转方式设为（ ）"积木 将旋转方式设为 左右翻转▼ ，设置角色的旋转方式为左右翻转就可以了。

积木区	积木	功能	示例
运动	碰到边缘就反弹	当角色碰到舞台边缘时，被反弹回去	
	将旋转方式设为 左右翻转	设置角色的旋转方式	

示例实现步骤，此环节由教师带领学生进行实际操作。在上一个程序的基础上进行修改。

①删除"重复执行"积木内部的积木程序。

▶ 学生学习"反弹与旋转"的知识和积木。

▶ 学生在老师的指导下完成示例程序。

教师活动	学生活动

②从"运动"中选择"移动（10）步"积木 ，并嵌入重复语句内。

③从"控制"中选择"等待（ ）秒"积木，修改等待时间为0.2秒，并卡合在"移动（10）步"积木下方。

④从"外观"中选择"下一个造型"积木，改变Panda的运动造型，并卡合在"等待（0.2）秒"积木下方。

⑤从"控制"中选择"如果……那么……"积木，卡合在"下一个造型"积木下方。

⑥从"侦测"中选择"碰到（鼠标指针）？"积木，选择为"碰到（舞台边缘）？"，并嵌入"如果……那么……"积木中。

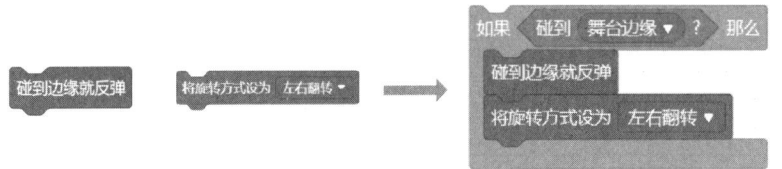

⑦从"运动"中选择"碰到边缘就反弹"积木和"将旋转方式设为（左右翻转）"积木，嵌入"如果……那么……"积木中，并点击"绿旗"，体验程序效果。

（可以引导学生尝试选择另外两种旋转方式，观察程序运行效果有何异同。）

> **提示**
>
> **背景的添加与切换**
>
> 一个程序中可以添加多个背景，而且可以通过切换背景，实现背景变化的效果。
>
> （1）背景的添加
>
> ①选择"背景"，点击"添加"，在"背景库"中选中要添加的背景，并点击"确定"。

教师活动	学生活动

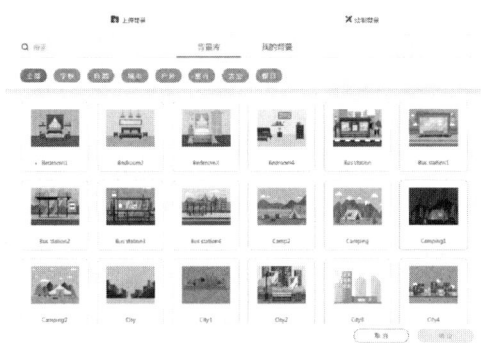

②需要添加多个背景，就重复添加多次背景即可。

（2）背景的切换

背景的切换方式和造型的切换方式类似，有两种切换背景的方式。"下一个背景"积木可按顺序切换到下一个背景，"换成（ ）背景"积木可换成指定背景。点击"背景"中的造型 ，可以查看多个背景的排列顺序。

5. 编程实战（10分钟）

播放《鹦鹉周游》的完整案例，引导学生编写案例中的程序。

1）要求

①自由选取背景，背景素材在5个以上。

②角色选取鹦鹉"Parrot"。

③为自己的程序设计故事情节，例如：鹦鹉所到之处都发生了哪些有趣的故事。

▶ 学生完成编程实战。

教师活动	学生活动

2）参考步骤

①删除Panda角色。

②添加角色"Parrot"，进入角色的程序设计界面。

③从"事件"中选择"当绿旗被点击"积木。

④从"控制"中选择"重复执行"积木。

⑤从"运动"中选择"移动（10）步"积木，嵌入"重复执行"积木中。

⑥从"控制"中选择"等待（）秒"积木，修改等待时间为0.2秒，并卡合在"移动（10）步"积木下方。

⑦从"外观"中选择"下一个造型"积木，并卡合在"等待（0.2）秒"积木下方。

⑧从"控制"中选择"如果……那么……"积木，并卡合在"下一个造型"积木下方。

⑨从"外观"中选择"碰到（）？"积木，修改为"碰到（舞台边缘）？"，并嵌入"如果……那么……"积木中。

⑩给舞台添加5个不同的背景。

⑪从"外观"中选择"下一个背景"积木，嵌入"如果……那么……"积木，实现"如果碰到舞台边缘，就改变背景"效果。

⑫从"运动"中选择"碰到边缘就反弹"积木和"将旋转方式设为（左右翻转）"积木，按顺序卡合在"如果……那么……"积木下方。

⑬检查程序的积木顺序，并点击绿旗，体验程序效果。

教师活动	学生活动

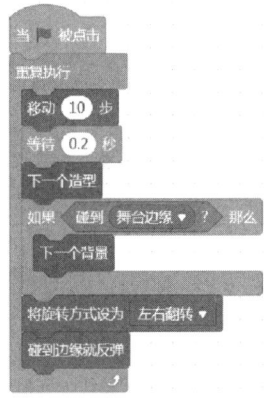

对学有余力的同学，可以增加其他角色，多次使用"碰到（ ）"积木进行条件判断，优化"鹦鹉周游"的故事情节。

6. 展示与反馈（5分钟）

1）课堂活动

①鼓励学生展示自己设计的"鹦鹉周游"程序以及创作的故事情节。

②引导其他同学从作品的趣味性、表达的完整性方面对这些同学的展示进行简单的点评。

③引发思考：作品是否有可优化的地方？

2）总结回顾

①下列程序中，哪个会让角色说"你好"2秒？（ ）

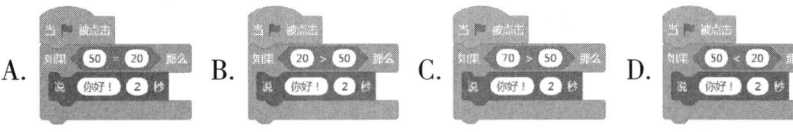

参考答案：C

②运行下列程序，在什么情况下角色会消失？（ ）

A.当绿旗被点击时

B.当角色碰触到鼠标指针时

C.当舞台碰触到鼠标指针时

D.当积木碰鼠标指针时

参考答案：B

③条件积木的形状是？（ ）

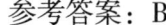

A.  B.  C.  D.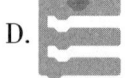

参考答案：A

▶学生参加主题活动，进行"鹦鹉周游"的展示活动。

▶学生完成题目，回顾本节课所学的内容。

1.8 小虫快跑

建议课时：40分钟

◎ **教学目标**

☆深化对"条件"的学习，能够并列使用多个"如果……那么……"的条件语句。
☆能够使用"碰到（角色）"和"按下（ ）键"的条件积木，并设置合适的条件。
☆了解"面向（ ）方向"积木和"停止全部脚本"积木的作用。
☆编写程序，实现"小虫快跑"的游戏效果。

◎ **教学重难点**

重点：熟练使用"条件"语句。

难点：能够正确使用"碰到（角色）"的条件积木，设置合适的条件。

◎ **课前准备**

教师：准备好装有慧编程软件的电脑。
学生：理解"条件"的含义，知道如何进行简单的条件判断。

◎ **教学过程**

教师活动	学生活动
1. 知识回顾（3分钟） 前一节课，我们和鹦鹉哆咯一起周游了一圈：从白天到黑夜，从城市到乡野，跨过山和大海，穿过丛林和沙漠。 播放《鹦鹉周游》视频。 	▶ 学生回顾上节课所学的内容。

教师活动		学生活动

在"鹦鹉周游"中有几个很重要的积木,看看下面的程序,你们还记得它们的作用吗?

程序	功能
(程序积木图)	点击"绿旗",角色在舞台中显示出来;鼠标指针碰到角色时,角色在舞台中隐藏起来

2. 情景导入(2分钟)

森林中总是危机四伏的。在一个漆黑的夜晚,一只小虫独自外出觅食。忽然,它遇到一只毒蝙蝠,一旦碰到这只蝙蝠,小虫就小命不保了。一起帮助小虫躲避毒蝙蝠吧!

3. 游戏时光(3分钟)

选取2名同学体验游戏"小虫快跑"。

游戏规则:

①用键盘的"↑""↓""←""→"键控制小虫移动;

②如果碰到毒蝙蝠,小虫就会从空中掉下来,等待1秒之后游戏结束。

看哪位同学能够帮助小虫坚持的时间长。

想知道这个游戏是怎么做出来的吗?接下来进入游戏揭秘环节。

4. 知识冲浪(17分钟)

1)多个判断条件

和"看我72变"的程序相似,这个游戏也是用键盘的"↑""↓""←""→"键控制角色的。当时我们是用事件类积木来控制

▶ 学生体验"小虫快跑"游戏。

教师活动	学生活动

游戏效果，而今天我们学习另外一种控制游戏效果的方式——条件判断。

对于小虫来说，需要进行的判断有：

①如果"↑"键被按下，小虫往上走；

②如果"↓"键被按下，小虫往下走；

③如果"←"键被按下，小虫往左走；

④如果"→"键被按下，小虫往右走；

⑤如果碰到蝙蝠，小虫往下掉（走）。

那怎么实现小虫向不同方向走呢？需要借助新的积木——"面向（ ）方向"。

▶ 学生学习"面向（ ）方向"的知识和积木。

积木区	积木	功能	示例
运动	面向 90 方向	规定角色面向的方向。可以通过拖动方向指针或者输入数值，调整角色面向不同的方向。其中，"90"为正右方，"-90"为正左方。"0"为正上方，"180"为正下方	

示例实现步骤，此环节由教师带领学生进行实际操作：

①进入角色区，删除Panda角色。

②选中"角色"，点击"添加"⊕，在角色库中搜索"bug"，选中"Bug2"角色，并点击"确定"。

▶ 学生在老师的指导下完成示例程序。

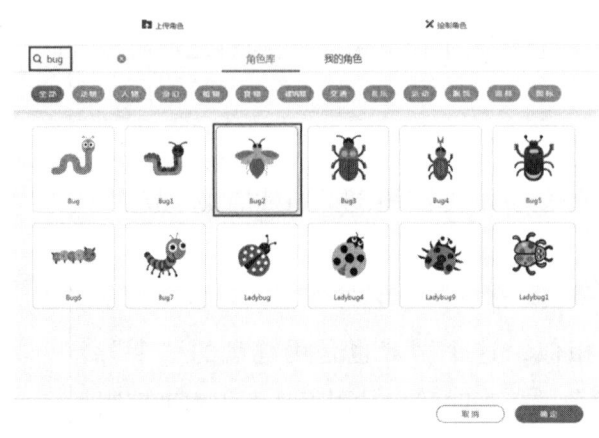

| 教师活动 | 学生活动 |

③选中"角色",点击"添加"⊕,在角色库中搜索"bat",选中有多个造型的"Bat1"角色,并点击"确定"。

④在角色区选中"Bug2",进入小虫Bug2的程序设计界面。

⑤从"事件"中选择"当绿旗被点击"积木。

⑥从"控制"中选择"重复执行"积木,卡合在"当绿旗被点击"积木下方。

⑦从"控制"中选择"如果……那么……"积木,嵌入在"重复执行"积木内。

⑧从"侦测"中找到"按下( )键?"积木,选择为"按下(↑)键?",并嵌入在"如果……那么……"积木的六边形框中。

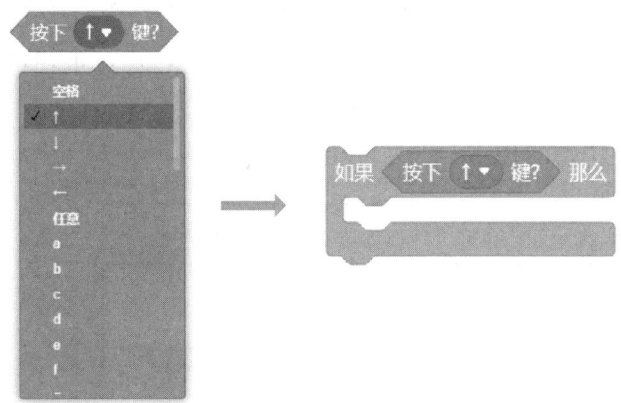

⑨从"运动"中选择"面向( )方向"积木,拖动指针指向0方向,嵌入"如果……那么……"积木内。即:当按下"↑"键时,小虫将向上移动。

教师活动	学生活动

⑩从"运动" 中选择"移动（ ）步"积木，数值设为5，卡合在"面向（ ）方向"积木下方。

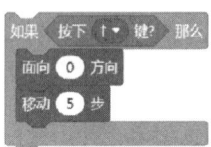

⑪ 按照类似的操作，完成"按下（↓）键？"和"碰到（Bat1）？"两个条件的判断积木块。

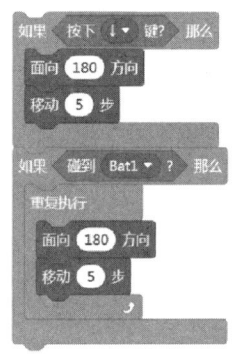

⑫ 点击"绿旗"，用"↑""↓"键控制小虫移动，并让小虫碰到蝙蝠，观察程序效果。

2）停止脚本

以上我们基本完成了小虫的角色程序，接下来看看蝙蝠的程序应该是怎样的。

"当蝙蝠碰到小虫的时候游戏结束"，所谓的游戏结束，其实就是停止所有脚本。这时需要使用新的积木——"停止全部脚本"。

▶ 学生学习"停止脚本"的知识和积木。

积木区	积木	功能	示例
控制	停止 全部脚本▼	停止程序的所有脚本，即停止一切动作	

教师活动	学生活动
示例实现步骤，此环节由教师带领学生进行实际操作，在上一个程序的基础上继续进行操作。 ①在角色区选中"Bat1"，进入蝙蝠Bat1的程序设计界面。 ②从"事件"中选择"当绿旗被点击"积木。 ③从"运动"中选择"面向（ ）方向"积木，拖动指针指向45方向，卡合在"当绿旗被点击"积木下方。  ④从"运动"中选择"将旋转方式设为（左右翻转）"积木，卡合在"面向（45）方向"积木下方。 ⑤从"控制"中选择"重复执行"积木，卡合在"将旋转方式设为（左右翻转）"积木下方。 ⑥从"运动"中选择"移动（ ）步"积木，将数值设为5，嵌入"重复执行"积木内。 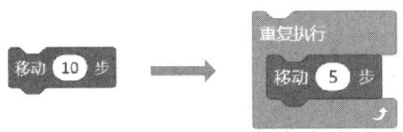 ⑦从"运动"中选择"碰到边缘就反弹"积木，卡合在"移动（5）步"积木下方。 ⑧从"控制"中选择"如果……那么……"积木，卡合在"碰到边缘就反弹"积木下方。 ⑨从"侦测"中找到"碰到（ ）"积木，选择"碰到Bug2"，并嵌入"如果……那么……"积木的六边形框中。 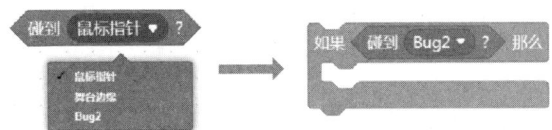 ⑩从"控制"中找到"等待1秒"积木和"停止全部脚本"积木，按顺序嵌入"如果……那么……"积木中，并点击"绿旗"，体验程序效果。	▶学生在老师的指导下完成示例程序。

教师活动	学生活动
5. 编程实战（10分钟） 播放《小虫快跑》的完整案例视频，引导学生在示例程序的基础上编写案例中的程序。 1）要求 ①每次游戏开始时，小虫都出现在舞台左下角的位置，而蝙蝠则从右上角起飞。 ②游戏开始后，蝙蝠等待1秒再起飞，给小虫（玩家）留有准备的时间。 ③蝙蝠在移动的过程中要不断切换造型，呈现出飞翔的效果。  2）参考步骤 **角色程序1——Bug2** ①在角色区选中"Bug2"，进入"Bug2"的程序设计界面。  ②从"运动"中选择"移到x：（ ）y：（ ）"积木，修改数值为x：–206 y：–150。 ③从"外观"中选择"将大小设为（100）"积木，修改数值为30。 ④将以上两个积木卡合在"当绿旗被点击"积木下方。 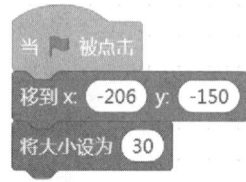 ⑤参考"按下（↑）箭头"的条件判断积木，添加"按下（←）箭头"和"按下（→）箭头"两个条件的判断积木块。	▶ 学生完成编程实战。

| 教师活动 | 学生活动 |

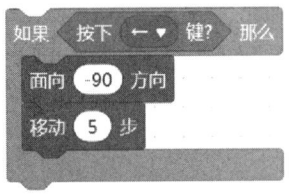 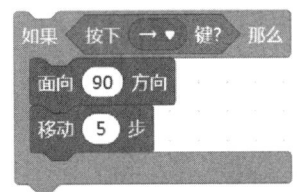

⑥将所有的条件判断积木嵌入在重复语句中，并运行程序，体验程序效果。

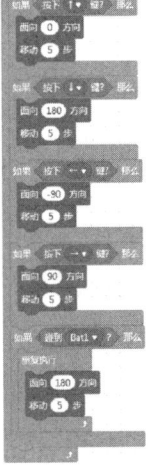

角色程序2——Bat1

①在角色区选中"Bat1"，进入"Bat1"的程序设计界面。

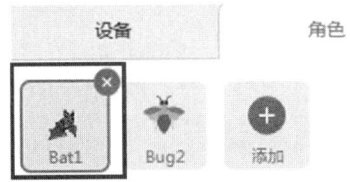

②从"运动"中选择"移到x：（ ）y：（ ）"积木，修改数值为：x：192 y：145。

③选择"重复执行"积木，并嵌入"下一个造型"积木和"等待（ ）秒"积木。新添加一个开始事件"当绿旗被点击"，实现"Bat1挥动翅膀"的效果。

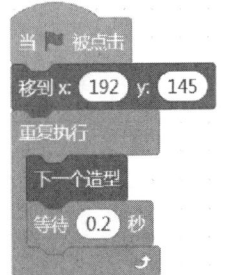

教师活动	学生活动
④在"示例程序"中加入"等待1秒"积木,实现游戏开始后,蝙蝠等待一秒再开始飞的效果,留给小虫1秒的反应时间: 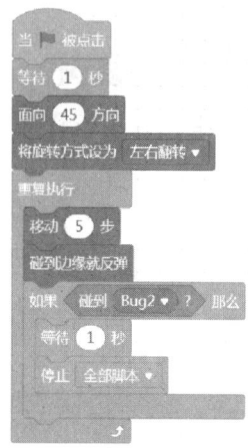 ⑤从背景库中选择并添加"Forest night4"背景。 对学有余力的同学,可以鼓励改变游戏结束时的动作效果,例如:利用"显示"和"隐藏"积木,实现"当小虫碰到蝙蝠后1秒,小虫和蝙蝠都消失"的效果。 **6. 展示与反馈(5分钟)** 1)课堂活动 ①鼓励学生展示自己设计的"小虫快跑"小游戏。 ②引导其他同学从作品的趣味性、表达的完整性方面对这些同学的展示进行简单的点评。 ③引发思考:作品是否有可优化的地方? 2)总结回顾 ①以下哪个选项中的积木可以停止所有的角色动作?( ) A. 停止 这个脚本▼ B. 停止 全部脚本▼ C. 停止 该角色的其他脚本▼ D. 等待 参考答案:A ②以下哪个积木块能实现角色不断往下掉的效果?( ) A. 面向 180 方向 移动 5 步 B. 重复执行 面向 180 方向 移动 5 步 C. 面向 90 方向 移动 5 步 D. 重复执行 面向 90 方向 移动 5 步	▶学生参加主题活动,进行"小虫快跑"的展示活动。 ▶学生完成题目,回顾本节课所学的内容。

| 教师活动 | 学生活动 |

参考答案：B

③读程序片段回答问题：

● 问当按下c键时，角色会说什么？（ ）

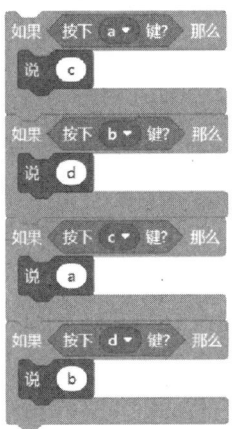

A. a   B. b
C. c   D. d

参考答案：A

● 按下（ ）按键，可以实现"立即停止所有程序运行"的效果。

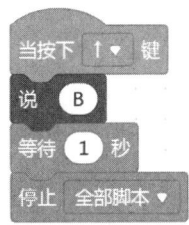 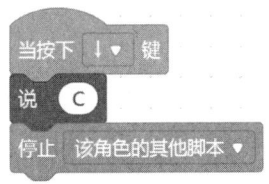

 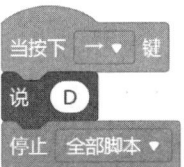

A. "↑"   B. "↓"
C. "←"   D. "→"

参考答案：D

1.9 猜箱子游戏

建议课时：40分钟

◎ **教学目标**
  ☆了解"广播"的概念，知道如何利用广播进行不同角色之间的互动；
  ☆能够正确发送广播消息和接收广播消息；
  ☆编写程序，实现"猜箱子游戏"的效果。

◎ **教学重难点**
  重点：理解"广播"的含义以及作用。
  难点：能够正确设置不同角色之间的广播消息，让整体效果比较连贯。

◎ **课前准备**
  教师：准备好装有慧编程软件的电脑。
  学生：能够熟练应用隐藏、显示、循环和滑动积木。

◎ **教学过程**

教师活动	学生活动
1. 知识回顾（3分钟） 在上一次课程中我们制作了一个"小虫快跑"的小游戏，在游戏中我们多次使用到了条件判断积木。一起回顾一下，以下两组积木分别能实现什么效果呢？	▶学生回顾上节课的重要内容。

示例	效果
如果 按下 ←▼ 键？ 那么 面向 -90 方向 移动 5 步	当键盘上的"←"键被按下的时候，角色朝左（-90方向）移动5步
如果 碰到 Bat1▼ ？ 那么 重复执行 面向 180 方向 移动 5 步	当角色碰到蝙蝠Bat1的时候，角色不断向下（180方向）掉

教师活动	学生活动

2. 游戏时光（5分钟）

经历了紧张的躲避蝙蝠游戏后，我们可以通过"猜箱子"游戏放松一下紧绷的神经。在"猜箱子"游戏中，Panda藏在其中一个箱子里。单击你猜测的箱子，如果猜对了，舞台上就会放出礼花；如果猜错了，舞台上就会爆出炸弹。

邀请2—4名同学演示游戏。

游戏规则：

①舞台上有2个箱子，Panda藏在其中一个里面，看谁能把他找出来。

②每人只能猜一次。

想知道这个游戏是怎么做出来的吗？接下来让我们进入游戏揭秘环节。

▶ 学生体验游戏并思考问题。

3. 知识冲浪（12分钟）

为了实现"猜箱子"的游戏效果，需要学习以下编程知识：

1）广播

在游戏中，涉及很多角色的互动，比如：如果鼠标点击了正确的箱子，角色Panda就会伴随着庆祝的礼花出现；如果鼠标点击了错误的箱子，舞台上就会爆出炸弹，它们之间的"配合"十分默契。这是怎么实现的呢？

这里我们需要学习一个重要的编程知识——广播，它可以在角色之间"发送信号""接收信号"。

▶ 学生学习"广播"的知识和积木。

积木区	积木	功能	示例
事件	广播 消息1	广播发送消息，可以新建并自定义消息的名称；一个角色可以发送多个消息	发送方：
	当接收到 1	选择需要接收的消息，当接收到对应消息时，执行相应的积木	接收方：

示例实现步骤，此环节由教师带领学生进行实际操作。

角色程序1——Shield2

①添加舞台背景，在背景库中搜索"stage"，选中背景Stage，并点击"确定"。

▶ 学生在老师的指导下完成示例程序。

②添加角色箱子，在角色库中搜索"shi"，选中角色Shield2，并点击"确定"。

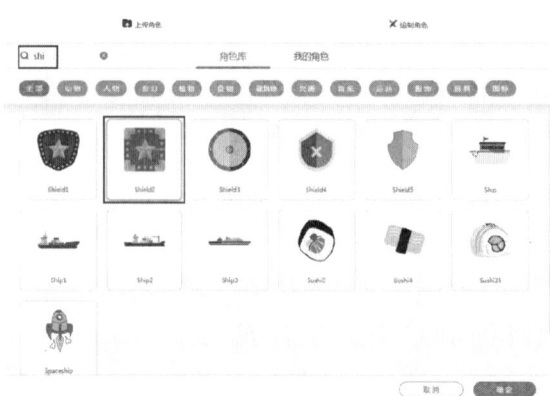

③移动舞台上Panda和箱子的位置，将两个角色重叠起来，实现Panda被箱子盖住的效果。

教师活动	学生活动

④点击进入箱子角色"Shield2"的程序设计界面,从"事件"中选择"当角色被点击"积木。

⑤从"事件"中选择"广播(消息1)"积木,点击积木的下拉菜单,选择"新消息",设置新消息的名称为"1",并点击"确定",即创建了一条新的广播消息。

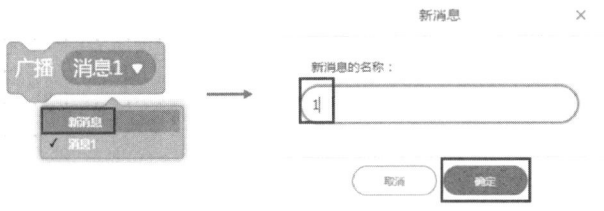

⑥从"运动"中选择"在( )秒内滑行到x:( ) y:( )"积木,修改为"在(0.5)秒内滑行到x:(-120) y:(50)",实现箱子向上移动的效果。

⑦将上面的积木按顺序排列下来,点击舞台上的角色,观察程序效果。

角色程序2——Panda

①进入角色"Panda"的程序设计界面,从"事件"中选择"当绿旗被点击"积木。

②从"外观"中选择"隐藏"积木,卡合在"当绿旗被点击"积木下方,实现程序开始时Panda隐藏的效果。

教师活动	学生活动

③从"事件"中选择"当接收到（ ）"积木，选择接收消息为"1"。

④从"外观"中选择"显示"积木，卡合在"当接收到（1）"积木下方，实现"点击箱子Shield2后，Panda现身"的效果。

⑤点击"绿旗"，再点击舞台上的箱子"Shield2"，观察程序运行效果。

2）角色来回滑动

在游戏开始时，两个箱子在舞台上来回移动，增加了游戏的趣味性。回想我们之前学习过的运动积木，思考：如何实现箱子在舞台上来回滑动的效果呢？

要想实现来回滑动的效果，需要配合使用"重复执行（ ）次"积木和滑行积木。

此环节由教师带领学生在上一个程序的基础上继续进行实际操作。

①进入箱子角色"Shield2"的程序设计界面，从"事件"中选择"当绿旗被点击"积木。

②从"运动"中选择"移到x：（ ）y：（ ）"积木，改为"移到x：-120 y：-80"，设定好箱子的初始位置。

③从"控制"中选择"重复执行（ ）次"积木，将数值改为3。

④从"运动"中选择滑行积木，并复制一次，分别将两个滑行积木修改为"在（0.5）秒内滑行到x：（90）y：（-80）"和"在（0.5）秒内滑行到x：（-120）y：（-80）"，并按顺序嵌入"重复执行（ ）次"积木内，实现角色的来回滑动效果。

⑤将上面的积木按照顺序排列下来，点击"绿旗"，结合示例程序，体验完整的程序效果。

▶ 学生复习"滑行"的知识。

▶ 学生在老师的指导下实现"角色来回滑动"的游戏效果。

教师活动	学生活动

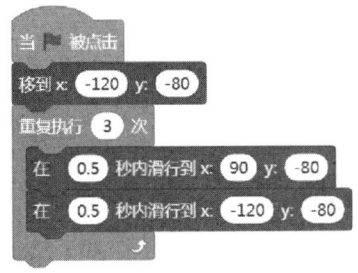

4. 编程实战（15分钟）

播放《猜箱子》游戏案例视频，引导学生在示例程序的基础上，继续编写案例中的程序。

1）要求

①舞台上共有两个箱子在来回移动。

②点击左边的箱子（Shield2）后，箱子上移，在Panda出现的同时，绽放礼花（"Fireworks"角色）。

③点击右边的箱子（Shield3）后，箱子上移，Panda不出现，出现炸弹（"Boom6"角色）。

2）参考步骤

（1）添加角色

①从角色库中添加第2个箱子角色"Shield2"，在程序中自动将角色名改为"Shield3"。

②从角色库中添加一个礼花角色"Fireworks"，并将大小设为200。

③从角色库中添加一个爆照角色"Boom6"，并将大小设为200。

▶ 学生完成编程实战。

| 教师活动 | 学生活动 |

（2）程序设计

角色程序1——Fireworks

①进入角色"Fireworks"的程序设计界面，从"事件"中选择"当绿旗被点击"积木 。

②从"外观" 中选择"隐藏"积木 ，卡合在"当绿旗被点击"积木 下方，实现在游戏开始时Fireworks隐藏的效果。

③从"事件" 中选择"当接收到（ ）"积木，选择接收消息为"1" 。

④从"外观" 中选择"显示"积木 ，卡合在"当接收到（1）"积木 下方，实现接收消息"1"后，Fireworks出现的效果。

角色程序2——Shield3（箱子2）

①进入角色"Shield3"的程序设计界面，参照箱子1的程序设计，分别确定游戏开始时箱子的初始位置及在舞台上来回移动的两个位置，完成箱子2在舞台上来回移动的程序。

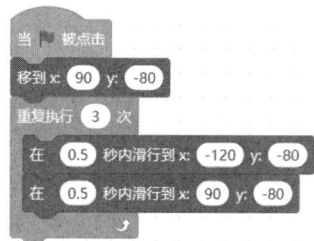

②从"事件" 中选择"当角色被点击"积木 。

③从"事件" 中选择"广播（ ）"积木 ，点击积木的下拉菜单，选择"新消息"，设置新消息的名称为"2"，点击"确定"。

教师活动	学生活动

④从"运动"中选择"在（ ）秒内滑行到x:（ ）y:（ ）"积木，修改为"在0.5秒内滑行到x: 90 y: 50"，实现箱子向上移动的效果。

⑤将上面的积木按照顺序排列下来。即：当箱子2被点击，发送广播消息"2"，并向上移动。

角色程序3——Boom6

①进入角色"Boom6"的程序设计界面，从"事件"中选择"当绿旗被点击"积木。

②从"外观"中选择"隐藏"积木，卡合在"当绿旗被点击"积木下方，实现游戏开始时Boom6隐藏的效果。

③从"事件"中选择"当接收到（ ）"积木，选择接收消息为"2"。

④从"外观"中选择"显示"积木，卡合在"当接收到（2）"积木下方，实现接收消息"2"后，Boom6出现的效果。点击"绿旗"，再点击箱子"Shield3"，观察程序运行效果。

对学有余力的同学，可以鼓励添加其他更多的游戏内容，让游戏呈现更加完整。例如：实现游戏结束时，增加"Game over"的效果。（Game over字样的角色名为"Game hint"。）

4. 展示与反馈（5分钟）

1）课堂活动

①鼓励学生展示自己设计的"猜箱子"游戏程序。

②引导其他同学从作品的趣味性、表达的完整性方面对这些同学的展示进行简单的点评。

③引发思考：作品是否有可优化的地方？

2）总结回顾

①以下说法正确的是？（ ）

▶学生参加课堂活动，进行"猜箱子小游戏"的展示活动。

教师活动	学生活动
A.同一个角色只能发送一个广播消息 B.一个角色不能同时发送广播消息和接收广播消息 C.不同的角色只能接收不一样的广播消息 D.广播可以实现同一案例中不同角色之间的互动。 参考答案：D ②某一个程序中有2个角色： 角色1程序：　角色2程序：　 请问：如果点击"绿旗"后，紧接着点击角色1，角色2的状态是？（　） 　A.隐藏　　　　　　　　B.显示 参考答案：A ③某一个程序中有3个角色： 角色1程序：  角色2程序： 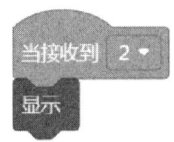　　 角色3程序：  请问：如果点击"绿旗"后，紧接着点击角色3，舞台区显示的角色有哪些？（　） 　A.角色2　　　　　　　　B.角色2和角色3 　C.角色1、角色2和角色3　D.角色1和角色2 参考答案：B	▶ 学生完成题目，回顾本节课所学内容。

1.10 水果大作战（1）

建议课时：40分钟

◎ **教学目标**

☆ 学习并运用"移到（随机位置）"积木，了解"随机位置"的含义；

☆ 学习并运用"将y坐标设为（）"和"将y坐标增加（）"积木，加深对坐标的理解；

☆ 学习简单的比较运算积木，初步了解运算积木；

☆ 编写程序，实现"水果大作战（1）"的效果。

◎ **教学重难点**

重点：深化对坐标的理解，能够利用坐标的变化控制角色移动。

难点：能够灵活设置角色的坐标位置，包括随机位置。

◎ **课前准备**

教师：准备好装有慧编程软件的电脑。

学生：能够熟练使用循环和条件判断积木。

◎ **教学过程**

教师活动	学生活动
1. 知识回顾（2分钟） 在上节课中，我们制作了一个"猜箱子"的小游戏，游戏中我们第一次使用到了"广播"。让我们一起回顾一下，当箱子被点击的时候，会发生什么事情呢？ 	▶ 学生回顾上节课的重要内容。

角色	积木	效果
(星形箱子)	当角色被点击 广播 1▼ 在 0.5 秒内滑行到 x -120 y 50	箱子被点击后，在0.5秒内滑行到（x：-120，y：50）的位置
(Panda)	当 ▶ 被点击 隐藏　　当接收到 1▼ 　　　　显示	点击"绿旗"之后，Panda会消失；点击箱子后，原本隐藏的Panda会出现

2. 情景导入（1分钟）

今天，我们跟着小猴子一起来到了一座水果岛，岛上郁郁葱葱长满了各种各样的水果，有椰子、香蕉……小猴子觉得开心极了！可是他很快发现，自己开心得太早了，因为水果岛上一样充满了危险。是怎样的危险呢？我们一起来看一看。

3. 游戏时光（2分钟）

邀请2—3名同学体验游戏。

游戏规则：

①空中会随时掉下椰子。

②用"←""→"键帮助小猴左右移动，避开从空中掉落的椰子。

③一旦小猴子被椰子砸到，游戏就结束。

④比赛看谁能帮助小猴子坚持的时间最长。

这么具有挑战的游戏，是如何通过程序设计实现呢？

4. 知识冲浪（15分钟）

为了实现小猴子躲避椰子的游戏效果，需要学习以下编程知识。

1）坐标位置

在刚才的游戏中，我们看到了一个神奇的现象——有很多椰子不断地往下落，每次下落的起点位置好像都不太一样，但事实上，游戏中的椰子角色只有3个。那是怎么实现源源不断往下落的效果的呢？

其实，这一切都和坐标位置有关。前面我们已经知道了如何通过坐标，确定和修改角色在舞台中的位置，现在我们要学习坐标的其他积木，以便于更好地实现在舞台上控制角色的运动效果。

▶ 学生体验游戏。

▶ 学生学习"坐标位置"的知识和积木。

教师活动				学生活动
积木区	积木	功能	示例	
运动	移到 随机位置▼	让角色移动到舞台上的某个位置，每次的位置可能都不一样	当 ▶ 被点击 移到 随机位置▼ 将y坐标设为 180 重复执行 　将y坐标增加 -5	
	将y坐标设为 100	将角色的y坐标设置为某个数值。数值越大，角色在舞台中的位置越高		
	将y坐标增加 10	增加y坐标的数值。若数值为正数，则角色上移；若数值为负数，则角色下移		
	y 坐标	角色的y坐标，表示角色在舞台中上下方向的位置。角色发生移动，坐标随之发生变化		

示例实现步骤，此环节由教师带领学生进行实际操作。

①删除Panda角色，然后选中"角色"点击"添加"➕，在角色库中搜索"coc"，选中"Coconut1"，并点击"确定"。

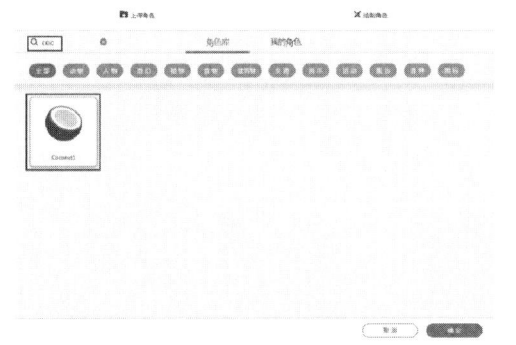

②从"事件" ● 中选择"当绿旗被点击"积木 当▶被点击 。

③从"运动" ● 中选择"移到（随机位置）"积木 移到 随机位置▼ ，卡合在"当绿旗被点击"积木 当▶被点击 下方。

④从"运动" ● 中选择"将y坐标设为（ ）"积木，修改数值为180 将y坐标设为 180 ，卡合在"移到（随机位置）"积木 下方。

⑤从"控制" ● 中选择"重复执行"积木 ，卡合在"将y坐标设为（180）"积木 移到 随机位置▼ 下方。

⑥从"运动" ● 中拖出"将y坐标增加（10）"积木 将y坐标增加 10 ，并将数值修改为-5 将y坐标增加 -5 ，即每次下降5，嵌入"重复执行"积木 内，实现椰子往下掉落的效果。

▶ 学生在老师的指导下完成示例程序。

教师活动	学生活动

⑦点击"绿旗",体验程序效果。

2)比较运算

在上面的示例程序中,每次椰子落到舞台最低处的时候,会停止在那。但是你可能发现了,在"水果大作战(1)"的游戏中,椰子每次落到舞台最低处都会消失,不会停留,接着又会有椰子源源不断地从舞台最高处继续落下。

该如何操作,才能实现游戏中的效果呢?这就需要用到一个"比较大小"的运算积木了。

积木区	积木	功能	示例
运算	A < B	角色的y坐标,表示角色在舞台中上下方向的位置。角色发生移动,坐标随之	

▶ 学生学习"比较运算"的知识和积木。

示例实现步骤,此环节由教师带领学生进行实际操作,在上一个程序的基础上继续进行操作。

①从"控制"中选择"如果……那么……"积木,按顺序嵌入"重复执行"积木内。

②从"运算"中选择比较运算"( )<(50)"积木,并将50修改为−170。

③从"运动"中选择"y坐标"积木,并将其嵌入"( )<(−170)"积木中,即判断角色是否落到舞台最低处。

④将比较运算"(y坐标)<(−170)"积木嵌入"如果……那么……"积木的判断条件中。

⑤从"运动"中选择"移到(随机位置)"积木,嵌入"如果……那么……"积木中。

▶ 学生在老师的指导下完成示例程序。

教师活动	学生活动

⑥从"运动" 中选择"将y坐标设为（ ）"积木，修改参数为180 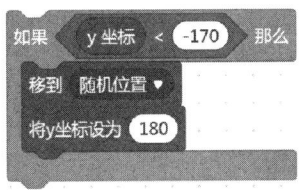，卡合在"移到（随机位置）"积木 下方。即：当椰子落到舞台最低处，则回到舞台最高处，重新开始下落。

⑦点击"绿旗"，观察程序运行效果。

提示

舞台区坐标范围

你已经知道了如何确定角色在舞台上的坐标位置，可是你知道舞台的长度和高度吗？可以借助下面的图示，来了解舞台的长度和高度，知道 x 和 y 的坐标值范围。

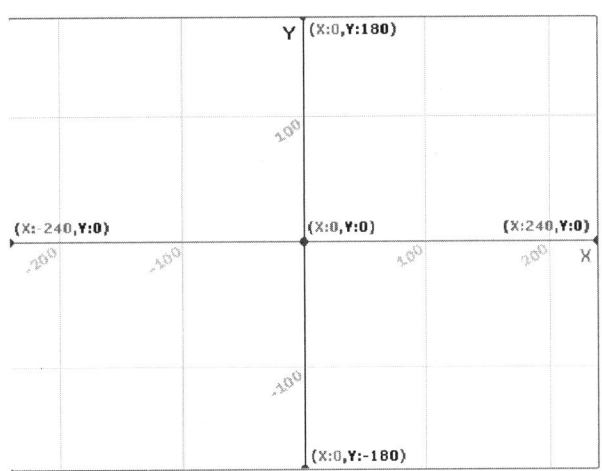

由图可知：

①x 的取值范围是 $-240\sim240$，其中当 $x=-240$ 时，即在舞台最左边，当 $x=240$ 时，即在舞台最右边。

②y 的取值范围是 $-180\sim180$，其中当 $y=-180$ 时，即在舞台最低处，当 $x=180$ 时，即在舞台最高处。

所以在程序中，设置为：当椰子在舞台上的高度小于 -170 时（即快到舞台最低处时），让它重新回到舞台最高处（即 $y=180$），开始下落。

教师活动	学生活动
5. 编程实战（15分钟） 播放《水果大作战（1）》案例，引导学生在示例程序的基础上，继续编写案例中的程序。 1）要求 ①背景选择"Seaside12"。  ②角色要求：	▶ 学生完成编程实战。

角色	要求
Monkey2	1.初始位置为（*x*=0，*y*=-130），大小设为80 2.每当按下"←"键时，角色面向-90方向移动5步 3.每当按下"→"键时，角色面向90方向移动5步 4.当被椰子砸中时，游戏结束，角色隐藏
Coconut1、2、3	1.初始位置随机，y坐标为180，大小设为50 2.每次有3个椰子从天空落下，当砸中小猴时，等待0.5秒，游戏结束，角色隐藏
Game hint2	1.将颜色修改为红色 2.初始位置为（*x*=0，*y*=0），大小设为200 3.当游戏结束时，角色显示

提示

（1）复制"椰子"

另外2个椰子可以通过角色复制的方法添加。右键单击椰子角色，选择"复制"即可，此时增加的角色中包含程序脚本。

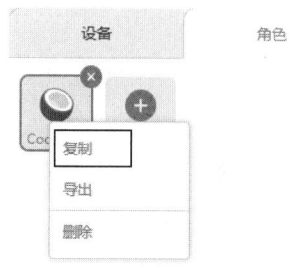

| 教师活动 | 学生活动 |

（2）修改角色颜色

进入Game hint2的造型界面，选中图形编辑区的"GAME OVER"字样，点击"填充"，修改色调为"0"，即可调整字样颜色为红色。

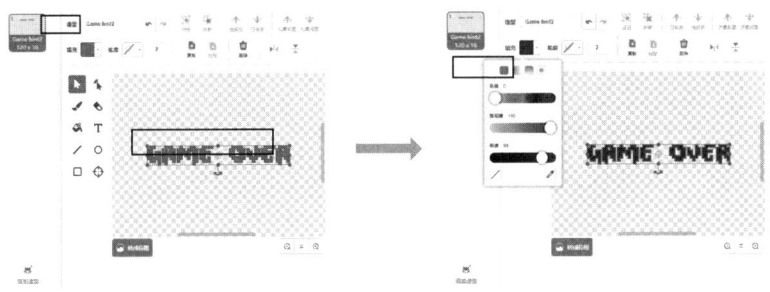

2）参考步骤

（1）添加角色和背景

①从背景库中添加"Seaside12"的背景，将舞台设为一座海岛。

②从角色库中添加小猴子"Monkey2"的角色，并将角色大小设为60。

③从角色库中添加结束标志"Game hint2"的角色，并将角色大小设为50。

（2）程序设计

角色程序1——Coconut1

①进入角色"Coconut1"的程序设计界面，从"外观"中选择"显示"积木。

②从"外观"中选择"将大小设为（100）"积木，修改数值为"50"。

③按顺序将以上两个积木卡合在"当绿旗被点击"积木下方，设置游戏开始时椰子的状态。

④从"控制"中选择"如果……那么……"积木，按顺序嵌入"重复执行"积木中。

⑤从"侦测"中选择"碰到（鼠标指针）？"积木，修改为"碰到（Monkey2）？"，嵌入"如果……那么……"积木的判断条件中。

⑥从"控制"中选择"等待（1）秒"积木，修改数值为0.5。

⑦从"事件"中选择"广播（）"积木，创建新消息，名称为

"游戏结束"。修改积木为"广播（游戏结束）" 。

⑧按顺序将以上两个积木嵌入"如果……那么……"积木中，即实现了：当椰子碰到猴子后，发送广播消息"游戏结束"。

⑨从"事件"中选择"当接收到（）"积木，修改为"当接收到（游戏结束）"。

⑩从"外观"中选择"隐藏"积木，卡合到"当接收到（游戏结束）"积木下方，实现"游戏结束时，椰子隐藏"的效果。

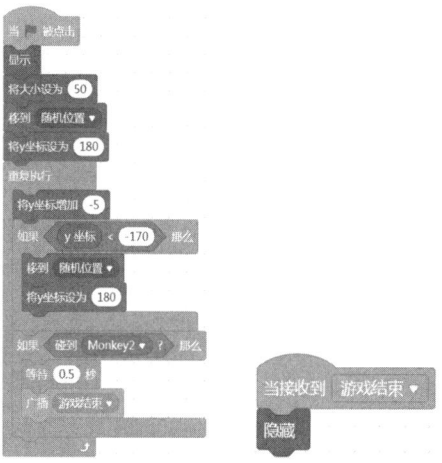

至此，实现了椰子角色的全部程序，可复制"Coconut1"角色2次，使游戏中出现三个椰子角色。

角色程序2——Monkey2

①进入角色"Monkey2"的程序设计界面，从"事件"中选择"当绿旗被点击"积木。

②从"外观"中选择"显示"积木。

③从"运动"中选择"移到x：（）y：（）"积木，修改数值为x：0 y：-130。

④从"外观"中选择"将大小设为（100）"积木，修改数值为80。

⑤按顺序将积木卡合到"当绿旗被点击"积木下方，完成角色的初始状态设置。

教师活动	学生活动

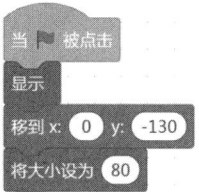

⑥从"控制"中选择"重复执行"积木，拼接在"将大小设为（80）"积木下方。

⑦从"控制"中选择"如果……那么……"积木，嵌入到"重复执行"积木内。

⑧从"侦测"中选择"按下（空格）键？"积木，修改为"按下（←）键？"，嵌入"如果……那么……"积木的判断条件中。

⑨从"运动"中选择"面向（90）方向"积木，修改数值为-90。

⑩从"运动"中选择"移动（10）步"积木，修改数值为5。

⑪按顺序将以上两个积木嵌入"如果……那么……"积木中，实现"当按下'←'键时，小猴子朝左移动5步"的效果。

⑫参考步骤⑦~⑪，实现"当按下'→'键时，小猴子朝右移动5步"的效果。

⑬将积木按照顺序组合起来，并点击"绿旗"，体验程序效果。

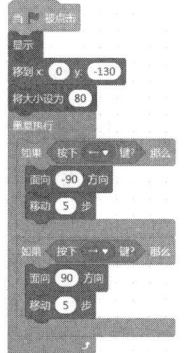

⑭从"事件"中选择"当接收到（）"积木，修改为"当接收到（游戏结束）"。

⑮从"外观"中选择"隐藏"积木，卡合到"当接收到（游戏结束）"积木下方。

⑯从"控制"中选择"停止（全部脚本）"积木，卡合到"隐藏"积木下方。实现"游戏结束时，猴子消失，程序停止运行"的效果。

角色程序3——Game hint2

①从角色库中添加角色"Game hint2"，进入角色的程序设计界面，并修改"GAME OVER"颜色为红色。

②从"事件"中选择"当绿旗被点击"积木。

③从"外观"中选择"隐藏"积木。

④从"运动"中选择"移到x：（）y：（）"积木，修改数值为x：0 y：0。

⑤从"外观"中选择"将大小设为（100）"积木，修改数值为200。

⑥按顺序将积木卡合到"当绿旗被点击"积木下方，完成角色的初始状态设置。

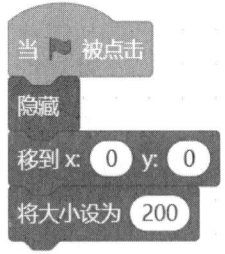

⑦从"事件"中选择"当接收到（游戏结束）"积木。

⑧从"外观"中选择"显示"积木，卡合在"当接收到（游戏结束）"积木下方。实现"游戏结束时，出现结束标志"的效果。

教师活动	学生活动
对学有余力的同学，可以鼓励他们自由发挥，为游戏增加更多有趣的效果。如：游戏结束时切换背景等。 **6. 展示与反馈（5分钟）** **1）课堂活动** ①鼓励学生展示自己制作的"水果大作战（1）"程序。 ②引导其他同学从作品的趣味性、表达的完整性方面对这些同学的展示进行简单的点评。 ③引发思考：作品是否有可优化的地方？ **2）总结回顾** ①假如角色"Coconut1"目前的坐标为（x=107，y=30），点击"绿旗"运行下面的程序，会发生什么事情？（ ）  A. 椰子会移动到舞台顶端　　　　B.椰子会继续下落 C. 椰子会出现在舞台的随机位置　D.什么也不会发生 参考答案：D ②以下哪两个选项的效果是一样的？（ ） a.　　　　　　　　　　b. 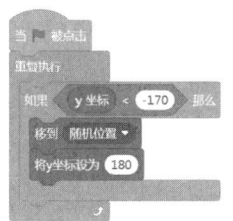 c.　　　　　　　　　　d. A.a和d　　　　　　　　B.a和c C.b和d　　　　　　　　D.效果都不相同 参考答案：B ③运行下列程序，角色不可能出现在哪个位置？（ ） A.（x：20，y：100） B.（x：110，y：110）　　 C.（x：20，y：110） D.（x：100，y：110） 参考答案：A	▶学生参加主题活动，进行"水果大作战（1）"的展示活动。 ▶学生完成题目，回顾本节课所学内容。

1.11 水果大作战（2）

建议课时：40分钟

◎ **教学目标**

☆ 了解"变量"的含义，知道如何创建一个有效的变量；

☆ 能够在舞台上显示变量，知道如何设置变量的值和改变变量的值；

☆ 编写程序，实现"水果大作战（2）"的游戏效果。

◎ **教学重难点**

重点：了解"变量"的含义，创建有效的变量。

难点：在程序中正确使用变量。

◎ **课前准备**

教师：准备好装有慧编程软件的电脑。

学生：能够熟练使用坐标相关的积木和简单的比较运算积木。

◎ **教学过程**

教师活动	学生活动
1. 知识回顾（3分钟） 在上一次课程中我们制作了一个"水果大作战(1)"的小游戏，还记得主要运用了哪些积木，来实现椰子源源不断地从空中落下吗？ 播放"水果大作战（1）"案例视频。 	▶ 学生回顾上节课的重要内容。

积木	功能
移到 随机位置▼	让角色移动到舞台上的某个位置，每次的位置可能都不一样
将y坐标设为 100	将角色的y坐标设置为某个数值。数值越大，角色在舞台中的位置越高
将y坐标增加 10	增加y坐标的数值。若数值为正数，则角色上移；若数值为负数，则角色下移
y 坐标	角色的y坐标，表示角色在舞台中上下方向的位置。角色发生移动，坐标随之发生变化
A < B	比较数值A和数值B大小的运算积木。可作为判断条件使用，当A<B成立，则条件成立；否则，条件不成立

2. 情景导入（1分钟）

在海边，倒霉的小猴子碰到了源源不断掉下来的椰子，结果是落荒而逃。他跑啊跑，跑到了另一片树林里，而这一次他遇到的，是他最喜欢吃的香蕉。我们一起来看看吧！

3. 游戏时光（4分钟）

邀请2—3名同学演示游戏。

游戏规则：

①用"←""→"键控制小猴左右移动，努力接住天空掉落的香蕉，每接住一个香蕉，分数就加1。

②比一比看谁在30秒内分数最高。

▶ 学生体验游戏。

有没有发现：左上角的分数会很准确地记录小猴子接到了几根香蕉。你知道这是怎么实现的吗？接下来就让我们一起来揭开分数的秘密。

教师活动	学生活动
4. 知识冲浪（15分钟） 为了实现"记录分数"的游戏效果，需要学习以下编程知识。 **1）变量** 在篮球比赛中，我们经常能看见一块计分板记录比赛双方的分数，这些分数是不断变化的。在程序中，我们也需要找地方来存放不断变化的数字。 在编程时，我们可以使用"变量"来存放不断变化的值。通过慧编程，我们可以很容易地创建一个新的变量，为它命名，并进行一系列的操作。 例如，如果要新建一个变量"分数"，可以从"变量"中选择"建立一个变量"，输入变量名称"分数"，选择"适用于所有角色"，点击"确定"。	▶ 学生了解变量的含义，学习如何建立一个变量。

此时，慧编程会自动创建4个新的积木块，让我们一起来试一试与变量有关的积木都有些什么效果吧！

积木区	积木	功能	示例
变量	将 分数▼ 设为 0	将变量设定为指定的值	当 ▶ 被点击 将 分数▼ 设为 0 显示变量 分数▼ 当按下 空格▼ 键 将 分数▼ 增加 1 当按下 a▼ 键 隐藏变量 分数▼
	将 分数▼ 增加 1	改变数据，每执行一次，将变量的值增加指定的数值。例如：1	
	显示变量 分数▼	在舞台区显示变量，便于时刻关注变化状态	
	隐藏变量 分数▼	将变量隐藏起来，不显示	

示例实现步骤，此环节由教师带领学生进行实际操作。

①删除Panda角色，接着选中"角色"，点击"添加"，在角

▶ 学生学习"变量"的知识和积木。

▶ 学生在老师的指导下完成示例程序。

| 教师活动 | 学生活动 |

色库中搜索"ban",选中"Banana2",并点击"确定"。

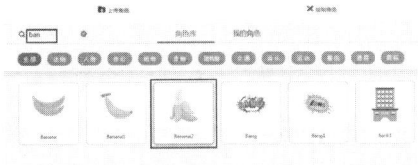

②从"事件"中选择"当绿旗被点击"积木。

③从"变量"中选择"将(分数)设为(0)"积木,卡合在"当绿旗被点击"积木下方。

④从"变量"中选择"显示变量(分数)"积木,按顺序卡合积木。

⑤从"事件"中选择"当按下(空格)键"积木。

⑥从"变量"中选择"将(分数)增加(1)"积木,按顺序卡合积木。

⑦从"事件"中选择"当按下(空格)键"积木,修改为"当按下(a)键"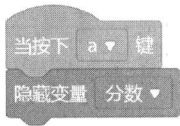。

⑧从"变量"中选择"隐藏变量(分数)"积木。

⑨点击"绿旗",观察舞台区的变量值。

⑩多按几次空格键,观察变量"分数"的变化。

⑪按下"a"键,观察舞台区变量的变化。

提示

变量的命名规则

变量的名字可以包含汉字、英文字母和数字等,但不能包含以下特殊字符：& < > ' "。

5. 编程实战（12分钟）

播放《水果大作战（2）》案例，引导学生编写案例中的程序。

我们已经了解了变量可以做什么，以及能够进行哪些基本的操作。接下来，需要你自己尝试来完成"水果大作战（2）"的游戏了。要求如下：

①背景选择"Forest2"。

▶ 学生完成编程实战。

②角色要求，具体如下：

角色	要求
Monkey2	1.初始位置为（x=0，y=-130），大小设为60 2.每当按下"←"键时，面向-90方向移动5步 3.每当按下"→"键时，面向90方向移动5步
Banana	1.初始位置随机，y坐标为180，大小设为50 2.显示变量"分数"，并设置初始值为0 3.当碰到小猴时，变量"分数"加1 4.当y坐标小于-170时，重新回到舞台最上方位置（y=180）

角色程序1——Monkey2

①在角色区添加角色"Monkey2"，进入"Monkey2"的程序设计界面。

②从"事件"中选择"当绿旗被点击"积木。

③从"运动"中选择"移到x：（ ）y：（ ）"积木，设置数值为x：0 y：-130。

④从"外观"中选择"将大小设为（100）"积木，数值修改为60。

教师活动	学生活动

⑤按顺序卡合以下积木，完成角色的初始位置、大小设置。

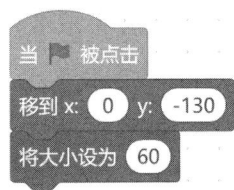

⑥从"控制"中选择"重复执行"积木，按顺序卡合。

⑦从"控制"中选择"如果……那么……"积木，嵌入"重复执行"积木中。

⑧从"侦测"中选择"按下（空格）键？"积木，修改为"按下（←）键？"，嵌入"如果……那么……"积木的判断条件中。

⑨从"运动"中选择"面向（90）方向"积木，修改数值为-90。

⑩从"运动"中选择"移动（10）步"积木，修改数值为5。

⑪按顺序将以上2个积木嵌入"如果……那么……"积木中，实现"当按下'←'键时，小猴子向左移动5步"的效果。

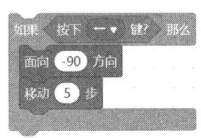

⑫参考步骤⑦~⑪，实现"当按下'→'键时，小猴子向右移动5步"的效果。

⑬根据功能逻辑检查角色的程序。

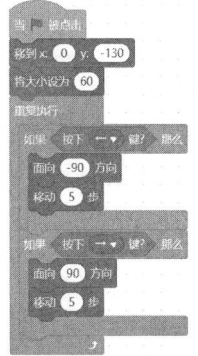

教师活动	学生活动

角色程序2——Banana2

①进入"Banana2"的程序设计界，删除之前的所有积木。

②从"事件"中选择"当绿旗被点击"积木。

③从"运动"中分别选择"移到（随机位置）"积木、"将y坐标设为（）"积木，修改数值为180。

④从"外观"中选择"将大小设为（100）"积木，数值修改为50。

⑤从"变量"中分别选择"显示变量（分数）"积木、"将（分数）设为（0）"积木。

⑥按顺序卡合以上积木，完成角色、分数变量的初始设置。

⑦从"控制"中选择"重复执行"积木，按顺序卡合。

⑧从"运动"中选择"将y坐标增加（10）"积木，修改数值为-5，嵌入"重复执行"积木中，实现香蕉往下落的效果。

⑨从"控制"中选择"如果……那么……"积木，按顺序嵌入"重复执行"积木中，卡合在"将y坐标增加（-5）"积木。

⑩从"运算"中选择"（）＜（50）"积木，小于号前放入"运动"中的"y坐标"，小于号后修改为-170，并嵌入在"如果……那么……"积木的判断条件中。

⑪从"运动"中分别选择"移到（随机位置）"积木、"将y坐标设为（180）"积木，按顺序嵌入

118

教师活动	学生活动

"如果……那么……"积木 中,即完成了第一种条件判断:如果香蕉落到舞台最低处,回到舞台最高处,重新落下。

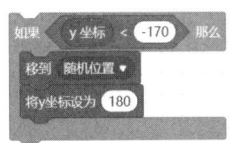

⑫ 从"控制"中选择"如果……那么……"积木,按顺序嵌入"重复执行"积木中。

⑬ 从"侦测"中选择"碰到(鼠标指针)?"积木 碰到 鼠标指针▼ ?,修改为"碰到(Monkey2)?" 碰到 Monkey2▼ ?,嵌入"如果……那么……"积木 的判断条件中。

⑭ 从"变量"中选择"将(分数)增加(1)"积木 将 分数▼ 增加 1,实现"猴子接到香蕉,就得一分"的效果。

⑮ 从"运动"中分别选择"移到(随机位置)"积木 移到 随机位置▼、"将y坐标设为(180)"积木 将y坐标设为 180。

⑯ 按顺序将以上3个积木嵌入"如果……那么……"积木中,即完成了第二种条件判断:如果香蕉被猴子接到,分数就增加1,香蕉回到舞台顶部,重新落下。

⑰ 根据功能逻辑检查角色香蕉的程序。

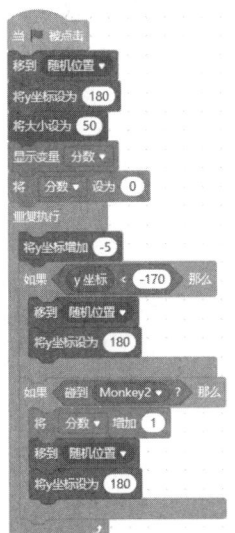

对学有余力的同学，可以鼓励将"躲避椰子"与"接香蕉"相结合，实现完整的"有计分、有结束"的游戏。（水果数量与游戏规则可由学生自由调整）

6. 展示与反馈（5分钟）

1）课堂活动

①鼓励学生展示自己制作的"水果大作战（2）"程序。

②引导其他同学从作品的趣味性、表达的完整性方面对这些同学的展示进行简单的点评。

③引发思考：作品是否有可优化的地方？

2）总结回顾

①以下变量命名不正确的是？（   ）

A.《书名》　　　　　　　　B.123456789

C.<Hello>　　　　　　　　D.（666）

参考答案：C

②读程序回答问题：

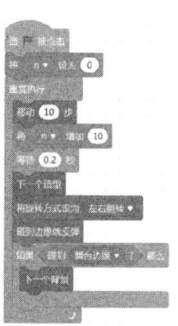

● 变量"n"所起的作用可能是？（   ）

A.记录角色的步数　　　　B.记录背景切换的次数

D.记录碰到舞台边缘的次数　D.记录角色切换造型的次数

参考答案：A

● 当"重复执行"积木运行完2次的时候，n的值将会是？（   ）

A. 2　　　　　　　　　　B. 10

C. 20　　　　　　　　　　D. 不确定

参考答案：C

● 请判断下列说法是否正确：

A.同一个案例程序中只能有一个变量。　　（   ）

B.同一个案例程序中可以有多个变量。　　（   ）

参考答案：× √

学生参加主题活动，进行"水果大作战2"的展示活动。

学生完成题目，回顾本节课所学内容。

1.12 数字猜猜猜

建议课时：40分钟

◎ **教学目标**

☆学习并正确使用"询问（）并等待"积木和"回答"积木；

☆在学习"变量"的基础上，深入理解"随机数"的含义，知道如何设置随机数的范围区间；

☆了解"连接（）和（）"积木的含义，能够自由设置积木内容；

☆能够灵活运用比较运算积木；

☆编写程序，实现"猜数字"的游戏效果。

◎ **教学重难点**

重点：理解"随机数"的含义，明白"连接（）和（）"积木的含义。

难点：能够对包含变量的条件进行正确的条件判断。

◎ **课前准备**

教师：准备好装有慧编程软件的电脑。

学生：掌握简单的"变量"的使用方法。

◎ **教学过程**

教师活动	学生活动
1. 知识回顾（3分钟） 上一节课中，我们一起进行了第二次的"水果大作战"，帮助小猴子接到了很多的香蕉。回忆一下，为了实现接香蕉的游戏效果，我们学习了一个重要的编程知识——变量。 一起来回顾一下与变量有关的积木，还记得它们分别有怎样的功能吗？	▶ 学生回顾上节课的重要内容。

积木	功能
将 分数▼ 设为 0	将变量设定为指定的值
将 分数▼ 增加 1	改变数据,每执行一次,将变量的值增加指定的数值。例如:1
显示变量 分数▼	在舞台区显示变量,便于时刻关注变量的变化状态
隐藏变量 分数▼	将变量隐藏起来,不显示

2. 情景导入(1分钟)

从水果岛回来后,我们又遇上了Panda。他准备了一个益智类游戏要考考我们,名字就叫"猜数字"。谁愿意来挑战呢?

3. 游戏时光(3分钟)

邀请2—3名同学演示游戏。

游戏规则:

①点击绿旗,游戏开始,Panda心里会随机想一个数字让你猜。

②在舞台区的文本框里输入你猜的数字。

③如果猜测的数字不对,Panda会提示数字是猜大了还是猜小了,并可以根据提示继续猜测;如果猜对了,Panda会提示:"Bingo!"并公布答案。

在游戏中,Panda是如何设定数字的呢?他又是如何和我们对话的呢?让我们一起进入游戏揭秘环节,揭开谜底吧。

4. 知识冲浪(15分钟)

为了实现猜数字的游戏效果,需要学习以下编程知识。

▶ 被挑选的学生玩游戏,其他学生观看。

教师活动	学生活动

1）随机数、比较与连接

在猜数字之前，首先得让Panda随机"想"一个数字（答案）。那么怎么让Panda随机"想"一个数字呢？如何在"数字猜猜猜"游戏中判断猜的数字是大了还是小了呢？让我们通过新积木的学习来一起寻找答案吧。

▶ 学生学习"随机数、比较与连接"的知识和积木。

积木区	积木	功能	示例
运算	在 1 和 10 之间取随机数	在1—10中随机选取一个整数。可以通过修改数值，自行设置取值范围	
	A = B	比较大小的运算积木。可作为判断条件使用，当A=B时，则条件成立；否则，条件不成立。A和B可以是输入的数字，也可以是变量	
	A > B	比较大小的运算积木。可作为判断条件使用，当A>B时，则条件成立；否则，条件不成立。A和B可以是输入的数字，也可以是变量	
	连接 苹果 和 香蕉	将"苹果"和"香蕉"两个内容连在一起，变成："苹果香蕉"。可以自行设定内容	

示例实现步骤，此环节由教师带领学生进行实际操作。

①进入角色"Panda"的程序设计界面，从"事件"中选择"当绿旗被点击"积木。

②在"变量"中建立一个变量，命名为"红包"。

▶ 学生在老师的指导下完成示例程序。

教师活动	学生活动
③从"变量"中选择"将（红包）设为（0）"积木，卡合在"当绿旗被点击"积木下方。 ④从"运算"中选择"在（1）和（10）之间取随机数"积木，嵌入"将（红包）设为（）"积木中。 ⑤从"控制"中选择"如果……那么……"积木，按顺序卡合在积木块中。 ⑥从"运算"中选择"（）>（50）"积木，大于号前放入"变量"中的"红包"积木，大于号后修改为5，嵌入"如果……那么……"积木的判断条件中。  ⑦从"外观"中选择"说（你好！）（2）秒"积木，嵌入"如果……那么……"积木中。 ⑧从"运算"中选择"连接（苹果）和（香蕉）"积木，前一个椭圆框放入"变量"中的"红包"积木，后一个椭圆框内容修改为为"元到账！真幸运！"。即完成了第一个条件判断，实现"如果红包的数字比5大，Panda说'（红包的数字）元到账！真幸运！'2秒"的效果。 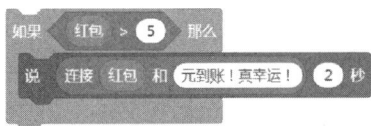 ⑨参照步骤⑤~⑧，完成另外两个条件判断积木块，并点击"绿旗"，体验程序效果。 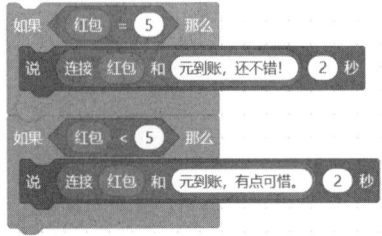 2）输入 知道了"运算"积木的玩法，思考一下：在"数字猜猜猜"中，	▶ 学生学习"输入"的知识和积木。

教师活动	学生活动
是怎么获取玩家从键盘输入的数字的呢？	

这就需要用到两个新的积木："询问（你叫什么名字？）并等待"和"回答"。使用"询问（你叫什么名字？）并等待"积木时，舞台上会出现一个文本框让玩家输入内容，而输入的内容则会存到"回答"积木中。

积木区	积木	功能	示例
侦测	询问 你叫什么名字？ 并等待	角色询问问题，并等待玩家从键盘上输入的回答	
	回答	输入内容的存放位置	

示例实现步骤，此环节由教师带领学生进行实际操作。

①在慧编程中新建一个空白文件。

②从"事件"中选择"当绿旗被点击"积木。

③从"侦测"中选择"询问（你叫什么名字？）并等待"积木，卡合在"当绿旗被点击"积木下方。

④从"外观"中选择"说（你好）（2）秒"积木。

⑤从"运算"中选择"连接（苹果）和（香蕉）"积木，第一个椭圆框修改为"你的名字是"，第二个椭圆框中嵌入"侦测"中的"回答"积木，嵌入"说（你好！）（2）秒"积木的第一个椭圆框中。

⑥将积木按顺序卡合在一起，并点击"绿旗"，运行程序。尝试输入2—3次名字，观察效果。

5. 编程实战（13分钟）

播放《数字猜猜猜》案例，引导学生编写案例中的小程序。

▶ 学生在老师的指导下完成示例程序。

▶ 学生完成编程实战。

| 教师活动 | 学生活动 |

1）要求

①舞台背景选择"室内"——"Classroom3"。

②计算机随机选取1—20中的数字。

③游戏开始时，提醒玩家猜测计算机给出的数字范围，并邀请玩家从键盘输入数字。

④根据玩家输入的数字，提醒玩家数字大了还是小了。

⑤当玩家猜对数字时，显示相应提示，游戏结束。

积木	功能
游戏开始时	"猜一个1到20之间的数字！"
等待玩家输入时	"请输入数字"
玩家猜错时	"这个数字小于（ ）"
	"这个数字大于（ ）"
玩家猜对时	"Bingo！" "随机数是（ ）"

⑥参考语句。

2）参考步骤

①从背景区添加背景"室内"——"Classroom3"。

②进入角色Panda的程序设计界面，从"事件"中选择"当绿旗被点击"积木。点击"变量"，建立一个变量，命名为"随机数"。选择"将（随机数）设为（0）"积木，

按顺序卡合在"当绿旗被点击"积木下方。

③从"运算"中选择"在（1）和（10）之间取随机数"积木 在 1 和 10 之间取随机数，修改数值分别为1和20 在 1 和 20 之间取随机数，嵌入"将（随机数）设为（0）"积木 将 随机数▼ 设为 0 的椭圆框中 将 随机数▼ 设为 在 1 和 20 之间取随机数 。

④从"外观"中选择"说（你好！）（2）秒"积木 说 你好！ 2 秒，修改内容为"猜一个1—20之间的数字！"说 猜一个1到20之间的数字！ 2 秒，按顺序卡合在积木块下方，实现"游戏开始时随机数的选取与提示"的效果。

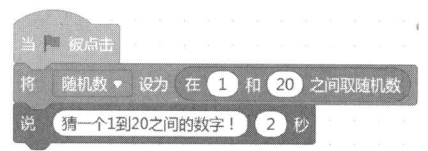

⑤从"控制"中选择"重复执行"积木，按顺序卡合在"说（猜一个1到20之间的数字！2秒）"积木 说 猜一个1到20之间的数字！ 2 秒 下方。

⑥从"外观"中选择"询问（你叫什么名字？）并等待"积木 询问 你叫什么名字？ 并等待，修改内容为"请输入数字" 询问 请输入数字 并等待，嵌入"重复执行"积木中。

⑦从"控制"中选择"如果……那么……"积木，按顺序嵌入"重复执行"积木中。

⑧从"运算"中选择"（）>（50）"积木 ◯ > 50，大于号前嵌入"侦测"中的"回答"积木 回答，大于号后嵌入"变量"中的"随机数"积木 随机数。完成后，嵌入"如果……那么……"积木的判断条件中。

⑨从"外观"中选择"说（你好！）（2）秒"积木 说 你好！ 2 秒，嵌入"如果……那么……"积木中。

⑩从"运算"中选择"连接（苹果）和（香蕉）"积木 连接 苹果 和 香蕉，第一个椭圆框修改内容为"这个数字小于"，

| 教师活动 | 学生活动 |

第二个椭圆框嵌入"侦测"中的"回答"积木。完成后，嵌入"说（你好！）（2）秒"积木的第一个椭圆框中，即完成了第一次判断：如果猜测的数字比电脑的随机数大，Panda提示说：这个数字小于（猜测的数字）。

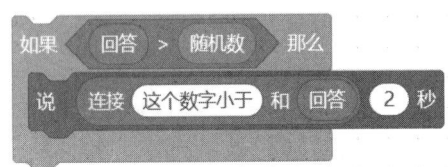

⑪ 参考步骤⑧~⑩，完成"如果猜测的数字比电脑的随机数小，Panda提示说：这个数字大于（猜测的数字）"的效果。

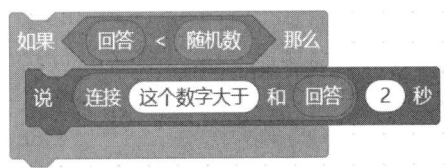

⑫ 从"控制"中选择"如果……那么……"积木，判断条件设为"（回答）=（随机数）"，按顺序嵌入"重复执行"积木中。

⑬ 从"外观"中选择"说（你好！）（2）秒"积木，修改内容为"Bingo！"，嵌入"如果……那么……"积木中。

⑭ 从"外观"中选择"说（你好！）（2）秒"积木，修改内容为"运算"中的"连接（苹果）和（香蕉）"积木。将"连接（苹果）和（香蕉）"积木的第一个椭圆框内容修改为"随机数是"，第二个椭圆框嵌入"侦测"中的"回答"积木。完成后，按顺序嵌入"如果……那么……"积木中。

⑮ 从"控制"中选择"停止（全部脚本）"积木，按顺序嵌入"如果……那么……"积木中，实现"如果猜测的数字与随机数相同，Panda说'Bingo！随机数是（数字）'，并停止程序运行"的效果。

教师活动	学生活动

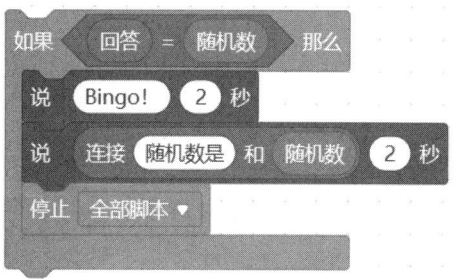

⑯ 按功能逻辑检查程序。

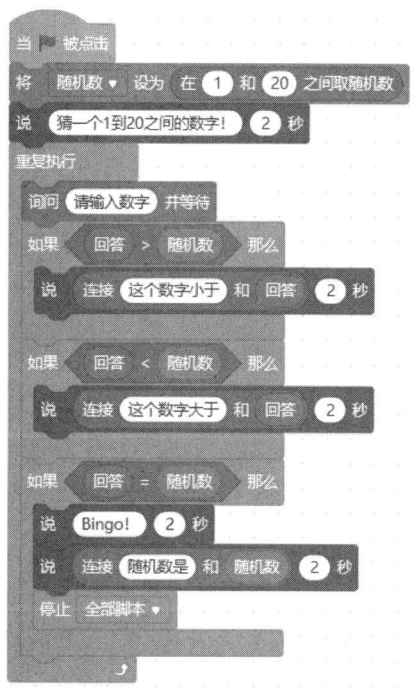

对学有余力的同学，可以将游戏增加难度，限制可以猜测的次数，加入类似"挑战失败"的提示等。

6. 展示与反馈（5分钟）

1）课堂活动

①鼓励学生展示自己制作的"数字猜猜猜"程序。

②引导其他同学从作品的趣味性、表达的完整性方面对这些同学的展示进行简单的点评。

③引发思考：作品是否有可优化的地方？

2）总结回顾

①以下哪个积木可以实现"让用户输入内容"的效果？（ ）

A. 说 你好! 2 秒　　B. 思考 嗯…… 2 秒

▶学生参加主题活动，进行"数字猜猜猜"的展示活动。

教师活动	学生活动
C. 询问 你叫什么名字？并等待　　D. 回答 参考答案：C ②使用积木  选取的数中不可能包括哪一个？（　） 　A. 1　　　　　　　　B. 10 　C. 20　　　　　　　D. 21 参考答案：D ③角色Panda的程序如下： ●当绿旗被点击时，Panda会说什么？（　） 　A.1+1=1+1　　　　B.1+1=2 　C.2=1+1　　　　　D.2=2 参考答案：B	▶学生完成题目，回顾本节课所学的内容。

第2章
人工智能体验

2.1　AI，我想认识你

建议课时：40分钟

◎ **教学目标**

☆了解人工智能的概念，以及人工智能在生活中的主要应用场景。

☆通过"拯救AI机器人"项目，初步体验慧编程软件中的人工智能模块。

☆知道如何在慧编程中进行语音翻译、语音识别、图像识别及手势识别的操作。

◎ **教学重难点**

重点：了解人工智能的概念，以及人工智能在生活中的主要应用场景。

难点：知道如何在慧编程中进行语音翻译、语音识别、图像识别及手势识别的操作。

◎ **课前准备**

教师：准备好装有慧编程软件、麦克风和摄像头的电脑。

学生：熟悉慧编程软件的基本操作，有基本的图形化编程知识。

教师活动	学生活动
1. 情景导入（5分钟） 提问：同学们，你们知道什么是人工智能吗？ 人工智能就是让机器像人一样思考、拥有智能的技术，英文缩写为AI（Artificial Intelligence）。人工智能技术为人类生活带来了非常多的便利，各种智能机器能帮助人们完成许多复杂工作，做到一些人们无法轻松实现的事情。 思考：知道哪些人工智能产品？都有什么功能？ （教师可组织学生先思考、讨论，再发言。） 扫地机器人、智能音箱、智能门锁、智能马桶、智能手环、无人驾驶……这些都是生活中常见的人工智能应用。 除了这些，还有一些人工智能的软件。例如：实时翻译软件可以帮助语言不通的人们进行无障碍地交流；语音助手可以听懂主人说的话，完成命令；拍照识花软件可以看出花的种类，提供花的介绍……	▶学生回答问题。 ▶学生先思考、讨论自己知道的人工智能应用，再在全班发言。

教师活动	学生活动
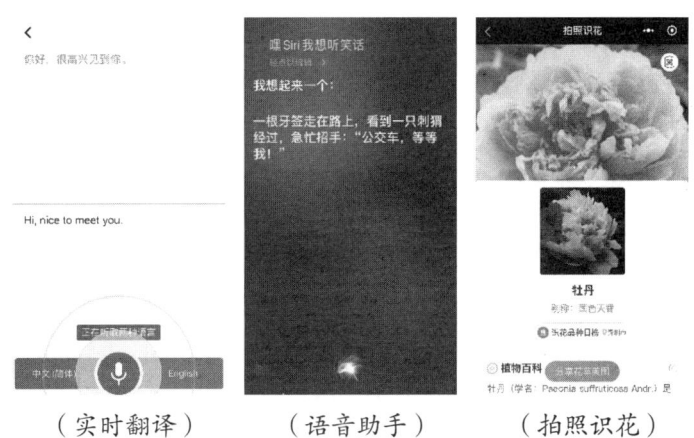 （实时翻译）　　（语音助手）　　（拍照识花） **2. 项目展示（5分钟）** 现在有一个出现故障的AI机器人，需要我们帮助修复它的AI功能。 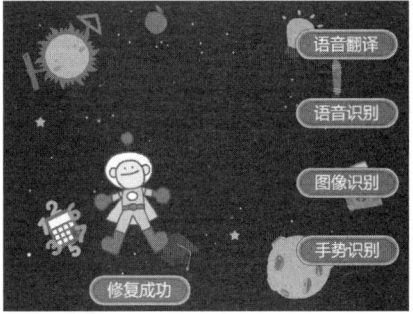 教师演示案例，引导学生思考：需要帮助AI机器人修复哪些功能？ 参考回答：语音翻译、语音识别、图像识别、手势识别。 **3. 项目分析（10分钟）** 为了更好地了解"拯救AI机器人"的工作原理，需要对案例的实现过程进行简单的分析。 教师引导学生通过回忆案例效果，分析"拯救AI机器人"的实现过程。（教师可边分析边进行操作演示） 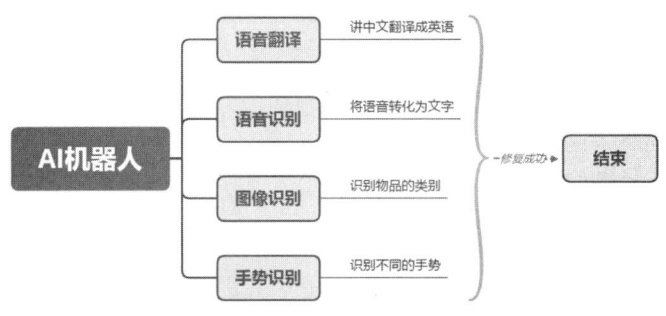	▶ 学生观看视频，思考并回答问题。 ▶ 学生在老师的引导下梳理项目体验过程。

| 教师活动 | 学生活动 |

1）修复"语音翻译"功能

点击"语音翻译",通过麦克风录音识别普通话内容,将中文翻译为英文,显示并朗读翻译结果。

例如:说"你好",会通过文字显示和语音朗读的方式提示翻译结果为"Hello there"。

（正在进行语音识别） （显示翻译结果）

2）修复"语音识别"功能

点击"语音识别",通过麦克风录音识别普通话语音,将语音内容转为文字,显示并朗读语音识别结果。

例如:说"好好学习,天天向上",会通过文字显示和语音朗读的方式提示识别结果为"好好学习天天向上"。

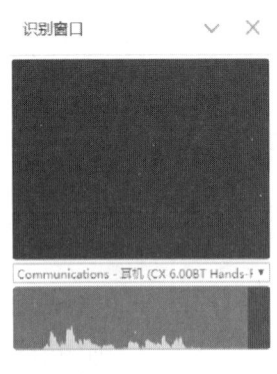 

（正在进行语音识别） （显示语音识别结果）

3）修复"图像识别"功能

点击"图像识别",通过摄像头拍照识别物品类型,显示并朗读图像识别结果。

能够识别常见物品的类型,如摄像头拍摄水瓶,显示并朗读图像

教师活动	学生活动
识别结果为"商品-瓶饮"。   （识别窗口拍照）　（显示图像识别结果） 4）修复"手势识别"功能。 　　点击"手势识别"，通过摄像头拍照识别手势含义，显示并朗读手势识别结果。 　　能够识别常见的手势，如摄像头拍摄张开的手掌，显示并朗读手势识别结果为"5"。 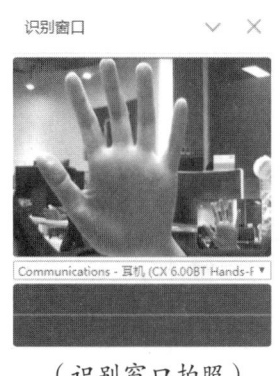  （识别窗口拍照）　（显示手势识别结果） 5）修复成功 　　点击"修复成功"，提示"AI修复完成"，AI机器人拯救成功。 	▶ 学生打开示例程序"拯救AI机器人"。

教师活动	学生活动

4. 项目体验（10分钟）

1）打开示例程序

（人工智能服务需要登录慧编程帐号方可正常使用。）

①打开慧编程，点击右上角的图标，登录慧编程账号；

②在右上角"教程" 教程 的下拉菜单中，单击"示例程序"，打开示例程序窗口；

③选择"舞台"标签 舞台 ，找到程序"AI机器人"，选中并点击"确定"。

2）体验AI项目

学生自行体验：点击"绿旗"开始程序，按顺序体验各项功能。

常见手势参考：

手势名称	示例图片	手势名称	示例图片
1		Ok	
2		单手比心	
3		双手比心	
4		点赞	
5		Diss	
6		祈祷	
7		作别	
8		作揖	
9		掌心向上	
拳头		Rock	

▶ 学生体验示例程序"拯救AI机器人"。

教师活动	学生活动
5. 展示与反馈（10分钟） 1）课堂活动 引导学生思考、讨论： ①你熟悉的人工智能应用有哪些？ ②你想利用人工智能做什么事情？ （鼓励学生发言，向全班分享。） 2）总结回顾 ①以下哪项应用没有用到人工智能技术？（　　） A. 扫地机器人　　　　　　B. 智能音箱 C. 电吹风　　　　　　　　D. 手机语音助手 参考答案：C ②请将下列功能介绍与技术名称相连。 a.识别手势动作　　　　　A.语音识别 b.语音转为文字　　　　　B.图像识别 c.拍照识别物品　　　　　C.语音翻译 d.将普通话翻译为英文　　D.手势识别 参考答案：a——D；b——A；c——B；d——A ③请将以下思维导图补充完整： 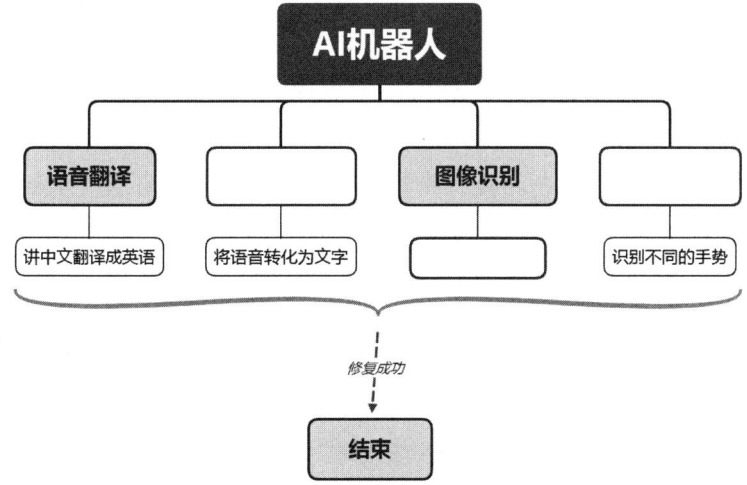 参考答案：（从左到右依次是）语音识别；识别物品的类别；手势识别	▶ 学生思考问题，分享自己的想法。

2.2 距离感应灯

建议课时：40分钟

◎ **教学目标**

☆ 了解人工控制与智能控制的区别，进一步感知人工智能给生活带来的便利。

☆ 认识测距传感器的主要特点及使用方法，能够利用测距传感器制作完成"距离感应灯"。

☆ 能够利用思维导图正确分析"手动开灯/关灯"与"距离感应开灯/关灯"的实现过程。

☆ 编写程序，实现"手动开灯/关灯"与"距离感应开灯/关灯"的功能，体验技术给生活带来的便利。

◎ **教学重难点**

重点：利用思维导图正确分析人工控制开关灯与智能控制开关灯的实现过程。

难点：认识测距传感器的主要特点及使用方法，能够利用测距传感器制作完成"距离感应灯"。

◎ **课前准备**

教师：准备好装有慧编程软件的电脑、光环板、测距传感器、光线传感器与对应连接线。

学生：知道如何正确连接慧编程与光环板，能够通过慧编程控制光环板亮灭灯。

◎ **教学过程**

教师活动	学生活动
1. 情景导入（3分钟） 在生活中，你有没有留意过以下场景： ①去肯德基、麦当劳时，推拉门很难打开； ②洗完手后，有人忘记关水，让水一直在流； ③夜间很多地方都没人经过，却一直亮着灯，非常费电。 那么，有什么办法解决这些问题呢？	▶ 学生思考并回答问题。

教师活动	学生活动

参考答案：

①如果换成自动感应门，就不需要用力推拉门了；

②如果换成感应水龙头，有人伸手自动出水，收手关水，就不会浪费水了；

③如果换成感应灯，检测到没人时自动变暗或关灯，可以节省很多电力。

对比发现，前三个场景都依赖人去控制；换上感应装置后，设备就可以通过感应来自动进行工作。由人直接或者间接操纵机器工作的控制方式，叫人工控制；不需要人干预，机器可以自动智能地工作，这个过程叫智能控制（自动控制）。

2. 项目展示（3分钟）

接下来，我们可以利用光环板来进一步体验人工控制与智能控制的区别。

▶ 学生观察案例，思考并回答问题。

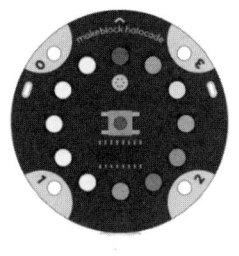

教师展示案例效果，引导学生思考：

①有几种控制光环板开关的方式？

参考答案：2种，分别是按钮开关和距离感应开关。

②哪种开关是智能控制？

参考答案：距离感应开关。

3. 项目分析（4分钟）

为了更好地了解"光环灯"的工作原理，需要对项目的实现过程进行简单的分析。

教师引导学生通过回忆案例效果，分析"光环灯"的实现过程：

▶ 学生在老师的引导下梳理项目体验过程。

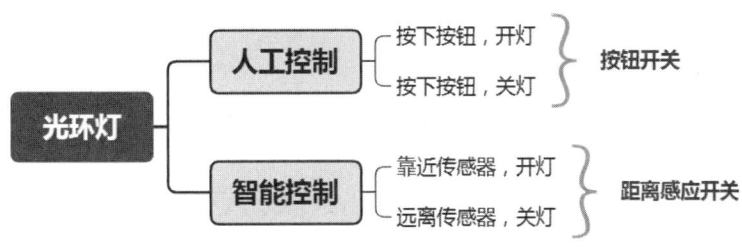

教师活动	学生活动
1）人工控制 按钮开关：按下光环板按钮，控制光环板开灯、关灯。 **2）智能控制** 距离感应开关：靠近测距传感器，光环板亮灯；远离测距传感器，光环板灭灯。 **4. 编程实战（20分钟）** 引导学生根据分析结果，通过编程依次实现不同的效果。 **1）人工控制** （1）编程准备 ①连接光环板与慧编程。 ②在慧编程中添加设备"光环板"，进入光环板的程序设计界面。 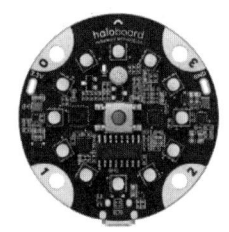 （2）按钮开关 为了实现"按下按钮控制光环板开灯和关灯"的效果，需要用到以下积木：	▶ 学生连接光环板，做好编程准备。

积木区	积木	功能
控制	等待	等待积木，需要嵌入判断条件，当条件成立时，继续执行后续程序
感知	按钮被按下？	判断光环板按钮是否被按下。当光环板按钮被按下时，条件成立；否则，条件不成立

例如： ①首次按下光环板按钮，光环板亮灯； ②再次按下光环板按钮，光环板灭灯。 （建议鼓励学生自己设计灯光效果。如：先闪烁几下，再稳定灯效；或者变化不同的灯光颜色。） 参考程序：	▶ 学生学习等待积木和判断按钮是否被按下积木。

教师活动	学生活动
 2）智能控制 （1）连接硬件 连接光环板与测距传感器： 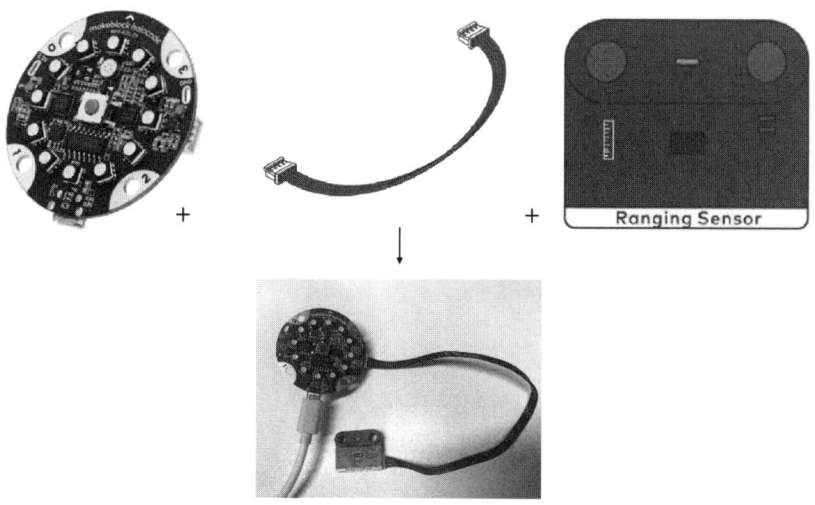 （2）距离感应开关 需要从光环板的扩展积木中添加"测距传感器"。单击积木区下方的"添加扩展"，打开扩展中心；找到扩展模块"测距传感器"，点击添加。 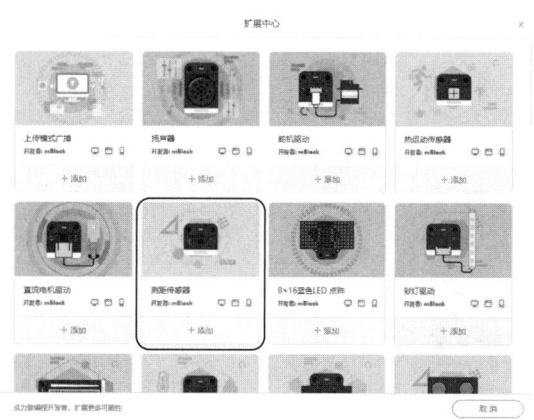	▶ 学生完成"按钮开关灯"的程序编写。 ▶ 学生连接光环板和测距传感器。 ▶ 学生学习如何添加扩展，添加扩展模块"测距传感器"。

教师活动	学生活动
测距传感器可以侦测到与障碍物之间的距离数值，实现此功能需要使用以下积木：	▶ 学生学习"测距传感器"积木。

积木区	积木	功能
测距传感器	测距传感器 1▼ 与障碍物的距离 (cm)	测距积木。获取障碍物与测距传感器之间的距离，检测范围为2~200厘米。距离越远，数值越大。最多可以同一时间连接8个测距传感器，根据连接顺序选择1—8的编号

可以利用测距传感器，编程实现"靠近亮灯，远离灭灯"的效果。

例如：与障碍物的距离小于30厘米时，亮灯；否则灭灯。

（建议鼓励学生自己设计灯光效果。）

参考程序：

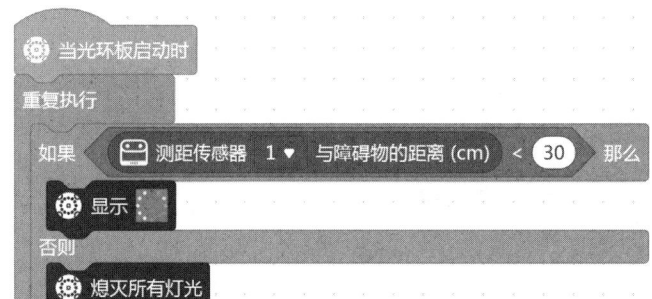

▶ 学生完成"距离感应开关灯"的程序编写。

3）任务提升

对学有余力的同学，可以鼓励完成以下任务：

①通过光环板的麦克风检测声音响度，制作声控灯。

②通过光线传感器检测光线的强弱，制作光控灯。

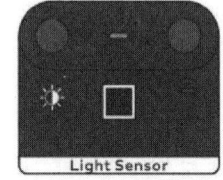

▶ 学生完成拓展任务。

教师活动	学生活动
5. 展示与反馈（10分钟） 1）课堂活动 ①鼓励学生展示自己制作的光环灯。 ②引导其他学生从作品的实用性、表达的完整性方面对同学的展示进行简单的点评。 ③引发思考：作品是否有可优化的地方？ 2）总结回顾 ①以下哪项应用不是智能控制？（　　） 　A.光线感应灯　　　　　　B.自动门 　C.智能家居　　　　　　　D.电动自行车 参考答案：D ②使用测距传感器时，需要添加哪项扩展模块？（　　） 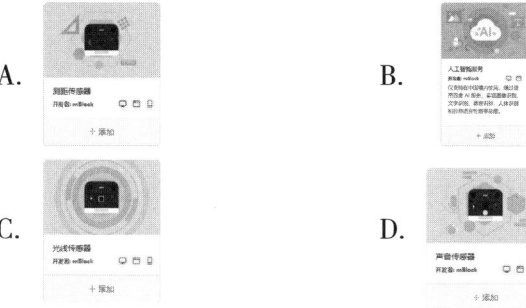 参考答案：A ③请将以下思维导图补充完整： 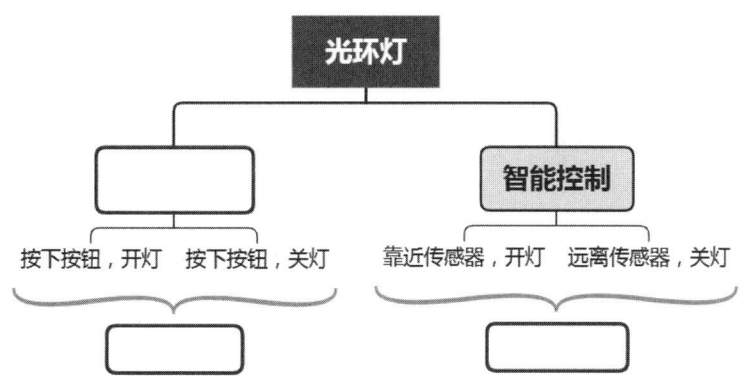 参考答案：（从上到下，从左到右依次是）人工控制；按钮开关；距离感应开关	▶ 学生参加课堂活动，展示多种开关控制光环灯的应用。 ▶ 学生完成题目，回顾本节课所学内容。

2.3 智能语音灯

建议课时：40分钟

◎ **教学目标**

☆ 了解语音识别的概念和主要应用场景；

☆ 可以正确使用语音识别积木进行语音判断，知道语音识别积木的特点和使用方法；

☆ 能够利用思维导图正确分析"智能语音灯"的实现过程；

☆ 编写程序，实现"用语音控制灯光"的效果，实际体验人工智能在生活中的应用。

◎ **教学重难点**

重点：利用思维导图正确分析"智能语音灯"的实现过程。

难点：在完成对项目实现过程分析的基础上，编程实现"用语音控制灯光"的项目效果。

◎ **课前准备**

教师：准备好装有慧编程软件和麦克风的电脑、光环板、USB连接线。

学生：知道什么是人工智能；熟悉光环板硬件；掌握"广播"和"变量"的编程知识。

◎ **教学过程**

教师活动	学生活动
1. 情景导入（2分钟） 你有没有过晚上关灯之后一片漆黑，还要摸黑上床的经历？如果家里的爷爷奶奶关灯之后在室内走动，特别容易摔伤，生活就会很不方便。 怎样才能避免因为摸黑走动而受伤呢？能否用声音控制室内灯光？ 要实现用声音控制灯光的效果，需要用到"语音识别"技术。它能够将人发送的语音进行识别，转化为文字，让机器明白你说的是什么。	

教师活动	学生活动

　　日常生活中使用到的语音转文字、语音翻译、听歌识曲、手机语音助手等各种应用，都是根据"语音识别"功能实现的。

2. 项目展示（3分钟）

　　本节课我们就要制作一款可以通过语音控制灯光效果的语音灯，尽可能去帮助别人。

▶ 学生观察案例演示。

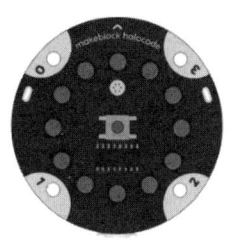

教师展示案例效果，引导学生思考：

①什么时候开始进行语音识别？

参考答案：在按下空格键出现识别窗口之后。

②如何知道计算机语音识别的结果？

参考答案：舞台区会显示"语音识别结果"。

③一共识别了几种语音指令？分别有什么功能？

参考答案：6种指令，听到不同的指令，光环板灯光会发生不同的变化。具体如下：

▶ 学生思考并回答老师的问题。

语音指令	光环板灯光变化
开灯	亮白灯，亮度为50%
变亮	白灯亮度增加20%
变暗	白灯亮度减少20%
红色	亮红灯
绿色	亮绿灯
关灯	熄灭所有灯光

教师活动	学生活动

3. 项目分析（5分钟）

为了更好地了解"语音灯"的工作原理，需要对项目的实现过程进行简单的分析。

教师引导学生通过回忆案例效果，分析"智能语音灯"的实现过程：

①准备好硬件设备：连接光环板和慧编程软件，设为"在线模式"。

②进行语音识别：按下空格键，弹出语音识别窗口，开始发送语音命令，进行语音识别。

③判断识别结果，发送灯光指令：进行多次语音识别，同时判断每次语音识别的结果，发送对应的灯光指令。

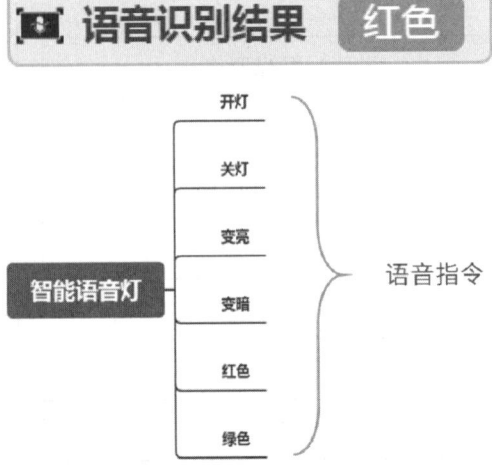

▶ 学生在老师的引导下分析项目实现效果。

教师活动	学生活动
④执行灯光效果：根据不同的灯光指令，光环板进行相应的灯光变化。 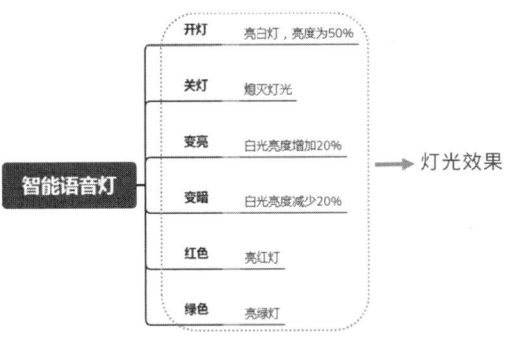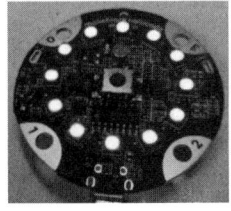 思考：能否根据不同的灯光效果，将语音指令进行分类？ 参考答案：根据不同的灯光效果，可以将指令分为控制灯光开关、调节灯光亮度、变化灯光颜色三类。 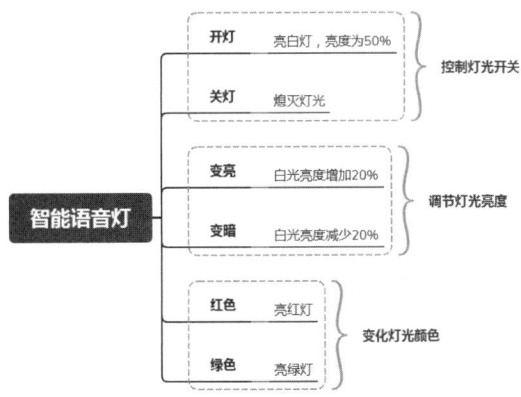 **4．编程实战（25分钟）** 引导学生根据分析结果，通过编程依次实现不同的效果。 **1）准备硬件连接** 通过数据线，以在线模式连接光环板和慧编程软件。 **2）进行语音识别** （1）添加扩展模块 （由于AI扩展模块智能在角色区和背景区进行添加使用，因此在角色"Panda"的程序编辑界面进行程序编写。）	▶ 学生思考并回答老师的问题。 ▶ 学生连接光环板。

教师活动	学生活动
使用语音识别功能，需要在角色的积木中添加"人工智能服务"扩展模块。 思考："语音识别"的积木在哪个积木区？ 参考答案：模块添加成功的标志是：慧编程的积木区多了新的积木区。查看过每个积木区具体的积木后，可以知道：语音识别的积木在"语音交互"积木区。 （2）启动语音识别 启动语音识别，需要用到以下积木：	▶ 学生在老师的引导下，添加"人工智能服务"扩展模块，并查看新添加的积木。 ▶ 学生思考并回答老师的问题。 ▶ 学生学习语音识别的新积木，并完成"启动语音识别"的程序。

积木区	积木	功能
语音交互	开始 普通话 ▼ 语音识别，持续 2 ▼ 秒 普通话／英语／粤语／四川话；2／5	语音识别积木，能够将语音转为文字；可以通过麦克风持续发送2秒或5秒的语音内容；可识别普通话、英语、粤语、四川话

点击语音识别积木，弹出识别窗口时，可以开始发送语音指令。

注意：当语音识别窗口如图（a）时，可以识别到发送的语音内容；当语音识别窗口如图（b）时，可以识别到周围声音的大小，但是不会对语音内容进行判断。

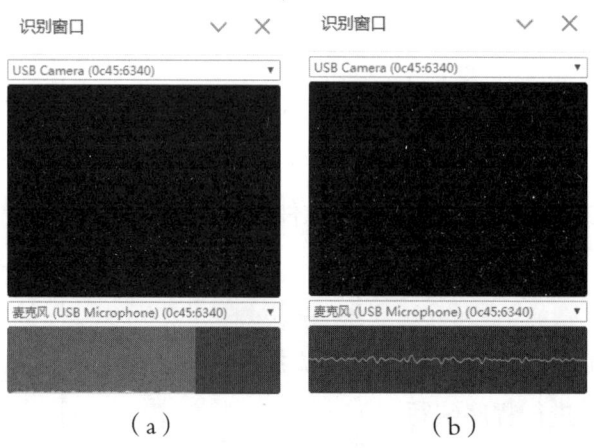

（a）　　　　　　　　（b）

教师活动	学生活动
3）发送灯光指令 （1）判断识别结果 判断语音识别结果，需要用到以下积木：	▶ 学生了解如何"判断识别结果"，并完成"判断识别结果"的程序。

积木区	积木	功能
语音交互	☑ 语音识别结果	语音识别结果积木，能够提供每一次语音识别的结果。勾选积木块后，会在舞台区显示识别结果

如果识别的语音结果包括正确的指令，则语音识别正确。所以需要结合条件积木，才能进行识别结果的判断。

例如：判断是否识别到"开灯"的指令：

（以此为参考，完成其他语音指令的判断。）

（2）发送灯光指令

当识别到正确的语音指令时，需要对光环板发送灯光指令。

思考：如何通过语音给光环板发送灯光指令？

参考答案：可以通过"广播"，实现通过语音给光环板发送不同灯光指令的效果。

▶ 学生思考并回答老师的问题。

例如：如果语音识别结果包含"开灯"，那么发送广播消息"开灯"。

▶ 学生回顾"广播"的作用，并完成"发送灯光指令"的程序。

（以此为参考，完成其他灯光指令的发送。）

4）执行灯光效果

光环板接收到不同的灯光指令，需要执行不同的灯光效果。

（将软件切换到光环板的程序编辑界面。）

引导学生回忆三种不同的灯光效果。

教师活动	学生活动
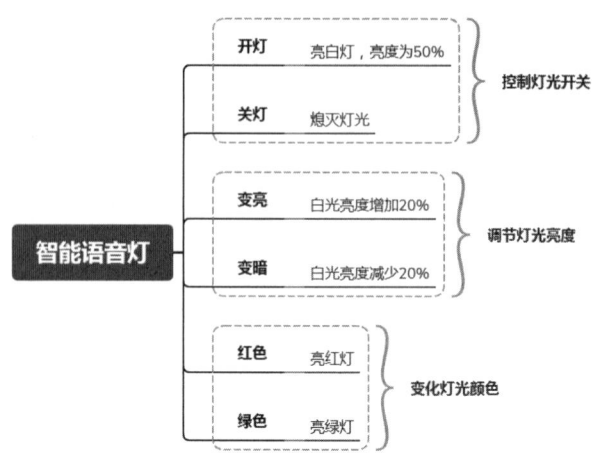 （1）控制灯光开关 调整光环板的颜色和亮度，需要用到以下积木： 	积木区	积木	功能
---	---	---
灯光	全部LED显示 ●色，亮度 50 %	光环板灯效积木，默认亮度为50%。可以通过调整颜色，修改亮度参数，改变光环板的灯光效果 | 例如：当接收到"开灯"指令，光环板亮白灯，亮度为50%。 ①调节灯光颜色为白色：滑动"饱和度"的进度条，将"饱和度"设为0； ②选择接收到的广播消息。 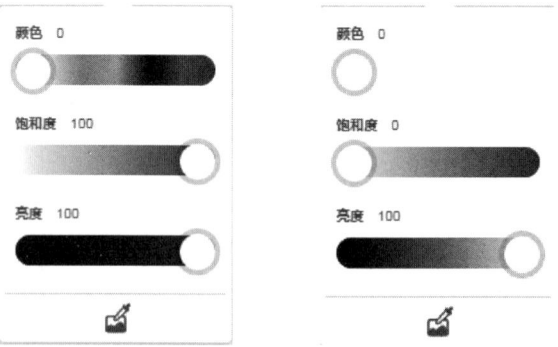 	▶学生在老师的引导下，完成"控制灯光开关""变化灯光颜色"的程序。

教师活动	学生活动
（以此为参考，完成"控制灯光熄灭""变化灯光颜色"的程序设计。） （2）调节灯光亮度 接收到"变亮"或者"变暗"的指令，光环板需要增加或降低光灯光亮度。可以借助"变量"，实现控制光环板亮度不断变化的效果。 例如：当接收到"变亮"的指令，光环板亮度增加20%。 ①创建控制光环板亮度的变量"亮度"； ②初始化"亮度"，将"亮度"设为50，实现"识别到'开'时，光环板亮50%的灯光亮度"的灯光效果；  ③当识别到"变亮"时，将灯光亮度增加20%。  （以此为参考，完成"灯光变亮"和"灯光变暗"的程序设计。） 引导学生进行程序体验和测试，完善程序。 5）任务提升 对学有余力的同学，可以鼓励完成以下任务。 制作个性化的智能语音灯。例如：当听到"睡觉"时，等待5分钟，再熄灭所有灯光。 参考程序：  （角色区Panda程序）　 　　　　　　　　　　　　　　（设备区光环板程序）	▶ 学生回顾"变量"的作用，并完成"调节灯光亮度"的程序。 ▶ 学生完成拓展任务。 ▶ 学生进行"智能语音灯"作品展演。

教师活动	学生活动
5. 展示与反馈（5分钟） 1）课堂活动 ①鼓励学生展示自己制作的智能语音灯以及应用场景。 ②引导其他同学从作品的实用性、表达的完整性方面对同学的展示进行简单的点评。 ③引发思考：作品是否有可优化的地方？ 2）总结回顾 ①以下哪项用到的不是"语音识别"技术？（ ） A.听歌识曲　　　　　B.语音转文字 C.面部解锁　　　　　D.智能音箱 参考答案：C ②在慧编程中，要用到"语音识别"技术，需要在哪类积木中查找？（ ） A. 人体识别　　　　　B. 图像识别 C. 文字识别　　　　　D. 语音交互 参考答案：D ③请根据今天的学习过程，将下面的思维导图补充完整： 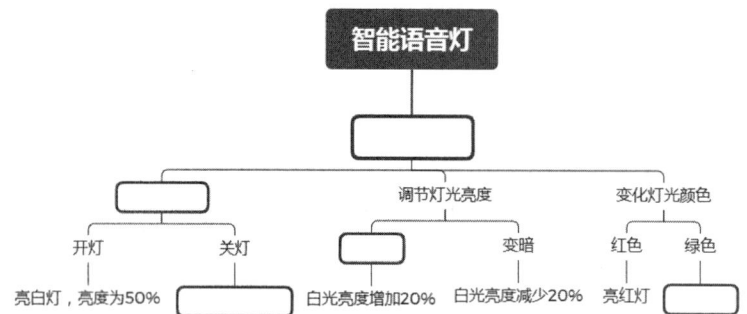 参考答案：（从上到下依次是）语音识别；控制灯光开关；变亮；熄灭灯光；亮绿灯	▶ 学生完成课堂练习，回顾学习内容。

2.4 小麦·智能音箱（1）

建议课时：40分钟

◎ **教学目标**

☆简单了解智能家居的主要应用场景，知道如何使用气象数据积木查询天气情况。

☆熟悉语音朗读积木，并能够用积木实现用计算机朗读文字的功能。

☆能够利用思维导图正确分析"智能音箱查询天气"的实现过程。

☆编写程序，实现"唤醒音箱"和"查询天气"的功能，体验智能家居中语音交互的效果。

◎ **教学重难点**

重点：利用思维导图正确分析"智能音箱查询天气"的实现过程。

难点：在完成对项目实现过程分析的基础上，编程实现"唤醒音箱"和"查询天气"的语音交互效果。

◎ **课前准备**

教师：准备好装有慧编程软件、麦克风和扬声器的电脑。

学生：知道如何发送语音命令，能够利用慧编程向计算机发送简单的语音指令。

◎ **教学过程**

教师活动	学生活动
1. 情景导入（2分钟） 教师播放小米AI音箱剪辑视频，并引导学生思考：视频讲的主要内容是什么。 参考答案：讲的是智能家居，音箱可以控制各种电器。	▶ 学生观看视频，思考并回答问题。

教师活动	学生活动

智能家居即将家中的各种家电（如电视、电灯、空调、电子门、电动晾衣架等）连接到一起，可以通过远程发送命令，用电脑、手机或者语音控制各种家电。

视频中是通过智能音箱控制其他电器。

2. 项目展示（3分钟）

本节课我们就要走进智能家居，制作一款功能强大的智能音箱。

教师展示案例效果，引导学生思考：

①这款音箱有什么功能？

参考答案：可以查询最高气温。

②如何查询最高气温的？

参考答案：需要先唤醒音箱，说"小麦小麦"，再询问最高气温。

▶ 学生观察案例，思考并回答问题。

3. 项目分析（5分钟）

为了更好地了解"智能音箱"的工作原理，需要对项目的实现过程进行简单的分析。

教师引导学生通过回忆案例效果，分析"智能音箱"的实现过程：

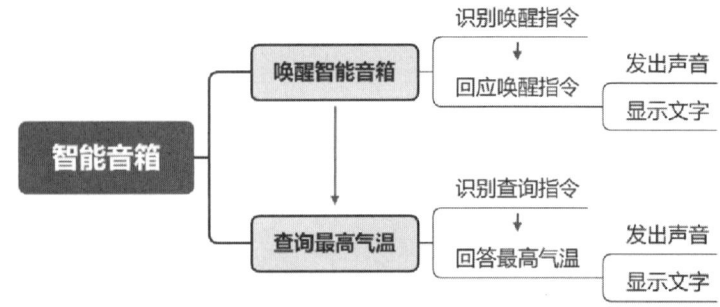

▶ 学生在老师的引导下梳理项目体验过程。

1）唤醒智能音箱

①识别唤醒指令：计算机识别是否发出了"小麦小麦"的唤醒指令。

教师活动	学生活动
②回应唤醒指令：计算机识别到唤醒指令后，通过声音与文字进行回应。 2）查询最高气温 ①识别查询指令：唤醒智能音箱后，计算机继续识别是否发出了"最高气温"的天气查询指令。 ②回答最高气温：计算机识别到查询指令后，查询某一城市（如：深圳）的最高气温，并通过声音与文字进行回应。 **4. 编程实战（25分钟）** 引导学生根据分析结果，通过编程依次实现不同的效果。 **1）唤醒智能音箱** （1）添加背景、角色 ①打开慧编程，添加背景Living room3； ②删除角色Panda，添加角色Speaker，并调整到合适的大小（参考大小：40）；   ③移动角色在舞台上的位置，如下图：  （2）识别唤醒指令 当发出语音指令时，计算机需要进行语音识别与判断。 ①进入角色Speaker的程序设计界面，添加扩展"人工智能服务"； ②发送语音命令"小麦"； ③进行语音识别，判断语音识别结果是否包含"小麦"。 （也可让学生为自己的智能音箱取名。）	▶ 学生添加背景、角色。 ▶ 学生完成"识别唤醒指令"的程序编写。

教师活动	学生活动

参考程序：

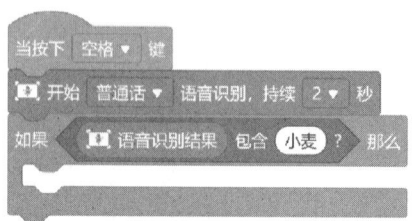

（3）回应唤醒指令

智能音箱识别到唤醒指令后，需要通过声音与文字进行回应。

● 声音回应

实现声音回应，需要用到以下积木：

积木区	类型	积木	功能
语音交互	朗读内容	朗读 makeblock 童心制物	声音朗读积木，朗读的内容可以自行设置。朗读内容的同时，会执行后续的程序
		朗读 makeblock 童心制物 直到结束	朗读的内容可以自行设置。内容朗读结束后，才开始执行后续的程序
	音效设置	发音人设置 标准男声 ▼	朗读嗓音设置积木。可设置为标准男声、标准女声、情感男声或情感女声
		将 语速 ▼ 设为 5 ▼	朗读效果设置，可以设置语速、语调与音量的大小。数值范围为0~15。数值越高，语速越快，语调越高，音量越大

▶ 学生学习声音朗读积木和音效设置积木。完成"声音回应"的程序编写。

例如：将发音设置为"情感女声"，将音速设为"6"，说"主人，我在！请问有什么吩咐？"。

（以此为参考，可以自行设置音箱的回应内容与声音效果。）

● 文字回应

进行声音回应的同时，需要在舞台上进行文字回应。

①使用"说……（）秒"积木，设置与"声音回应"一致的内容

▶ 学生完成"文字回应"的程序编写。

教师活动	学生活动

和时间长短。

②在开始回应时，换成speaker2造型；回应结束，换回speaker造型，实现"音箱发声"的舞台效果。

参考程序：

2）查询气温

（1）识别查询指令

当智能音箱被唤醒后，可以进一步查询气温。

①通过广播的形式（如：广播 小麦）发送唤醒消息。

②接收到广播后继续进行语音识别，判断语音识别结果是否包含"最高气温"；

③如果满足条件，发出广播"最高气温"。

参考程序：

▶ 学生完成"发送查询最高气温指令"的程序编写。

（2）回答最高气温

可以通过添加"气象数据"的扩展模块，获取查询最高气温需要用到的积木。

查询最高气温，需要用到以下积木：

▶ 学生学习"气象数据"积木，完成"回答最高气温"的程序编写。

积木	功能
城市 的最高气温（℃）	最高气温查询积木。单击"城市"，输入需要查询的城市拼音，从下拉选项中选择对应的城市，点击"确定"即完成了目标城市的选择

即：

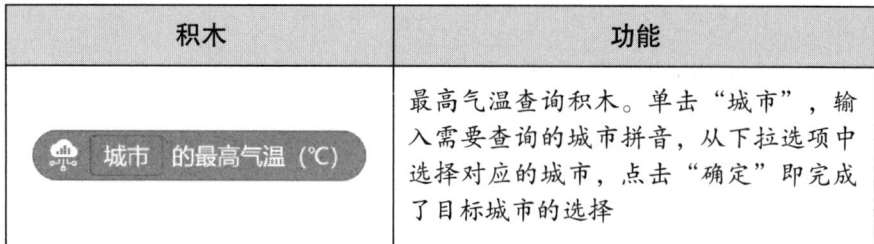

气温的高低是由数字表达的，所以气温查询的结果为数字，即积木 城市 的最高气温（℃） 代表的是数字。

如果说："今天深圳最高气温是20"，需要用到"运算" 中的 连接 苹果 和 香蕉 积木，连接文字与 城市 的最高气温（℃） 积木。

连接 今天深圳最高气温是 和 Shenzhen, Guangdong, CN 的最高气温（℃）

例如：通过"发出声音""显示文字"两种方式回答"今天深圳最高气温是（ ）"。

参考程序：

教师活动	学生活动
引导学生进行程序体验和测试，完善程序。 3）任务提升 对学有余力的同学，可以鼓励完成以下任务： 观察气象数据类积木，看看还能查询到哪些气象数据？能否查询某个城市某天的温差？（温差=最高气温–最低气温）	▶ 学生完成拓展任务。
5. 展示与反馈（5分钟） 1）课堂活动 ①鼓励学生展示自己制作的智能音箱，看看能够获取到哪些信息。 ②引导其他同学从作品的实用性、表达的完整性方面对同学的展示进行简单的点评。 ③引发思考：作品是否有可优化的地方？	▶ 学生参加课堂活动，展示智能音箱获取信息的应用。
2）总结回顾 ①如果想将发出的声音设为"情感女声"，可以使用下列哪个积木进行设置？（　　） A. 将 语速 设为 5　　B. 发音人设置：标准男声 C. 朗读 makeblock 童心制物　　D. 朗读 makeblock 童心制物 直到结束 参考答案：B ②Panda希望与朋友一起看日出，他需要获取哪项数据？（　　） A. 城市 的最低气温（℃）　　B. 城市 的最高气温（℃） C. 城市 日出时间的 小时　　D. 气象点 空气质量的 AQI 指标 参考答案：C ③请将以下思维导图补充完整： 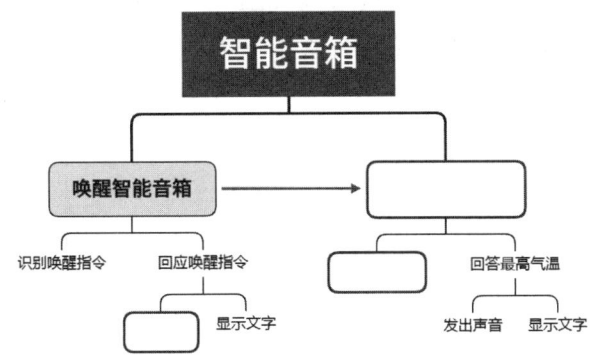 参考答案：（从上到下依次是）查询最高气温；识别查询指令；发出声音	▶ 学生完成题目，回顾本节课所学的内容。

2.5 小麦·智能音箱（2）

建议课时：40分钟

◎ **教学目标**

☆ 了解智能家居在日常生活中的不同应用，如起床时、离家时、回家时、睡眠时。
☆ 可以熟练运用语音交互类积木，熟练掌握用计算机朗读文字的功能。
☆ 能够利用思维导图正确分析"用智能音控制窗帘开关"的实现过程。
☆ 编写程序，实现"用智能音箱控制窗帘开关"的效果，体验智能家居的应用。

◎ **教学重难点**

重点：利用思维导图正确分析"用智能音箱控制窗帘开关"的实现过程。

难点：正确分析"唤醒智能音箱"和"控制窗帘开关"两个功能之间的逻辑关系，并编程实现"用智能音箱控制窗帘开关"的效果。

◎ **课前准备**

教师：准备好装有慧编程软件、麦克风和扬声器的电脑。
学生：能够使用慧编程实现语音识别与计算机朗读文字的功能。

◎ **教学过程**

教师活动	学生活动
1. 情景导入（3分钟） 上节课，我们实现了"唤醒智能音箱，查询最高气温"的功能。这节课，我们先通过一段视频，了解智能音箱在日常生活中还有哪些应用。（播放视频） 	▶ 学生观看视频，了解智能音箱的不同应用场景。

教师活动	学生活动

视频中展示了在起床时、离家时、回家时和睡眠时等不同时间段，智能音箱可以通过判断不同的时间段，将音箱设置为不同的场景模式，控制家中的智能设备做不同的事情。

2. 项目演示（2分钟）

我们的智能音箱小麦能不能也控制智能设备呢？

教师展示案例效果，引导学生思考：

音箱可以实现什么功能？

参考答案：可以控制窗帘开关。

▶ 学生观察案例，思考并回答问题。

3. 项目分析（5分钟）

为了更好地了解"用智能音箱控制窗帘开关"的工作原理，需要对项目的实现过程进行简单的分析。

教师引导学生通过回忆案例效果，分析"用智能音箱控制窗帘开关"的实现过程：

▶ 学生在老师的引导下梳理项目体验过程发。

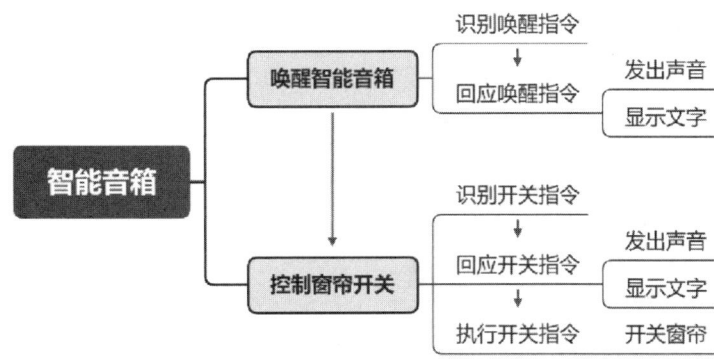

1）唤醒智能音箱

①识别唤醒指令：计算机识别是否发出了"小麦小麦"的唤醒指令。

②回应唤醒指令：计算机识别到唤醒指令后，通过声音与文字进

| 教师活动 | 学生活动 |

行回应。

2）控制窗帘开关

①识别开关指令：唤醒智能音箱后，计算机继续识别是否发出了"打开窗帘"或者"关闭窗帘"的语音指令。

②回应开关指令：如果接收到"打开窗帘"或者"关闭窗帘"的语音指令，通过声音与文字进行回应。

③执行开关指令：发出回应后，根据指令打开或关闭窗帘。

4. 编程实战（25分钟）

引导学生根据分析结果，通过编程依次实现不同的效果。

1）唤醒智能音箱

（1）添加背景、角色

①打开慧编程，添加背景Living room3。

②删除角色Panda，添加角色Speaker，并调整到合适的大小（参考大小：40）。

▶ 学生添加背景、角色。

③移动角色在舞台上的位置，如下：

（2）识别唤醒指令

当发出语音指令时，计算机需要进行语音识别与判断。

①进入角色Speaker的程序设计界面，添加扩展"人工智能服务"。

②发送语音命令"小麦"。

③进行语音识别，判断语音识别结果是否包含"小麦"。

▶ 学生完成"识别唤醒指令"的程序编写。

教师活动	学生活动
（也可让学生为自己的智能音箱取名。） 参考程序：  （3）回应唤醒指令 智能音箱识别到唤醒指令后，需要通过声音与文字进行回应。 ● 声音回应 尝试设置自己喜欢的声音效果，使计算机发出声音进行回应，参考回应内容为"主人，我在！请问有什么吩咐？" 参考程序：  ● 文字回应 进行声音回应的同时，需要在舞台上进行文字回应。 在开始回应时，换成speaker2造型；回应结束，换回speaker造型，实现"音箱发声"的舞台效果。 参考程序：  2）控制窗帘开关 （1）识别开关指令 当智能音箱被唤醒后，可以进一步发送语音命令。 ①当接收到"小麦"广播时，判断语音识别结果是否包含"打开窗帘"或者"关闭窗帘"。	▶ 完成"声音回应"的程序编写。 ▶ 学生完成"文字回应"的程序编写。 ▶ 学生完成"发送打开窗帘或者关闭窗帘指令"的程序编写。

教师活动	学生活动

②如果语音识别结果包含"打开窗帘",广播"开窗帘"。

③如果语音识别结果包含"关闭窗帘",广播"关窗帘"。

参考程序:

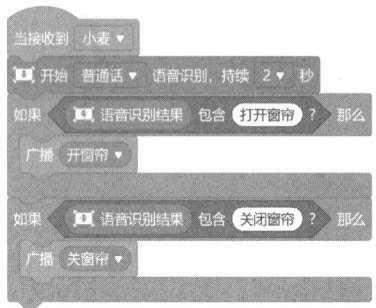

(2)回应开关指令

接收到语音指令后,音箱需要通过声音和文字两种方式进行回应。

①当接收到"开窗帘",通过声音和文字回应"好的,主人!现在为您拉开窗帘。"并发送"打开"的广播。

②当接收到"关窗帘",通过声音和文字回应"好的,主人!现在为您关上窗帘。"并发送"关闭"的广播。

▶学生完成"回答打开窗帘或者关闭窗帘"的程序编写。

参考程序:

（回应"打开窗帘"指令）　　（回应"关闭窗帘"指令）

(3)控制窗帘开关

查看背景的不同的造型。结合生活经验,设计"开窗帘"和"关窗帘"时窗帘的变化过程。

①当接收到"打开"广播时,按顺序切换背景,实现"开窗帘"的动态效果。

②当接收到"关闭"广播时,按顺序切换背景,实现"关窗帘"的动态效果。

③提示:为了看清动态效果,需要用到 等待 1 秒 积木。

参考排序:

▶学生了解窗帘的变化过程,并完成"打开窗帘或者关闭窗帘"的程序编写。

教师活动	学生活动

a.开窗帘

 →  →  →

b.关窗帘

 →  → 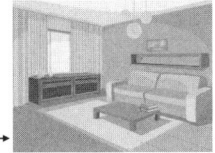 →

参考程序：

（开窗帘的动态效果）　（关窗帘的动态效果）

3）任务提升

对学有余力的同学，可以鼓励完成以下任务：

尝试让智能音箱控制更多的家居，比如：控制灯光的亮灭。

5. 展示与反馈（5分钟）

1）课堂活动

①鼓励学生展示自己制作的智能音箱以及控制效果。

②引导其他同学从作品的实用性、表达的完整性方面对同学的展示进行简单的点评。

③引发思考：作品是否有可优化的地方？

2）总结回顾

①为了实现"当接收到'开窗帘'广播时，麦克风发出声音，同时舞台区显示文字"的效果，请选择合适的程序并排序：_____。

▶ 学生完成拓展任务。

▶ 学生参加课堂活动，进行智能音箱效果的展示。

教师活动	学生活动
A. `换成 speaker2 造型` `说 好的，主人！现在为您拉开窗帘。 3.5 秒` `换成 speaker 造型` B. `发音人设置：情感女声` `将 语速 设为 6` `朗读 好的，主人！现在为您拉开窗帘。 直到结束` C. `发音人设置：情感女声` `将 语速 设为 6` `朗读 好的，主人！现在为您拉开窗帘。` D. `当接收到 开窗帘` 参考答案：DCA ②请将以下思维导图补充完整： 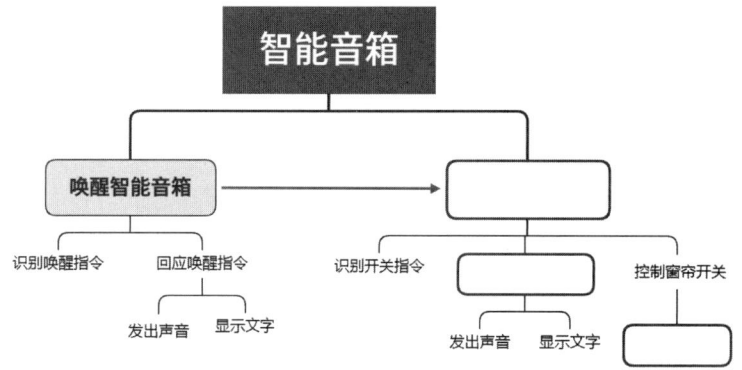 参考答案：（从上到下依次是）控制窗帘开关；回应开关指令；打开/关闭窗帘 ③请选择一个场景，构思你理想中的智能家居状态。 我希望在_____场景下，我家_____ _____ _____ _____ _____	▶ 学生完成题目，回顾本节课所学内容。

2.6　小麦老师·翻译助手

建议课时：40分钟

◎ **教学目标**

☆ 知道如何使用翻译积木，将语音识别结果翻译成不同的语言。
☆ 简单了解8×16 LED点阵，知道如何运用LED点阵类积木滚动显示语音翻译结果。
☆ 能够利用思维导图正确分析"翻译语音"功能的实现过程。
☆ 编写程序，实现"翻译语音"的功能，体验语音识别的应用。

◎ **教学重难点**

重点：利用思维导图正确分析"翻译语音"功能的实现过程。

难点：通过使用变量、广播的方法，编写程序，实现"LED点阵滚动显示翻译结果"的效果。

◎ **课前准备**

教师：准备好装有慧编程软件和麦克风的电脑，光环板、8×16 LED点阵、USB连接线、mBuild专用连接线。

学生：可以正确连接光环版与扩展硬件，熟练掌握广播、变量等编程知识。

◎ **教学过程**

教师活动	学生活动
1. 情景导入（1分钟） 你知道吗？据不完全统计，世界上一共有5000多种人类语言，其中常用的交流语言（使用人数超过5000万）就有13种，分别是：汉语、英语、印度语、俄语、西班牙语、德语、日语、法语、印度尼西亚语、葡萄牙语、孟加拉语、意大利语和阿拉伯语。 如果你想走出国门，将足迹遍布世界每个角落，语言交流必不可少。只是，想要精通各种语言，做到毫无障碍与人交流，并非易事。如何才能实现在语言不通的情况下，与人顺利交流呢？	▶ 学生思考问题。

教师活动	学生活动
2. 项目展示（4分钟） 本节课，我们就要做一款帮助大家可以进行无障碍交流的神器。（展示案例效果）  教师演示案例，引导学生思考： ①这款应用用到了人工智能的什么技术？ 参考答案：语音识别。 ②如何呈现翻译结果？ 参考答案：计算机说出翻译结果，并在显示屏上显示。 **3. 项目分析（5分钟）** 为了更好地了解"翻译助手"的工作原理，需要对项目的实现过程进行简单的分析。 教师引导学生通过回忆案例效果，分析实现过程： 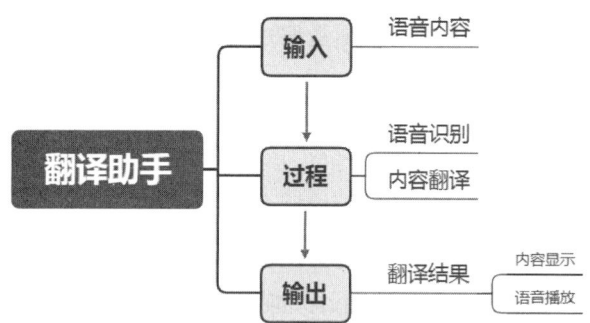 1）输入语音内容 发送需要识别的语音，计算机进行语音识别，将语音内容转为文字。 2）输出翻译结果 ①输出声音：计算机朗读翻译结果，发出声音。 ②输出文字：8×16 LED点阵滚动显示翻译文字结果。（LED点阵有8排16列LED灯光，可单独控制每个点的亮灭。）	▶ 学生观察案例演示。 ▶ 学生思考并回答老师的问题。 ▶ 学生在老师的引导下分析项目实现效果。

教师活动	学生活动

4. 编程实战（25分钟）

引导学生根据分析结果，通过编程依次实现不同的效果。

1）编程准备

连接硬件：

①按照顺序，依次连接硬件：光环板——8×16 LED点阵。

②在慧编程中，进入设备区，添加并连接光环板，选择在线模式。

▶ 学生连接硬件。

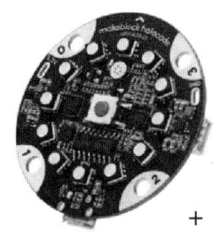 + 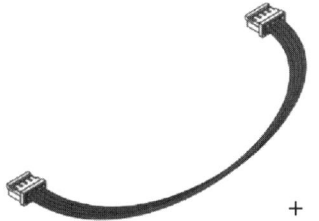 +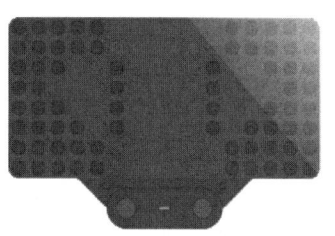

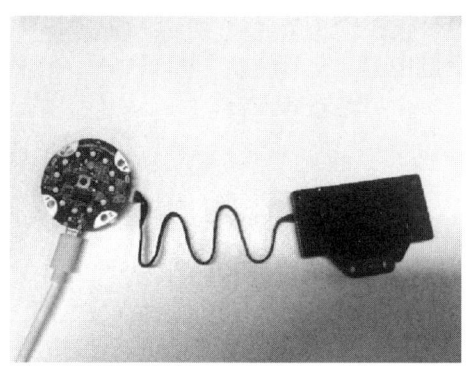

2）输入语音内容

要实现翻译功能，需要先将输入的语音转为文字。

①在角色区添加扩展"人工智能服务"。

②设置开始事件，进行语音识别。

参考程序：

▶ 学生在老师的引导下，完成"输入语音内容"的程序。

3）输出翻译结果

①输出声音结果

实现翻译功能需要添加新的扩展"翻译"。

▶ 学生在老师的引导下，添加并学习翻译的新积木。

教师活动	学生活动

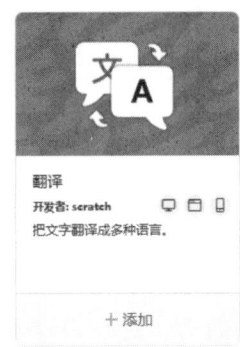

需要用到的积木如下：

积木区	积木	功能
翻译	将 你好 译为 英语▼	翻译积木，可以将输入的文字翻译为指定语言，输出对应的文字

例如：将语音内容翻译为英语。

①将语音识别结果翻译为指定语言——英语。

②创建变量，将翻译结果存入变量中。

③计算机朗读翻译结果。

参考程序：

将 翻译▼ 设为 将 语音识别结果 译为 英语▼
朗读 翻译

（1）输出翻译结果

显示翻译结果，需要使用8×16 LED点阵屏。进入光环板的程序设计界面，添加扩展"8×16蓝色LED点阵"。

▶学生在老师的引导下，完成"输出声音结果"的程序。

实现LED点阵屏上滚动显示文字，需要用到以下积木：

教师活动			学生活动
积木区	积木	功能	▶ 学生在老师的引导下，添加并学习LED点阵滚动显示文字的新积木。
8×16 LED点阵	8×16蓝色LED点阵 1▼ 显示 Hello	在LED点阵屏上滚动显示文字，目前仅支持数字、字母、部分符号。滚动显示的同时，执行后续程序	
	8×16蓝色LED点阵 1▼ 滚动显示 Hello 直到结束	在LED点阵屏上滚动显示文字，目前仅支持数字、字母、部分符号。滚动显示结束后，才执行后续程序	

通过使用广播、变量的方法，在LED点阵上滚动显示翻译结果。

例如：

①在角色区发送广播"显示"。

②当光环板接收到广播"显示"时，LED点阵滚动显示翻译结果。

参考程序：

（角色区程序）

（设备区程序）

▶ 学生在老师的引导下，完成"输出文字结果"的程序展示。

4）任务提升

对学有余力的同学，可以鼓励完成以下任务：

①尝试翻译诗句。（如：欲穷千里目，更上一层楼。）

②思考讨论：有了翻译应用，还需要学习外语吗？

▶ 学生完成拓展任务。

5. 展示与反馈（5分钟）

1）课堂活动

全班进行翻译接龙。教师可指定内容，如：

①第一组翻译：好好学习，天天向上。

②第二组翻译：上下同心，其利断金。

③第三组翻译：只争朝夕，不负韶华。

▶ 学生参加课堂活动。

2）总结回顾

教师活动	学生活动
①8×16 LED点阵无法显示以下哪项内容？（　　） A.英文字母　　　　　　　B.标点符号 C.阿拉伯　　　　　　　　D.汉字 参考答案：D ②以下哪个积木可以将识别到的语音翻译成英语？（　　） 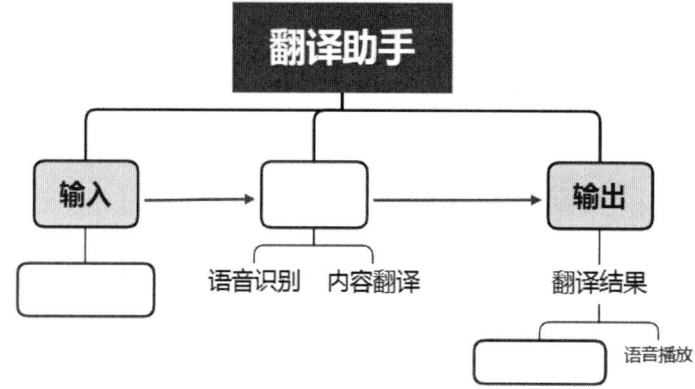 参考答案：A ③请将以下思维导图补充完整： 参考答案：（从左到右依次是）语音识别；过程；内容显示	▶ 学生完成课堂练习，回顾学习内容。

2.7 中华成语大会

建议课时：40分钟

◎ **教学目标**

☆ 了解文字识别的功能特点及其在生活中的主要应用场景。

☆ 熟悉文字识别积木，能够用积木实现识别手写文字的功能。

☆ 能够利用思维导图正确分析"成语大会"的实现过程。

☆ 编写程序，实现"成语大会"的项目功能，体验人工智能文字识别的效果。

◎ **教学重难点**

重点：利用思维导图正确分析"成语大会"的实现过程。

难点：在完成对项目实现过程分析的基础上，利用文字识别技术，编程实现"成语大会"的功能效果。

◎ **课前准备**

教师：准备好装有慧编程软件和麦克风的电脑，光环板和USB连接线。

学生：能够熟练进行语音识别结果的判断，熟练掌握广播的使用方法。

◎ **教学过程**

教师活动	学生活动
1. 情景导入（1分钟） 不知大家有没有注意到，车辆进出停车场或者高速公路的时候，有一块电子屏幕上会显示车牌号码：出入口处的摄像头先拍照，由计算机识别文字，然后显示在电子屏幕上。 	

教师活动	学生活动
计算机识别文字的技术就叫文字识别。它能够高精度地识别图像文字，提升输入效率，同时降低人工录入成本。 拍照搜题、智能阅卷、证件识别、快递扫单等都是可以通过文字识别技术实现的。 **2. 项目演示（4分钟）** 今天我们就要用"文字识别"的技术，来参加一次与众不同的成语大会。  教师展示案例效果，引导学生思考： 在本次成语大会中，选手是如何答题的？ 参考答案：在纸上写下答案，由计算机进行识别。 **3. 项目分析（5分钟）** 为了更好地理解本次"成语大会"的工作原理，需要对项目的实现过程进行简单的分析。 教师引导学生通过回忆案例效果，分析"成语大会"的实现过程： 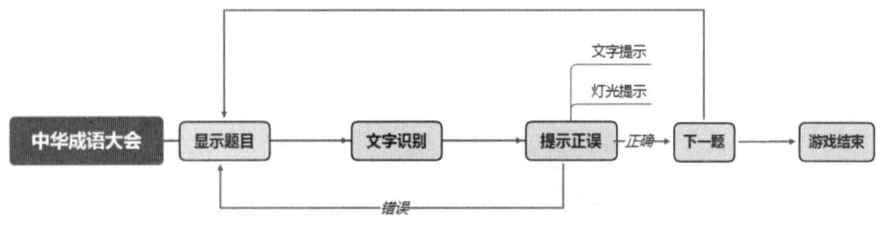 1）显示题目 舞台区显示题目。	▶ 学生观察案例演示。 ▶ 学生思考并回答老师的问题。 ▶ 学生回忆、梳理程序流程。

教师活动	学生活动
 2）文字识别 手写答案，通过摄像头拍照，由计算机识别文字、判断正误。  3）提示正误 计算机根据判断，通过文字与灯光颜色提示正误。 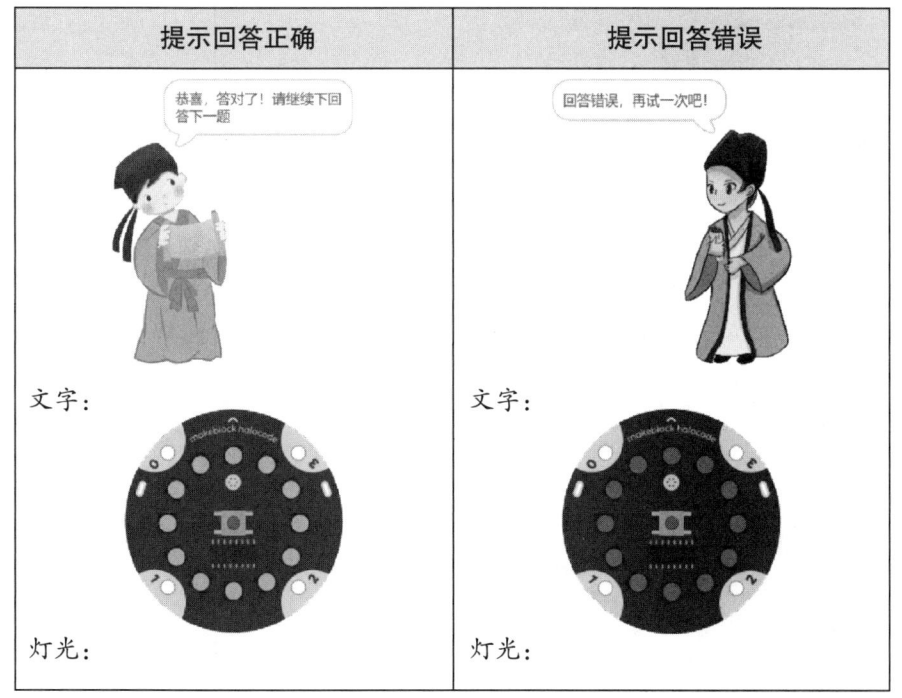 ①如果文字识别错误，需要重新答题，重新识别文字、判断正误、进行提示。	

教师活动	学生活动

②如果文字识别正确，则显示下一题。

③正确答完所有题目，游戏结束。

4. 编程实战（20分钟）

引导学生根据分析结果，通过编程依次实现不同的效果。

本次一共要完成两道成语题目。

首先，第一题。

1）显示题目

（1）添加背景、角色

①打开慧编程，添加背景。

②删除角色Panda，分别添加角色1、角色2和角色3，调整角色的大小以及在舞台上的位置。

▶ 学生添加背景、角色，布置舞台区。

背景

角色1　　　角色2　　角色3

（舞台布局参考）

教师活动	学生活动
（2）显示开始界面、题目 进入角色"成语"的程序设计界面： ①当"绿旗"被点击，显示"成语大会"的开始界面，持续3秒。 ②显示第一道题目——"异想天（ ）"。 参考程序： 	▶ 学生完成"显示题目"的程序编写。

2）文字识别

（1）识别文字

要进行文字识别，需要用到扩展"人工智能服务"中的"文字识别"类积木。

积木	功能
![] 2▼ 秒后，识别中文手写字 2 5 10	文字识别积木。可以选择不同的等待时间，分别为2秒、5秒或10秒，在等待时间结束时，计算机通过拍照，识别手写文字
☑ ![] 文字识别结果	文字识别结果积木，能够提供每一次文字识别的结果。勾选积木块后，会在舞台区显示识别结果

▶ 学生学习文字识别的新积木，并完成"识别文字"的程序编写。

可以发现，进行文字识别的积木与进行语音识别的积木看起来非常相似，用法也很相似。

例如：题目出现后，给出一定的思考时间（例如5秒），再开始识别中文手写字。

参考程序：

（2）判断正误

识别到文字后，需要判断文字是否与答案一致。

▶ 学生完成"判断正误"的程序编写。

教师活动	学生活动
例如：如果文字识别结果包含正确答案，广播"第一题回答正确"；否则，广播"回答错误"。 参考程序：  **3）提示正误** （1）文字提示 ● 回答正确 回答正确时，角色"黄衣"进行提示。 ①进入角色"黄衣"的程序设计界面。 ②角色"黄衣"变大，并回答"恭喜，答对了！请继续回答下一题。" 参考程序： 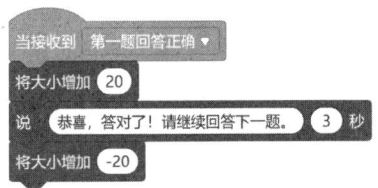 ● 回答错误 回答错误时，角色"蓝衣"进行提示。 ①进入角色"蓝衣"的程序设计界面，编写程序。 ②角色"蓝衣"变大，并回答"回答错误，再试一次吧！" 参考程序： 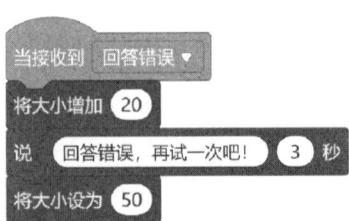 （2）灯光提示 进入光环板的程序设计界面。请编写程序： ①当用户回答正确时，光环板亮绿灯。 ②当用户回答错误时，光环板亮红灯。	▶ 学生完成"文字提示"的程序编写。 ▶ 学生完成"灯光提示"的程序编写。

教师活动	学生活动
③亮灯时长与显示文字时长一致。 参考程序： （灯光提示：回答正确）　（灯光提示：回答错误） 4）回答错误，重复答题 当回答错误时，提示内容为"回答错误，再试一次吧！"但是目前的程序只给了用户一次答题机会。 思考：该如何编写程序，来允许用户重复答题，直到答对？ ①可以使用 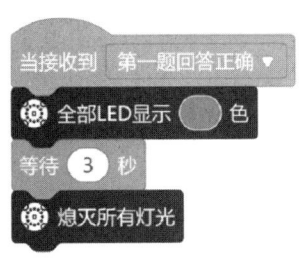 积木来让用户重复答题； ②当回答正确时，使用  积木，结束重复答题的循环。 进入角色"成语"的程序设计界面，编写程序。 参考程序： 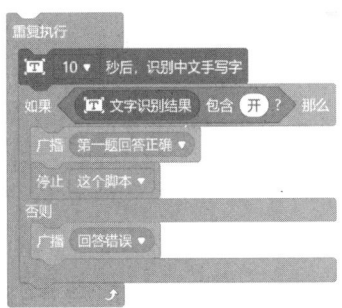	▶学生完成"重复回答"的程序编写。
5）回答正确，进入下一题 第一题回答正确后，则进入下一题。第二题的实现方法与第一题类似： ①第一题回答正确之后，显示第二题的题目。 ②识别手写答案，判断正误。 ③如果回答错误，通过文字与光环板灯光进行提示并重复答题，直到回答正确。 ④如果回答正确，通过文字与光环板灯光进行提示。 ⑤如果答题结束，光环板亮彩灯，舞台区展示"成语大会"四	▶学生完成"进入下一题"的程序编写。

教师活动	学生活动

字，提示"恭喜完成所有题目！"

参考程序：

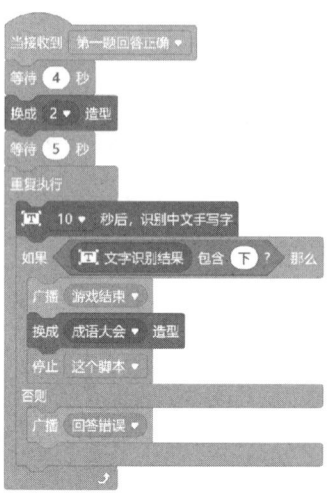

（角色"成语"的程序）

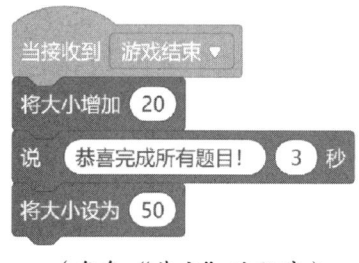   

（角色"黄衣"的程序）　（设备"光环板"的程序）

6）任务提升

对学有余力的同学，可以鼓励完成以下任务：为大会添加更多题目。

提示 角色"成语"的造型中有多道题目可选。如果想自定义题目，请参考以下操作提示：

①进入角色"成语大会"的造型，点击"添加造型"，选择"绘制造型"。

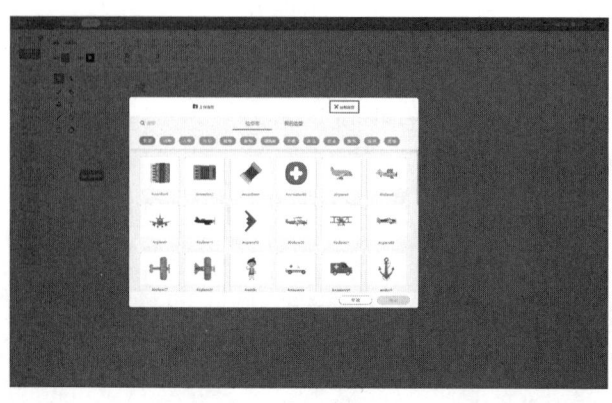

▶ 学生完成拓展任务。

教师活动	学生活动

②在造型设计界面,点击"文本"图标 T,单击画布,输入成语题目。

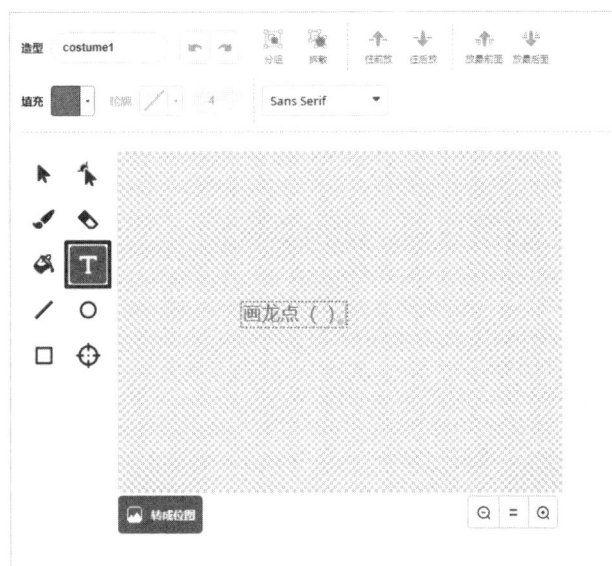

③点击"选择"图标,调整造型的大小、位置。

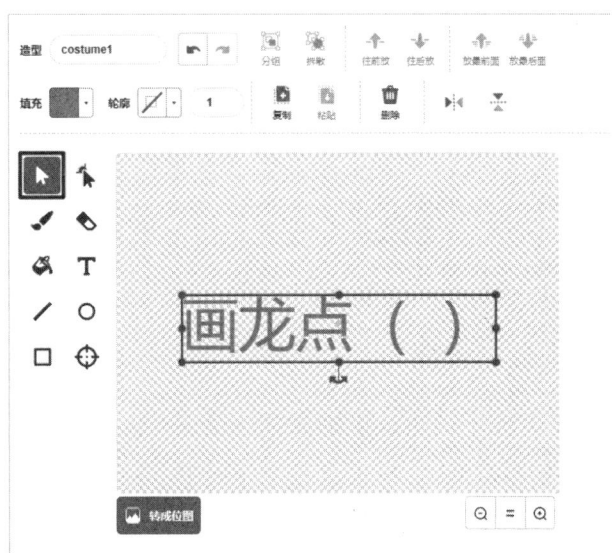

5. 展示与反馈(10分钟)

1)课堂活动

①组织学生体验其他同学的"中华成语大会"。(参考方式:学生体验同桌的项目。)

②鼓励学生表达:在体验到的作品里,觉得有哪些做得好的地

▶ 学生参加课堂活动,体验其他同学的项目。

教师活动	学生活动
方？还有哪些可以改进的地方？这节课有什么收获？ 2）总结回顾 ①以下哪项应用用到了"文字识别"技术？（　　） A.语音转文字　　　　　　B.车牌识别 C.智能语音灯　　　　　　D.扫地机器人 参考答案：B ②在慧编程中，如果要识别中文手写字，应该用什么积木？（　　） A. [2▼ 秒后，识别中文手写字] B. [识别图片网络文字，图片地址：　] C. [开始 普通话▼ 语音识别，持续 2▼ 秒] D. [2▼ 秒后，识别 中英文混合▼ 印刷文字] 参考答案：A ③请将以下思维导图补充完整： 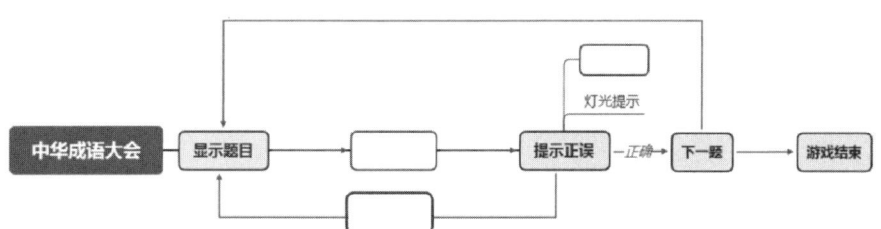 参考答案：（从上到下依次是）文字提示；识别文字；错误	▶ 学生完成题目，回顾本节课所学的内容。

2.8 情绪面板

建议课时:40分钟

◎ **教学目标**

☆了解情绪识别的功能特点及其在生活中的主要应用场景;

☆熟悉情绪识别积木,能够用积木实现识别特定情绪的功能;

☆知道如何正确使用扬声器与LED点阵,完成音效配合图案表现情绪的功能;

☆能够利用思维导图正确分析"情绪面板"的实现过程;

☆编写程序,实现"情绪面板"的项目功能,体验人工智能情绪识别的效果。

◎ **教学重难点**

重点:利用思维导图正确分析"情绪面板"的实现过程。

难点:在完成对项目实现过程分析的基础上,利用情绪识别技术,编程实现"情绪面板"的功能效果。

◎ **课前准备**

教师:准备好装有慧编程软件和摄像头的电脑,光环板、LED点阵、扬声器模块和USB连接线、mBuid专用连接线。

学生:能够熟练进行语音识别结果的判断,熟练掌握广播的使用方法。

◎ **教学过程**

教师活动	学生活动
1. 情景导入(3分钟) 小游戏:猜情绪。 (教师展示人物照片,学生说出照片中人物的情绪,同时可以说出是如何判断的。)  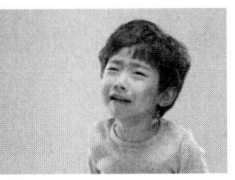   (高兴)　　(伤心)　　(惊讶)　　(无情绪)	▶ 学生根据照片猜测人物情绪。

教师活动	学生活动

通过猜情绪的游戏，我们知道，人在看到某个人时，可以根据对方的面部表情判断对方的情绪状态。其实，不仅是人类，机器也可以通过某些方法来判断一个人是开心还是难过，是生气还是惊讶。

机器识别人类情绪的技术叫情绪识别。计算机可以通过识别人类交流时的语气、用词或者说话时的表情、动作等方式，来判断你当前的状态是高兴、生气、激动、惊讶还是其他情绪。甚至，当计算机识别到你的情绪后，可以给你推荐一些符合当前状态的表情包或者是播放符合当前情绪的音乐等。

2. 项目演示（5分钟）

本节课我们就借助慧编程，一起探究计算机是如何识别情绪的。

▶ 学生观察案例演示。

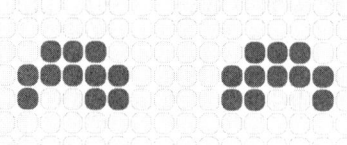

教师展示案例效果，引导学生思考：

①计算机是通过什么方式识别情绪的？

参考答案：计算机通过识别人的表情来判断情绪。

②当识别出人的情绪后，会出现怎样的效果？

参考答案：计算机识别出人的情绪后，光环板会亮灯，计算机会发出对应情绪的声音并在点阵屏上呈现出相应的表情。

▶ 学生思考并回答老师的问题。

3. 项目分析（5分钟）

为了更好地理解本次"情绪面板"的工作原理，需要对项目的实现过程进行简单的分析。

教师引导学生通过回忆案例效果，分析"情绪面板"的实现过程：

教师活动	学生活动
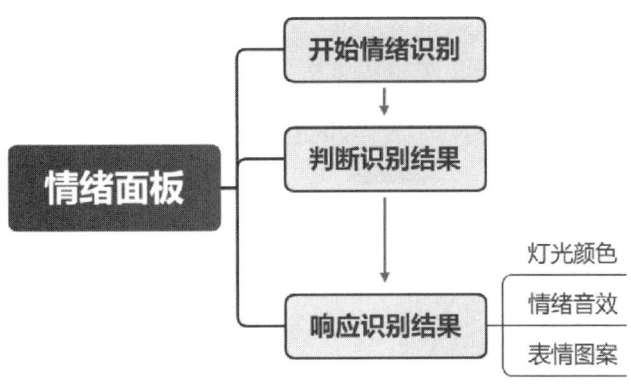 1）开始情绪识别 给出人物图像，开始识别人物的面部表情。 2）判断识别结果 启动"情绪识别"积木，给出情绪识别的判断结果。 例如：判断下图情绪为"高兴"。  3）响应识别结果 识别出情绪后，通过灯光、音效与图案展示等方式，呈现对应的情绪效果。 例如：识别到高兴情绪后，光环板亮黄灯，计算机播放笑声，点阵屏显示笑脸。 **4. 编程实战（20分钟）** 引导学生根据分析结果，通过编程依次实现不同的效果。 本次完成两种情绪的识别。 1）编程准备 连接硬件： ①按照顺序，依次连接光环板—LED点阵—扬声器。 ②打开慧编程，进入设备区，添加并连接光环板，选择为在线模式。	▶ 学生回忆、梳理程序流程。 ▶ 学生按要求依次连接硬件。

| 教师活动 | | | 学生活动 |

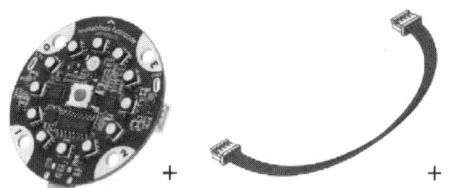 +  +

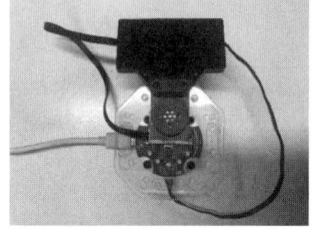

2）开始情绪识别

准备好需要识别的人物图像，开始识别人物的面部表情。

例如：

 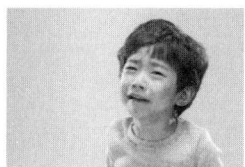  

3）判断识别结果

要进行情绪识别，需要用到扩展"人工智能服务"模块中的"人体识别"类中的"情绪"积木。

积木区	积木	功能
人体识别	2▼ 秒后，识别人脸情绪 2 5 10	人脸情绪识别积木，能够识别7种情绪。可以将识别时间设为2秒、5秒或10秒
	情绪 快乐▼ 的程度 愤怒 厌恶 恐惧 高兴 伤心 惊讶 无情绪	识别出某一种情绪后，此积木可以查询到识别出的情绪强烈程度，数值范围为0—100。分数越高，情绪越强烈

▶ 学生学习情绪识别的新积木。

情绪识别参考表情：

教师活动				学生活动
识别情绪	示例表情	识别情绪	示例表情	
愤怒		厌恶		
恐惧		高兴		
伤心		惊讶		
无情绪				

可挑选（或者是自己做）两种情绪进行识别，例如：进行"高兴"或者"伤心"两种情绪的识别。

①选择开始事件，进行情绪识别，判断"高兴"或"伤心"两种情绪的强烈程度。

②当情绪识别的"高兴"数值大于90时，发出"高兴"的广播，并等待响应。

③当情绪识别的"伤心"数值大于90时，发出"伤心"的广播，并等待响应。

④若情绪判定未识别到以上两种情绪，则广播"未识别出"。

⑤提示：使用 积木进行条件判断。

参考程序：

▶ 学生完成"判断识别结果"的程序编写。

教师活动	学生活动
4）响应识别结果 （1）灯光颜色 识别出情绪后，光环板亮起与情绪相对应的颜色。例如：	▶ 学生编写程序，实现"光环板根据情绪亮相应颜色灯光"的功能。

识别情绪	灯光颜色
高兴	黄色
伤心	蓝色
未识别出	彩色

参考程序：

（高兴）　　　　　（伤心）　　　　　（未识别出）

（2）情绪音效

要使用扬声器发出声音，需要用到光环板扩展"扬声器"中的"扬声器"类积木。

①进入光环板的程序设计界面，添加扩展"扬声器"。

▶ 学生添加扩展"扬声器"。

②了解需要用到的扬声器积木：

积木区	积木	功能
扬声器	扬声器 1 ▼ 播放 ○	扬声器播放积木，可以使扬声器播放出慧编程中提供的音效，或已存入扬声器磁盘空间中的音频文件
	情绪音效 哈喽 ▼	情绪音效积木，嵌入扬声器播放积木后，可以播放出对应的情绪音效，共有20种情绪音效可选

▶ 学生学习扬声器播放音效的积木。

教师活动	学生活动
根据识别到的情绪，播放相对应的情绪音效。例如： | 识别情绪	情绪音效
高兴	笑声
伤心	难过
未识别出	尴尬 | 参考程序： 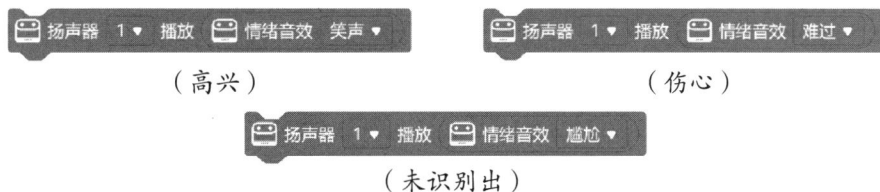 （高兴）　　　　　　　　（伤心） （未识别出） （3）表情图案 配合情绪音效，利用LED点阵显示表情图案。 添加扩展"8×16蓝色LED点阵"，学习以下积木： | 积木区	积木	功能
---	---	---
8×16 LED点阵	8×16蓝色LED点阵 1▼ 显示图案 ▢ 1 秒	使LED点阵亮灯，显示图案1秒。可自定义图案、显示时长
	8×16蓝色LED点阵 1▼ 熄灭	熄灭LED点阵所有灯光 | 自定义图案的方法： ①单击积木上的图案，打开图案编辑界面。  ②在图案编辑界面下方选择慧编程预设的图案。 ③了解图案编辑界面右侧图标功能，如下：	▶ 学生完成"播放情绪音效"的程序编写。 ▶ 学生添加扩展"8×16蓝色LED点阵"，并学习LED点阵显示图案的积木。

教师活动		学生活动
图标	功能	
✏️	画笔。选中后，可在图案绘制区域通过单击或长按移动鼠标的方式，自由绘制图案	
⬤	橡皮擦。选中后，可在图案绘制区域通过单击或长按移动鼠标的方式，擦除指定点	
🗑	一键清除。单击后，清除当前图案，图案绘制区变为空白	
✎	标尺。单击可选择是否显示图案绘制区域的外围标尺	
💾	保存。单击后，可将当前图案保存至图案编辑界面的下方可选图案中	

④针对不同的情绪，设计并显示对应的表情图案。例如：

a.显示静态表情或动态表情（可利用 [重复执行 10 次] 积木显示动态表情）；

b.若未识别出指定情绪，可滚动显示文字"Ending"，显示结束熄灭LED点阵；

c.显示完表情图案或文字后，同步熄灭光环板的所有灯光。

参考程序：

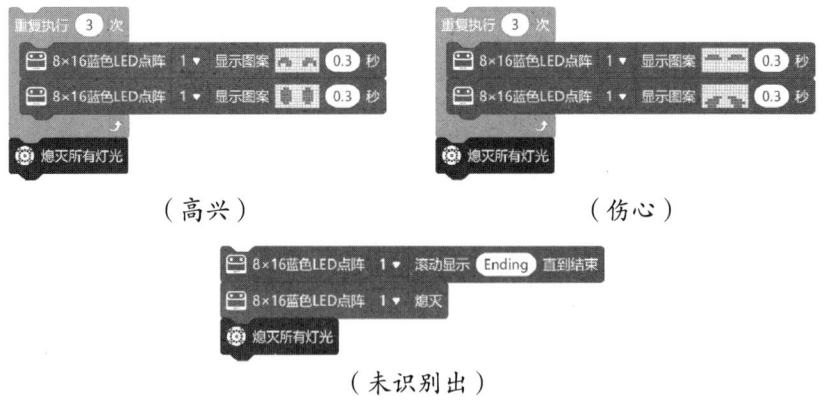

（高兴）　　　　　　　　　（伤心）

（未识别出）

▶ 学生完成"表情图案"的程序编写。

5）任务提升

可根据课堂情况，鼓励学生完成以下任务。（可根据课堂情况二选一）

①添加更多的情绪进行识别与响应。

②在情绪识别前后分别增加对应的语音提示。如：

▶ 学生完成拓展任务。

教师活动	学生活动

场景	提示
开始情绪识别前	开始进行人脸识别
识别到高兴情绪后	每天都要开开心心呀
识别到伤心情绪后	人生实难，不要放弃
未识别出指定情绪后	啊哦！没有识别出你的情绪

5. 展示与反馈（7分钟）

1）课堂活动

①鼓励学生展示自己的情绪面板。

②引导其他学生从作品的实用性、表达的完整性方面对同学的展示进行简单的点评。

③引发思考：作品是否有可优化的地方？

2）总结回顾

① ![积木] 积木通过什么特征识别情绪？（ ）

A.说话语气　　　　　B.心跳速率

C.面部表情　　　　　D.手势动作

参考答案：C

②使用扬声器模块，需要用到以下哪类积木？（ ）

A. ![声音传感器]　　　　B. ![上传模式广播]

C. ![超声波传感器]　　　D. ![扬声器]

参考答案：D

③请将以下思维导图补充完整：

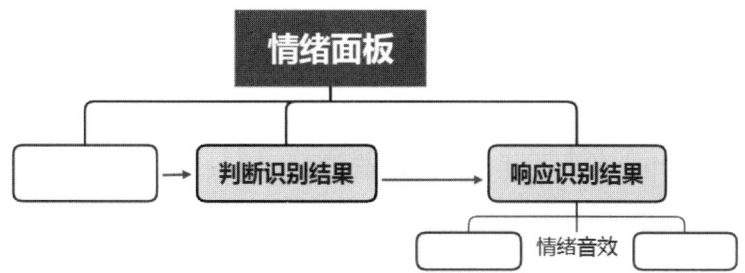

参考答案：（从左到右依次是）开始情绪识别；灯光颜色；表情图案

▶ 学生参加课堂活动，展示自己的情绪面板。

▶ 学生完成题目，回顾本节课所学内容。

2.9 风随我动

建议课时：40分钟

◎ **教学目标**

☆ 了解手势识别的功能特点以及主要应用场景。

☆ 可以正确使用手势识别功能，能够运用计算机进行手势识别。

☆ 简单了解电机的工作方式，知道如何运用电机驱动类积木控制风扇转动。

☆ 能够利用思维导图正确分析"用手势控制风扇转动"的实现过程。

☆ 编写程序，实现"用手势控制风扇转动"的功能，体验手势识别的应用。

◎ **教学重难点**

重点：利用思维导图正确分析"用手势控制风扇转动"功能的实现过程，并用慧编程实现手势识别、控制风扇转速的功能。

难点：正确识记不同的手势动作，并变成实现"用手势控制风扇转动"的效果。

◎ **课前准备**

教师：准备好装有慧编程软件和摄像头的电脑、光环板、电机驱动、风扇模块、电源模块、USB连接线、mBuild专用连接线。

学生：可以正确连接光环版、电源模块与扩展硬件，熟练运用广播、变量等编程方法。

◎ **教学过程**

教师活动	学生活动
1. 情景导入（5分钟） 教师播放《手势识别的应用》视频，并引导学生思考：视频中的人是通过什么方式控制家里的电器的？为什么要这样做呢？ 参考答案：视频中的人是通过做手势动作控制家里的电器。这样的控制方法最大的好处就是方便。只要在家里，随时随地做手势动作就可以控制电器了。 实现这种功能的技术叫做手势识别。手势识别就是通过摄像头拍下用户做出的手势图像，然后和计算机数据库已存的大量手势图像进	▶ 学生观看视频，了解"手势识别"在生活中的应用。

教师活动	学生活动
行对比，匹配，来确定它是哪种手势。所以在本质上是属于图像识别技术的一种。

手势识别目前广泛应用于智能家居、智能驾驶、VR游戏以及视频直播中。例如：视频直播或者拍照的过程中，结合你的手势（如点赞、比心），可以实时增加相应的贴纸或特效。

2. 项目演示（5分钟）

本节课我们就要通过手势识别，制作一款神奇的风扇。（播放视频）

教师展示案例效果，引导学生思考：

①如何控制风扇开关？

参考答案：通过"比5"的手势打开风扇，"比拳头"的手势关闭风扇。）

②除了开和关，这款智能风扇还有什么功能？

参考答案：还可以通过"比1、2、3"的手势来调节风速。

3. 项目分析（5分钟）

为更好地了解"用手势控制风扇转动"的工作原理，需要对项目的实现过程进行简单的分析。

教师引导学生通过回忆案例效果，分析实现过程：

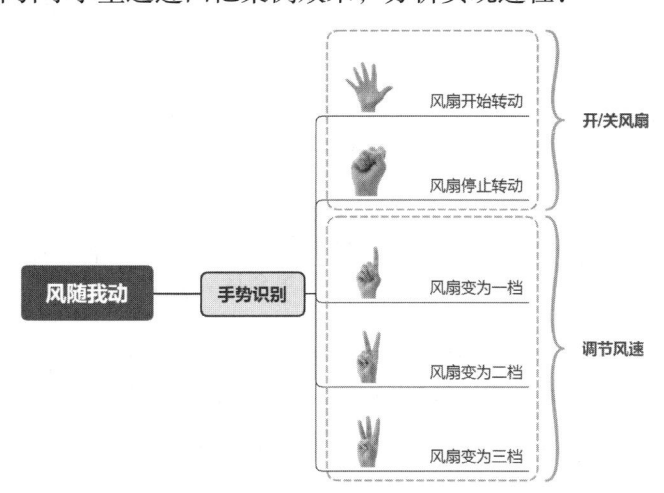 | ▶ 学生观察案例演示。

▶ 学生思考并回答老师的问题。

▶ 学生在老师的引导下分析项目实现效果。 |

教师活动	学生活动

1）手势识别

计算机进行手势识别，识别用户比的手势是什么。

2）开关风扇

①风扇开始转动：当手势为"5"时，打开风扇。

②风扇停止转动：当手势为"拳头"时，关闭风扇。

3）调节风速

①风扇变为一档：当手势为"1"时，调节风速为一档。

②风扇变为二档：当手势为"2"时，调节风速为二档。

③风扇变为三档：当手势为"3"时，调节风速为三档。

4. 编程实战（20分钟）

引导学生根据分析结果，通过编程依次实现不同的效果。

1）编程准备

①按照顺序，依次连接光环板—电源模块—电机驱动—风扇组件（风扇模块&扇叶）。

②在慧编程中，进入设备区，添加并连接光环板，选择在线模式。

③选择背景，添加角色"扇叶"。

▶ 学生连接硬件。

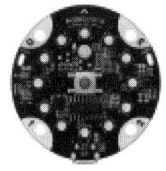 

2）手势识别

要进行手势识别，需要用到扩展"人工智能服务"中的"人体识别"类积木。

▶ 学生在老师的引导下，添加并学习手势识别的新积木；了解可以识别的手势动作；并完成"启动手势识别"的程序编写。

类型	积木	功能
人体识别	2秒后，识别手势	手势识别积木，能够识别20多种手势。可以将识别时间设置为2秒、5秒或10秒
	☑ 手势识别结果	手势识别结果积木，能够提供每一次识别的手势结果。勾选积木块后，会在舞台区显示识别结果

慧编程软件也接入了百度的手势识别扩展，目前支持20多种常见手势的图像识别，包括拳头、OK、比心、点赞、数字等手势动作。

教师活动	学生活动

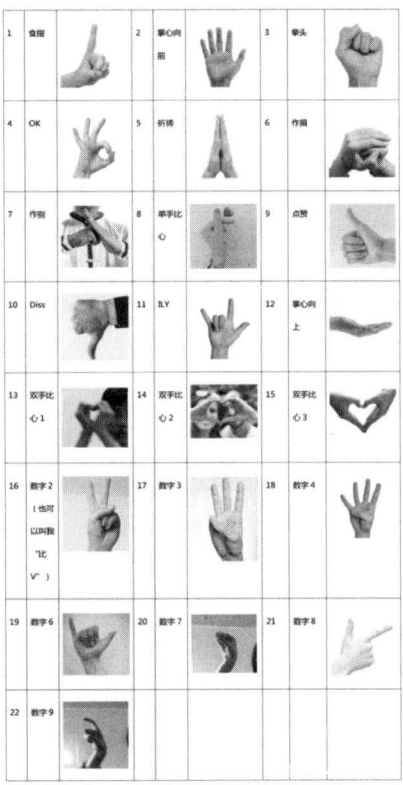

设置开始事件，重复进行手势识别，观察舞台区手势识别结果，体验手势识别功能。

参考程序：

3）开/关风扇

（1）判断手势识别结果

当识别出手势后，需要控制风扇对不同的手势进行响应。

①如果识别到手势"5"，那么广播"开风扇"。

②如果识别到手势"拳头"，那么广播"关风扇"。

参考程序：

▶ 学生在老师的引导下，完成"控制风扇开和关"的程序编写。

| 教师活动 | 学生活动 |

（2）风扇开始转动

当识别到手势"5"时，风扇开始转动。

风扇转动需要用到新的硬件设备：直流电机驱动。进入设备区光环板的程序设计界面，添加"直流电机驱动"的扩展模块。

通过控制电机驱动输出的动力，控制风扇的转速。电机驱动输出的动力越大，风扇转动得越快。控制风扇转动，需要用到电机驱动积木：

积木区	积木	功能
电机驱动	电机驱动 1▼ 输出动力 50 %	电机动力积木。能够让电机驱动输出不同数值的动力。数值越大，动力越大

注意：如果输出动力过小，难以启动静止的风扇；只有达到一定大小的输出动力时，风扇才能顺利转动起来。

例如：设定一个能使风扇顺利转动的输出动力数值。

参考程序：

（3）风扇停止转动

如果要风扇停止转动，电机驱动停止输出动力即可。

停止电机驱动输出动力，有两种方式：

积木区	积木	功能
电机驱动	电机驱动 1▼ 停止输出动力	停止指定电机输出动力。可以通过改变电机驱动的序号，停止转动某个电机。如果只有一个电机驱动，那就是"电机驱动1"
	所有 电机驱动 停止输出动力	停止所有电机驱动输出动力，即停止转动所有电机

例如：当接收到广播"关风扇"时，风扇停止转动。

参考程序：

4）调节风力

为了有更好的体验，可以给风扇设计不同的风速档位。

（1）判断手势识别结果

进入角色的程序设计界面，识别不同的手势，切换到不同的风速档位。

①如果识别到手势"1"，那么广播"一档"。

②如果识别到手势"2"，那么广播"二档"。

③如果识别到手势"3"，那么广播"三档"。

参考程序：

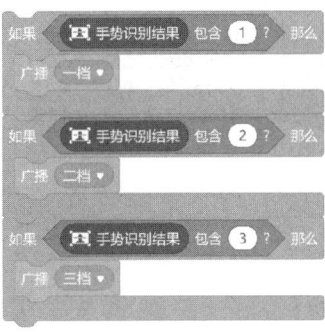

▶ 学生在老师的引导下，完成"调节风扇风力"的程序编写。

（2）调节风扇的风力大小

通过调整电机驱动输出动力的大小，可以调节风扇转动速度，从而调节风扇的风力大小。例如：

①当接收到广播"一档"时，电机驱动输出动力30%。

②当接收到广播"二档"时，电机驱动输出动力60%。

③当接收到广播"三档"时，电机驱动输出动力100%。

教师活动	学生活动

参考程序：

5）任务提升

对学有余力的同学，可以鼓励完成以下任务：

当风扇转动时，舞台上的扇叶跟着风扇一起转动。

提示 可能用到"（左转）右转（ ）度""停止（该角色的其他脚本）""变量"等。

▶ 学生完成拓展任务。

5. 展示与反馈（5分钟）

1）课堂活动

①全班同步发送手势指令，控制自己的风扇的转动效果。

②讨论：智能风扇在日常生活中可以怎么用？

▶ 学生参加课堂活动。

2）总结回顾

①请将下列手势与对应的识别结果进行连线：

1. 🆗   A."拳头"
2. 🖐   B."2"
3. ✊   C."Ok"
4. ✌   D."5"

参考答案：1—C；2—D；3—A；4—B

▶ 学生完成课堂练习，回顾学习内容。

②以下哪个积木可以让静止的风扇转动起来？（ ）

A. `所有 电机驱动 停止输出动力`   B. `电机驱动 1 ▼ 输出动力 1 %`
C. `电机驱动 1 ▼ 的输出动力（%）` D. `电机驱动 1 ▼ 输出动力 100 %`

参考答案：D

③请将以下思维导图补充完整：

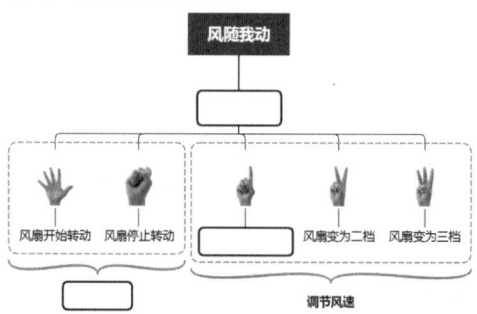

参考答案：（从上到下依次是）手势识别；风扇变为一档；开/关风扇

2.10 民族大联欢

建议课时：40分钟

◎ **教学目标**

☆熟练使用手势识别功能，能够用手势控制舞台区角色变化；

☆知道如何通过慧编程播放指定音乐；

☆能够利用思维导图正确分析"用手势导演节目"的实现过程；

☆编写程序，实现"用手势导演节目"的功能，体验手势识别的应用。

◎ **教学重难点**

重点：利用思维导图正确分析"用手势导演节目"功能的实现过程；用慧编程实现"用手势导演节目"的功能。

难点：编写程序，实现用手势控制多个人物角色统一变化的效果。

◎ **课前准备**

教师：准备好装有慧编程软件和摄像头的电脑。

学生：知道如何使用手势识别功能，熟练掌握广播、停止脚本等编程知识。

◎ **教学过程**

教师活动	学生活动
1. 情景导入（1分钟） 中国是一个幅员辽阔、人口众多的国家。在这片土地上，生活着56个民族。其中，人口最多的民族是汉族，其余55个民族人口较少，通常也被称为少数民族。 我国56个民族是中华民族共同体，中华民族是各民族共有的大家庭。大家相亲相爱，才能共筑祖国更美好的未来。 **2. 项目演示（4分钟）** 上节课，我们通过手势识别控制了风扇转动。本节课，我们继续运用手势识别技术，来一场"民族大联欢"。（播放案例）	▶ 学生观察案例演示。

教师活动	学生活动
 教师演示案例，引导学生思考： ①手势与舞台人物有什么关系？ 参考答案：舞台角色根据识别到的手势1—5依次出现。 ②做出比心手势有什么效果？ 参考答案：做出比心手势时，会停止手势识别。 **3. 项目分析（5分钟）** 为了更好地了解"用手势控制角色变化"的工作原理，需要对项目的实现过程进行简单的分析。 教师引导学生通过回忆案例效果，分析实现过程： 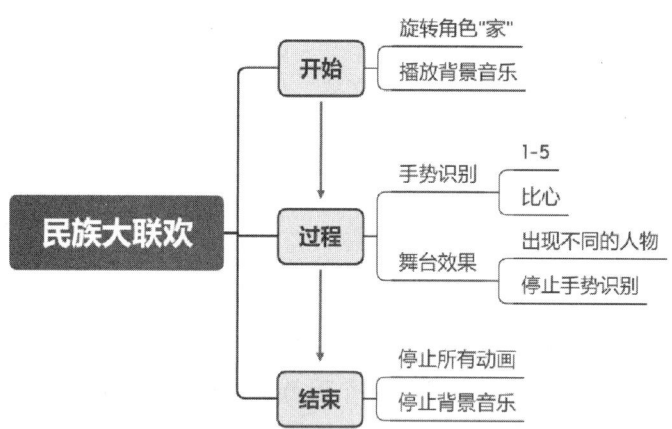 **1）开始** 点击"绿旗"，角色"家"字开始旋转，同时开始播放背景音乐。 **2）过程** 计算机进行手势识别，判断识别到的手势是什么。 ①出现不同的人物：当手势为数字"1—5"，显示对应的人物角色，并跟随音乐跳舞。	▶学生思考并回答老师的问题。 ▶学生在老师的引导下分析项目实现效果。

教师活动	学生活动
②停止手势识别：当手势为"单手比心"或"双手比心"时，停止手势识别。 **3）结束** 按下空格键，角色"家"字回正，停止所有动画及背景音乐。 **4．编程实战（25分钟）** 引导学生根据分析结果，通过编程依次实现不同的效果。 **1）编程准备** ①在慧编程中，进入背景区，添加背景"喜庆舞台"。 ②进入角色区，添加角色Boy1、Boy2、Girl2、Girl6、"家"，并调整角色大小与位置。 背景：  角色：       Boy2　Girl6　Girl2　Boy1　Girl9　家 参考角色位置： 	▶ 学生添加背景、角色，并调整舞台布置。

教师活动	学生活动

2）开始

（1）旋转角色"家"

要实现"旋转角色"的效果，可以使用以下积木：

积木区	积木	功能
运动	左转 ↺ 15 度	角色向右旋转15度，可自定义数值，调整右转的角度。
	右转 ↻ 15 度	角色向左旋转15度，可自定义数值，调整左转的角度。

▶ 学生在老师的引导下，学习旋转角色的新积木；并完成"旋转角色'家'"的程序编写。

进入角色"家"的程序设计界面，设置开始事件，让"家"持续旋转。

参考程序：

（2）播放背景音乐

要实现"播放背景音乐"的效果，需要用到以下积木：

积木区	积木	功能
声音	播放声音 meow ▼ 等待播完 ✓ meow 录制...	通过计算机播放声音，直到播完，才执行后续积木。播放的声音内容可自己录制，也可在舞台区下方"声音"中选择。

▶ 学生在老师的引导下，学习播放声音的新积木；并完成"循环播放音乐"的程序编写。

在慧编程中选择声音的方法：

①点击舞台区下方的"声音"，进入声音编辑界面。

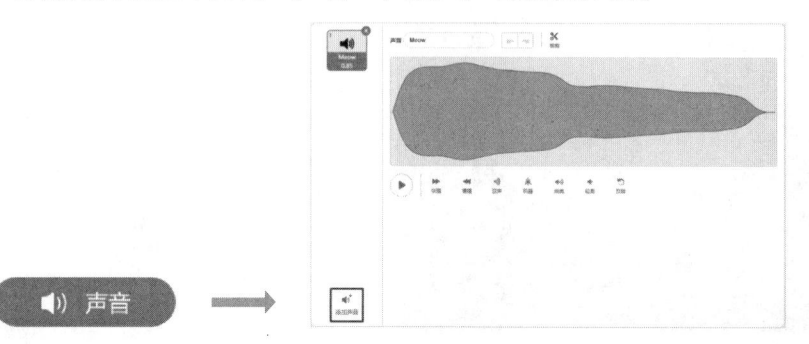

教师活动	学生活动
②点击"添加声音",打开声音库,即可选择慧编程预设的声音。 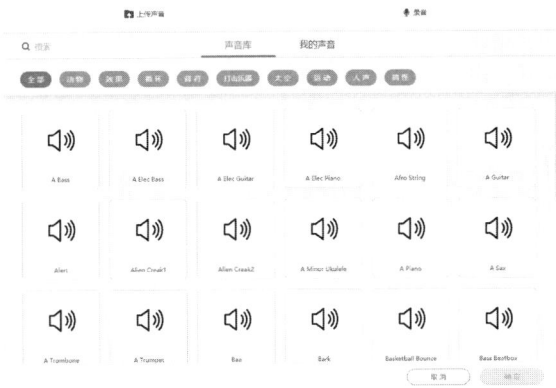 设置开始事件,选择背景音乐循环播放。 参考程序:  3)过程 (1)手势识别 程序开始后,重复进行手势识别,判断是否识别到指定手势。 ①进入背景的程序设计界面,添加扩展"人工智能服务",需要用到"手势识别"类积木。 ②设置开始事件,重复进行手势识别。 ③判断每次的识别结果是否包含"数字1—5"或"比心",对应操作如下:	▶学生在老师的引导下,完成"手势识别"的程序编写。

如果手势识别结果包含	那么
1	广播"1"
2	广播"2"
3	广播"3"
4	广播"4"
5	广播"5"
比心	停止这个脚本(停止手势识别)

教师活动	学生活动

参考程序：

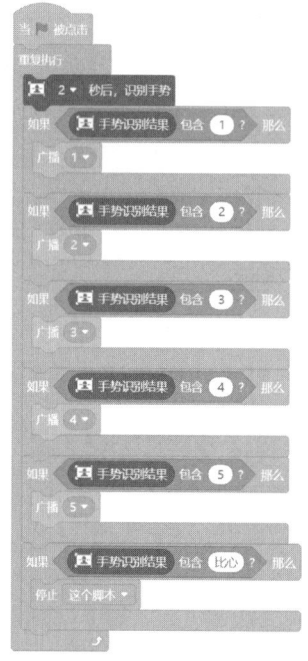

（2）舞台效果

设置舞台上5个人物的舞台位置、出场顺序以及开场造型，人物出场时跟随音乐舞动。例如：

①设置开始事件，游戏开始时，先隐藏角色。

②当接收到广播消息时，在舞台指定位置显示。

③通过广播，切换为统一的初始造型（右手朝上），重复每0.5秒切换下一个造型，实现"造型整齐统一"的效果。

▶ 学生在老师的引导下，完成"舞台效果"的程序。

参考程序：

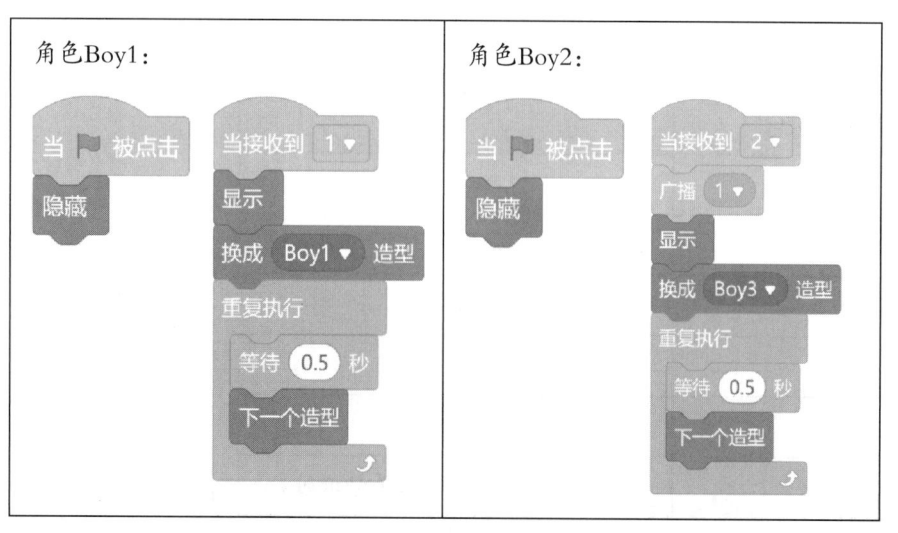

教师活动	学生活动
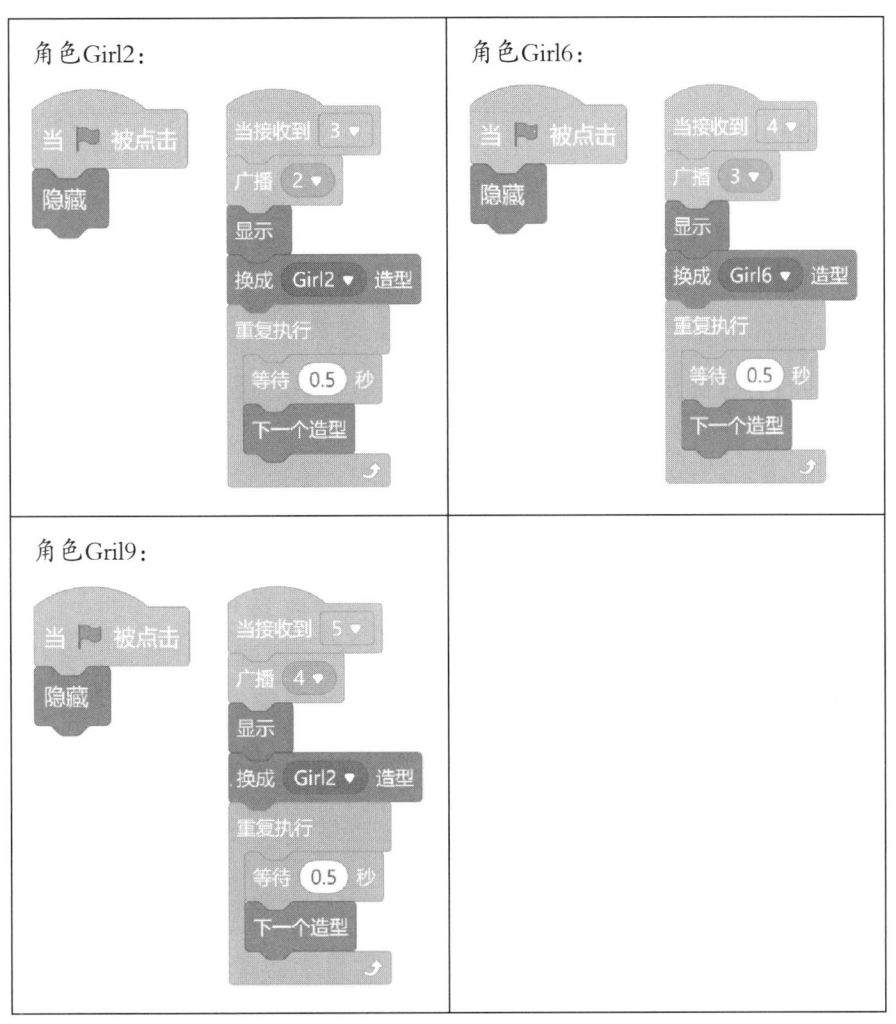	▶ 学生在老师的引导下，完成"'家'字回正，停止所有动画效果"的程序。

4）结束

设置结束事件，"家"字回正，停止所有动画效果。

①进入"家"的程序设计界面，设置结束事件为"当按下空格键"。

②让"家"字"面向（90）方向"，停止全部脚本。

参考程序：

5）任务提升

对学有余力的同学，可以鼓励完成以下任务：

▶ 学生完成拓展任务。

教师活动	学生活动
个性化设计自己的"民族大联欢"项目。(可调整识别手势、角色、背景、动画效果、背景音乐等) **5. 展示与反馈(5分钟)** 1)课堂活动 ①鼓励学生展示自己制作的"民族大联欢"作品。 ②引导其他学生从作品的美观性、表达的完整性方面对同学的展示进行简单的点评。 ③引发思考:作品是否有可优化的地方? 2)总结回顾 ①以下哪个手势的识别结果没有包含"比心"?( ) A. B. C. D. 参考答案:D ②以下哪段程序可以循环播放完整声音?( )  参考答案:B ③请将以下思维导图补充完整: 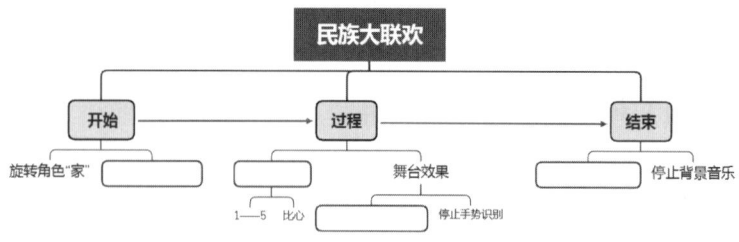 参考答案:(从左到右依次是)播放背景音乐、手势识别、出现不同人物、停止所有动画。	▶ 学生参加课堂活动。 ▶ 学生完成课堂练习,回顾学习内容。

2.11 AR手保健操

建议课时：40分钟

◎ **教学目标**

☆ 知道什么是手保健操，了解手保健操的特点和作用；

☆ 通过设计制作交互式的手保健操，感受不同手势动作带给手部肌肉的锻炼；

☆ 能够利用思维导图正确分析"手保健操"的实现过程；

☆ 编写程序，通过设计交互式的手势识别，实现"手保健操"的游戏效果。

◎ **教学重难点**

重点：利用思维导图正确分析"手保健操"的实现过程。

难点：在完成对项目实现过程分析的基础上，通过手势识别、变量等方法，编程实现"手保健操"的游戏效果。

◎ **课前准备**

教师：准备好装有慧编程软件和摄像头的电脑。

学生：能够熟练进行手势识别结果的判断，熟练掌握变量的使用方法。

◎ **教学过程**

教师活动	学生活动
1. 情景导入（2分钟） 猜谜：两棵小树十个杈，不长叶子不开花，能写会算还会画，天天干活不说话。 答案：双手 从刚才的谜语可以看出，我们做很多事情都需要用到双手，手是重要的人体器官。所以，平时我们也要保护好自己的双手。 在课间，为了保护眼睛、消除用眼疲劳，同学们需要做眼保健操。同样地，为了保护手、活动手关节，我们也可以来一套手保健操。 **2. 项目演示（4分钟）** 本节课我们要做一套不同寻常的手保健操。	▶ 学生猜谜语。

教师活动	学生活动
	▶ 学生观察案例演示。
教师演示案例，引导学生思考： ①如何获取分数？ 参考答案： 在规定时间内，做出与舞台区相同的手势动作，可以加10分。	▶ 学生思考并回答老师的问题。
3. 项目分析（4分钟） 为更好地理解本次"AR手保健操"的工作原理，需要对项目的实现过程进行简单的分析。 教师引导学生通过回忆案例效果，分析"AR手保健操"的实现过程： 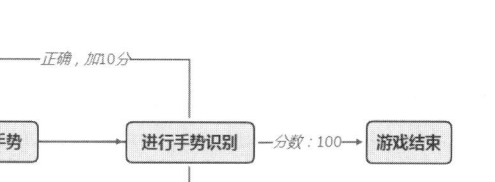 **1）显示目标手势** 舞台区滚动显示手势图片。 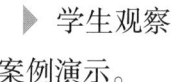 	▶ 学生回忆、梳理程序流程。

教师活动	学生活动

2）进行手势识别

开始进行识别手势。如果手势识别与目标手势动作相符,则加10分;否则,不加分。

3）游戏结束

当分数达到100分时,游戏结束,停止程序。

4. 编程实战（20分钟）

引导学生根据分析结果,通过编程依次实现不同的效果。

1）编程准备

（1）添加背景、角色

①在慧编程中,添加背景Yard;

▶ 学生添加背景、角色,布置舞台区。

②通过造型中的"镜像",给Panda添加造型,并调整角色在舞台上的位置;

③分别添加角色"石头""剪刀""布",调整角色的大小以及在舞台上的位置;

（舞台布局参考）

（2）游戏初始化

游戏开始前,需要完成游戏的初始化。例如:

教师活动	学生活动

背景程序设计：

①新建变量"动作"，用于存放目标动作编号。

②新建变量"手势"，用于存放手势识别的结果。

③新建变量"分数"，用于存放游戏的得分情况。

④Panda的程序设计：当"绿旗"被点击，每0.5秒变换一次造型，不停地左右摇摆。

⑤手势动作的程序设计：当"绿旗"被点击，"石头""剪刀""布"隐藏角色。

参考程序：

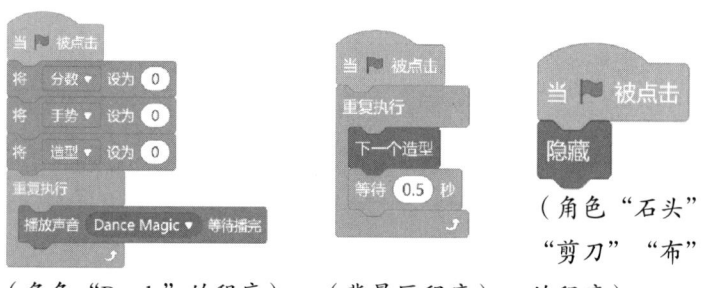

（角色"Panda"的程序）　（背景区程序）　（角色"石头""剪刀""布"的程序）

▶ 学生完成"游戏初始化"的程序编写。

2）显示目标手势

游戏开始后，滚动显示目标手势动作，可以自定义手势图的显示顺序和每个动作的造型序号。例如：

对应的造型序号分别是：

1 ⟶ 2 ⟶ 3

（1）显示第一个目标手势

游戏开始1秒后，显示第一个手势图，从舞台右侧出现滑动到舞台左侧隐藏。例如：第一个出现的目标动作是"石头"。

①进入角色"石头"的程序设计界面，游戏开始后，等待1秒，广播"石头"。

②当接收到广播"石头"，将角色"石头"对应的变量"造型"设为1，并广播"手势判定"，即可以开始进行手势识别。

③在舞台最右侧（参考位置（x:200 y:81））显示角色"石头"，并在4秒内平移到舞台最左侧（参考位置（x:-212 y:81）），再隐藏。

▶ 学生在老师的引导下完成"显示第一个目标手势"的程序编写。

教师活动	学生活动

④1秒后，广播"剪刀"，显示下一个目标手势动作。

参考程序：

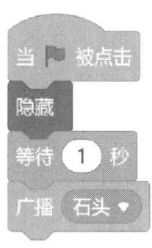

（2）显示后续目标手势

与显示"石头"手势动作的方法类似，分别完成显示"剪刀""布"手势动作的程序。

可根据课堂情况，引导学生自行编写或复制程序。例如：

①当接收到广播"剪刀"时，可将变量"造型"设为2；

②当接收到广播"布"时，可将变量"造型"设为3。

参考程序：

（角色"剪刀"的程序）　　（角色"布"的程序）

▶ 学生完成"显示后续目标手势"的程序，可以采用自行编写或复制程序的方法。

3）进行手势识别

（1）手势识别

进入背景区的程序设计界面，编写程序，进行手势识别。

①添加扩展"人工智能服务"。

②当接收到广播"手势判定"时，开始进行手势识别，时间为2秒。

教师活动	学生活动

参考程序：

（2）判断正误

通过变量"手势"对识别到的手势进行标记，标记值与手势图、手势识别结果的对应关系可参考下表：

▶学生完成"判断正误"的程序编写。

标记值	手势图	手势识别结果
1	石头	拳头
2	剪刀	2
3	布	5

利用变量"手势"与"造型"判断手势匹配是否正确，正确则加10分，错误则不加分。

例如：

①如果手势识别结果为"拳头"，则将变量"手势"设为1；

②如果手势识别结果为"2"，则将变量"手势"设为2；

③如果手势识别结果为"5"，则将变量"手势"设为3；

④如果变量"手势"与"造型"的数值相等，说明手势匹配正确，"分数"增加10。

参考程序：

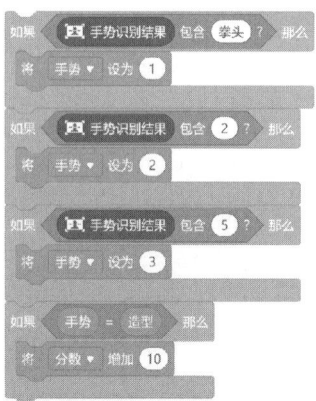

教师活动	学生活动
4）游戏结束 如果分数达到100分，则游戏结束，隐藏目标手势动作、停止程序。例如： ①如果变量"分数"等于100，广播"游戏结束"，并停止所有脚本。 ②分别进入角色"石头""剪刀""布"的程序设计界面，当收到广播"游戏结束"时，隐藏角色。 参考程序： 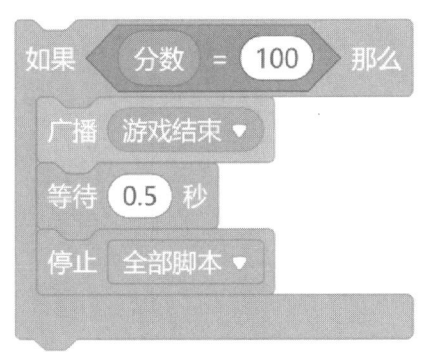 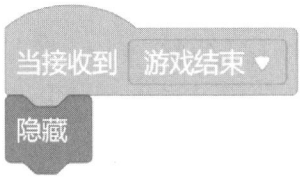 （背景区的程序）　　（角色"石头""剪刀""布"的程序） **5）任务提升** 对学有余力的同学，可以鼓励完成以下任务： 利用"广播""变量"，结合"随机数"的编程知识，实现随机显示目标手势动作的游戏效果。 **5. 展示与反馈（10分钟）** **1）课堂活动** ①组织学生体验其他同学的"AR手保健操"。（参考方式：学生体验同桌的项目） ②鼓励学生表达：在体验到的作品里，觉得有哪些做得好的地方？还有哪些可以改进的地方？这节课有什么收获？ **2）总结回顾** ①以下哪种情况，游戏可以得分？（　　）	▶ 学生编写程序，实现游戏结束时的效果。 ▶ 学生完成拓展任务。 ▶ 学生参加课堂活动，体验其他同学的项目。

教师活动				学生活动
选项	选项	手势图	手势识别结果	学生完成题目，回顾本节课所学内容。
A	1	石头	2	
B	2	剪刀	拳头	
C	3	布	5	
D	4	剪刀	比心	

参考答案：C

②请将以下思维导图补充完整：

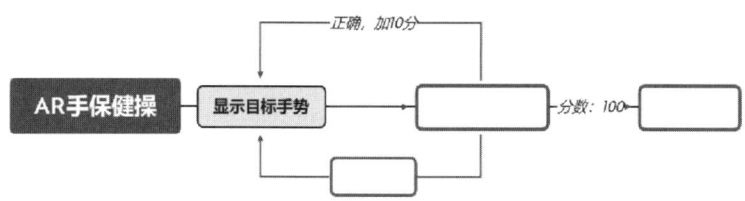

参考答案：（从左到右依次是）错误，不加分；进行手势识别；游戏结束

2.12 石头剪刀布

建议课时：40分钟

◎ **教学目标**

☆ 了解机器学习的特点及其在生活中的主要应用场景；

☆ 知道如何在慧编程中创建机器学习的训练模型，准确识别石头、剪刀、布的手势动作；

☆ 可以正确判断电脑与玩家的游戏输赢；

☆ 能够利用思维导图正确分析"猜拳游戏"的实现过程；

☆ 编写程序，实现"猜拳游戏"的人机互动效果，体验机器学习的应用。

◎ **教学重难点**

重点：了解机器学习的概念，并通过设计"猜拳游戏"，体验机器学习的应用。

难点：在慧编程中创建较准确的机器学习训练模型，知道如何判断游戏输赢。

◎ **课前准备**

教师：准备好装有慧编程软件和摄像头的电脑。

学生：知道如何用慧编程生成随机数。

◎ **教学过程**

教师活动	学生活动
1. 情景导入（2分钟） 通过之前的学习，我们了解到：人工智能可以识别语音、文字、情绪、手势等等内容。除了这些，你还希望计算机可以识别什么东西呢？ 要想计算机识别这么多东西，我们可以来教它。如果我们希望计算机能够识别出宠物狗，需要提供宠物的图片给计算机，并且告诉它这是小狗。这个过程叫"模型训练"。给到计算机的小狗的各个角度的图片越多，模型训练得越好，识别的准确率越高。 完成"训练"后，可以给机器提供另外的小狗图片，来"检验"机器是否真的认识小狗了。若"检验"成功，则可以"应用"这项识	▶ 学生思考并回答问题。

教师活动	学生活动

别技术，让机器来识别更多的宠物狗。

完成"训练""检验""应用"这三个环节的整个过程，叫机器学习。刷脸支付、指纹解锁、识花软件、人机对战等是通过机器学习实现的。

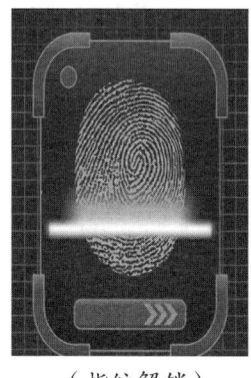
（指纹解锁）
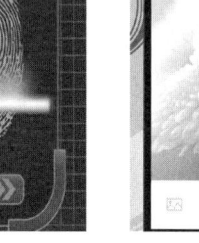
（识花软件）
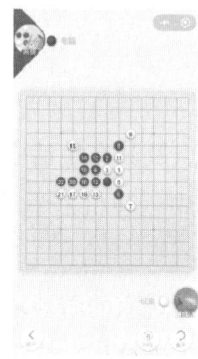
（人机对战）

2. 项目演示（3分钟）

本节课，我们就要通过"机器学习"，制作一款可以人机对战的猜拳游戏。

▶ 学生观察案例演示。

教师演示案例，引导学生思考：

①电脑的出拳顺序是有规律的还是随机的？

参考回答：电脑的出拳顺序是随机的

②石头剪刀布猜拳的输赢规则是什么？

参考回答：石头赢剪刀，剪刀赢布，布赢石头

▶ 学生思考并回答问题。

216

教师活动	学生活动
3. 项目分析（5分钟） 为了更好地了解"猜拳游戏"的工作原理，需要对案例的实现过程进行简单的分析。 教师引导学生通过回忆案例效果，分析"猜拳游戏"的实现过程（教师可边分析边进行操作演示）： 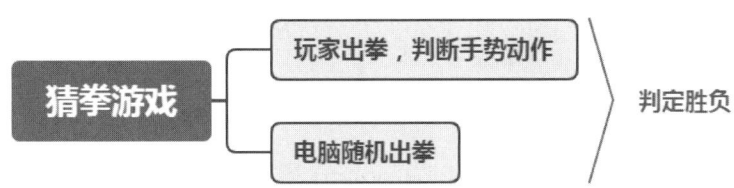 1）玩家出拳，判断手势动作 打开识别窗口，开始出拳，将手势动作与计算机中的石头、剪刀、布三种手势进行匹配，判断的手势结果为计算机中匹配程度最高的动作。 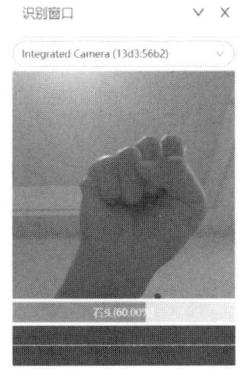 2）电脑随机出拳 按下空格键，计算机随机出石头、剪刀或布中的一种。 3）判定胜负 将识别到的手势结果与计算机中随机出拳的结果相比较，判定胜负，宣布结果。 **4. 编程实战（20分钟）** 引导学生根据分析结果，通过编程依次实现不同的效果。 1）识别手势 （1）添加扩展模块 要进行玩家的手势识别，需要用到扩展中的"机器学习"功能。	▶ 学生在老师的引导下回忆、梳理程序流程。 ▶ 学生添加扩展"机器学习"。

教师活动	学生活动

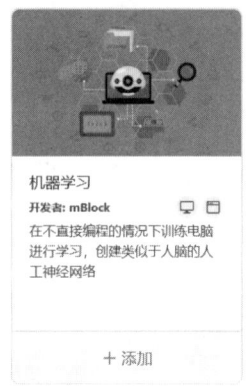

（2）训练模型

首先需要教会计算机什么是"石头"，什么是"剪刀"，以及什么是"布"。

在慧编程中，可以通过机器学习中的"训练模型"，给计算机拍一些照片，告诉它"这就是石头""这就是剪刀""这就是布"，来训练计算机认识不同的手势动作。

具体操作如下：

①点击"机器学习"中的"训练模型"，进入模型训练界面。

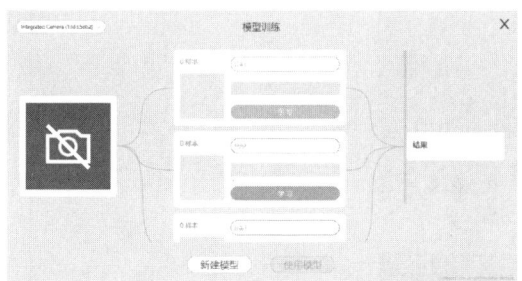

②每个模型默认有三个分类，分别为分类1、分类2、分类3。可自定义每个分类的名称，例如：石头、剪刀、布。分类数量可以自行调整。

▶ 学生按照步骤完成模型训练。

教师活动	学生活动

③打开摄像头，开始模型训练。

例如：训练"石头"分类时，可通过长按该分类的"学习"按钮，开启连拍功能。此时通过摄像头拍摄多角度的"石头"手势。拍照数量越多，样本越多，模型训练的结果越准确。

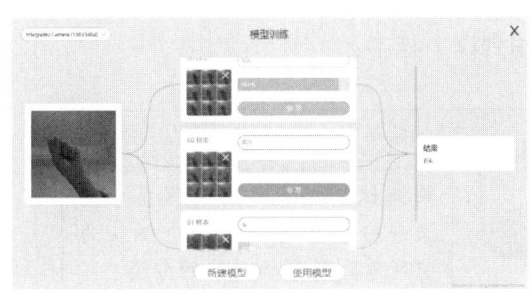

④通过摄像头拍摄手势，测试训练结果，若结果与实际不符，可继续训练，增加样本。

⑤模型训练结束后，点击下方的"使用模型"，则可在程序中使用该模型进行识别。

2）随机出拳

（1）添加角色

删除角色"Panda"，添加角色"石头剪刀布"，可以变换不同的造型。

▶ 学生按要求添加角色。

（2）随机出拳

通过变量与随机数相结合的方法，随机变换角色造型。例如：
①设置开始事件，如：当按下空格键。
②创建变量"出拳"，设置变量值为1到3之间的随机数。
③出拳数值为1、2或3，角色造型分别换成石头、剪刀或布。
参考程序：

▶ 学生完成"随机出拳"的程序编写。

教师活动	学生活动

3）判定胜负

判断手势的识别结果，需要用到以下积木：

积木区	积木	功能
机器学习	识别结果为 石头 ?	判断识别结果是否为模型中的某一分类，可以得到电脑认为它所看到的事物对应的分类

▶ 学生学习机器学习中判断识别结果的新积木。

根据猜拳游戏的规则，判定胜负，宣布猜拳结果。

电脑出拳	识别结果	猜拳结果
石头	石头	平局
	剪刀	电脑赢
	布	玩家赢
剪刀	石头	玩家赢
	剪刀	平局
	布	电脑赢
布	石头	电脑赢
	剪刀	玩家赢
	布	平局

参考程序：

教师活动	学生活动
（电脑出拳为"石头"）　（电脑出拳为"剪刀"）　（电脑出拳为"布"）	▶ 学生完成"判定胜负"的程序编写。

4）任务提升

对学有余力的同学，可以鼓励完成以下任务（可根据学生情况，进行二选一）：

①进一步训练模型，提高识别结果的准确率。

②进一步完善猜拳游戏。如：增加"宣布结果时的动画效果"等。

▶ 学生完成拓展任务。

5．展示与反馈（10分钟）

1）课堂活动

①组织学生体验其他同学的"猜拳游戏"。（参考方式：学生体验同桌的项目）

（2）鼓励学生表达：在体验到的作品里，觉得有哪些做得好的地方？还有哪些可以改进的地方？这节课有什么收获？

▶ 学生参加课堂活动，体验其他同学的项目。

2）总结回顾

①在慧编程中使用机器学习，需要先完成哪一步骤？（　）

A.手势识别　　　　　　　　B.文字识别

C.训练模型　　　　　　　　D.语音识别

参考答案：C

②以下关于"机器学习"的说法错误的是？（　）

A.机器学习是让机器模拟人的学习行为来获取知识，变得更智能

B.机器学习能够使机器学会对物品分类

C.训练模型时，样本越丰富越好

D.训练模型时，提供足够丰富的苹果样本，能使机器识别出所有水果

参考答案：D

▶ 学生完成题目，回顾本节课所学内容。

教师活动	学生活动

③请将以下思维导图补充完整：

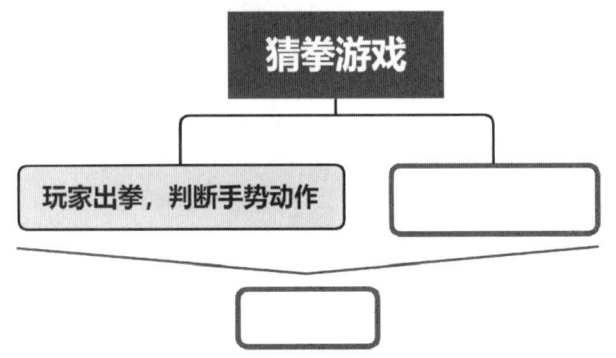

参考答案：（从上到下依次是）电脑随机出拳；判定胜负

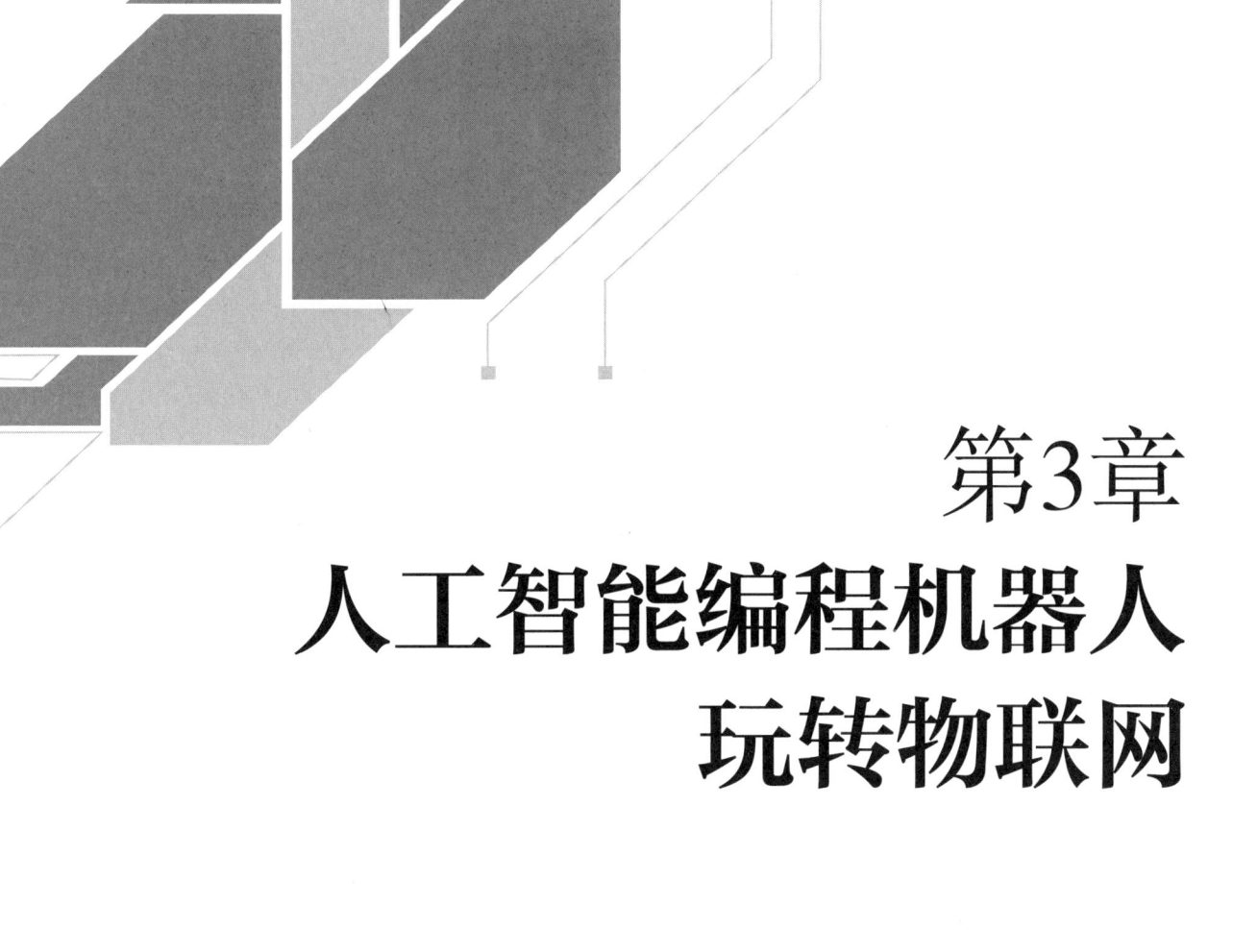

第3章
人工智能编程机器人玩转物联网

3.1 智能垃圾桶

建议课时：90分钟

◎ **教学目标**

☆ 简单了解舵机、超声波传感器和四路颜色巡线传感器的工作原理；

☆ 认识编程主控板童芯派，并能够通过童芯派控制其他传感器；

☆ 知道进行垃圾分类的必要性，可以正确进行垃圾分类；

☆ 可以借助编程和搭建，制作一款能够分类并且自动开盖的智能垃圾桶。

◎ **教学重难点**

重点：知道进行垃圾分类的重要意义；能够通过舵机、超声波传感器和四路颜色巡线传感器进行正确的垃圾识别和分类。

难点：了解舵机、超声波传感器和四路颜色巡线传感器的工作原理，并通过程序进行控制。

◎ **课前准备**

教师：准备好装有慧编程软件的电脑、童心派、超声波传感器、四路颜色传感器、扩展板、舵机、数据线。

学生：能够熟练进行颜色识别和距离识别的逻辑判断，熟练掌握颜色传感器、超声波传感器的使用方法。

◎ **教学过程**

教师活动	学生活动
1. 情景导入（5分钟） 日常生活中，我们每天都会产生各种各样的垃圾。也许是废纸、用完的笔芯；也许是水果核、没吃完的饭菜；又可能是废电池。不同的垃圾需要用不同的方式进行处理，如果可以进行正确的垃圾分类，就可以提高垃圾的资源价值和经济价值，力争物尽其用；处理不当很容易造成资源浪费或环境污染。可以说，垃圾，就是放错位置的资源，每个人都有责任做好垃圾分类的工作。 播放《垃圾分类·家庭篇》的视频资料。	▶ 通过观看视频资料的形式，了解如何进行正确的垃圾分类。

教师活动	学生活动

2. 项目分析（10分钟）

1）头脑风暴

通过上面的视频介绍，我们知道生活垃圾通常可以分为四类，分别是有害垃圾、厨余垃圾、可回收垃圾和其他垃圾。（分类方法见图示）

只是，当我们站到垃圾桶前面才想起来应该拆开袋子重新进行垃圾分类，已经太晚了。

现在以小组为单位，思考、讨论并回答以下几个问题：

① 为了避免下一次到了垃圾桶前，对垃圾进行重新分类的尴尬局面，可以采取什么样的行为措施？

② 在日常家庭生活进行垃圾分类的过程中，可能会遇到什么样的问题？有什么办法可以解决这些问题吗？

经过思考、讨论，可以了解到：在对日常生活垃圾进行分类时，

▶ 从源头进行垃圾分类（如：直接在家里对垃圾进行分类）。

教师活动	学生活动

可能会出现分类错误、垃圾桶不够用、忘记分类等各种各样的问题；同时也集思广益了很多比较有用的方法，比如给垃圾桶贴标签、家庭成员互相提醒监督、在厨房等地方多贴一些分类提醒，还可以借助手机软件协助进行垃圾分类等。

2）项目拆解

教师介绍到，现在就有一款借助高科技手段，能够帮助你正确进行垃圾分类的智能垃圾桶。让我们一起认识认识它吧！

教师可以通过思维导图中的功能拆解，带领学生一起进一步地了解本次项目中"智能垃圾桶"的功能。

▶ 基于现实情况从多方面进行问题思考，对案例进行功能拆解和分析，为项目实现厘清思路。

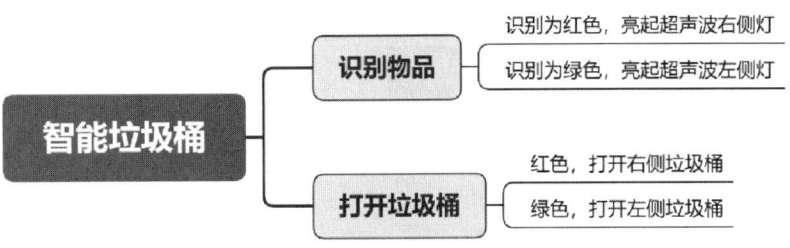

3. 项目准备（45分钟）

1）结构搭建

引导学生完成案例的搭建，使其能够在已有实物的基础上，更加直观地感知到编程对硬件的控制，同时加深对于智能垃圾桶的工程设计核心要素的理解（认识）。

2）编程控制

● 识别物品

识别物品需要利用主控童芯派连接的超声波传感器和四路颜色传感器获得物体的距离和颜色信息实现"识别物体"的效果。所以在本环节中，将会认识到主控童芯派、超声波传感器、四路颜色传感器，并学习如何通过超声波获得物品距离，使用四路颜色传感器获得物体的颜色信息等相关的编程控制内容。

（1）认识童芯派

童芯派是人工智能物联网微型计算机。它集成了全彩显示屏、扬声器、光线、按键、摇杆、灯光等多种元件，同时能够外接其他传感器，很好地获取并呈现各种数据信息。

▶ 结合金属器件和电子硬件完成智能垃圾桶的搭建。

教师活动	学生活动

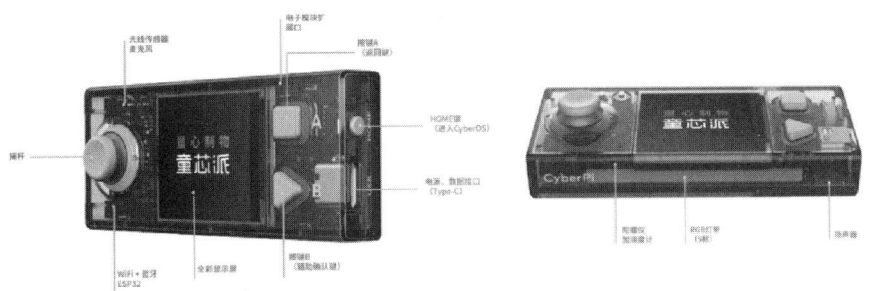

（2）认识超声波传感器

超声波传感器能够检测它与物体之间的距离，左右两侧的超声波探头分别有4颗蓝色灯光的LED灯，可对每颗灯珠分别进行亮度设计。

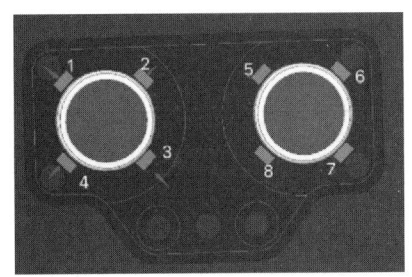

（3）认识四路颜色传感器

四路颜色传感器集合了RGB颜色传感器和巡线状态指示灯为一体的传感器，上面一行为4个RGB颜色传感器，一共可以识别白、红、橙、黄、绿、青、蓝、紫和黑9种颜色；下面一行为4个巡线状态指示灯。

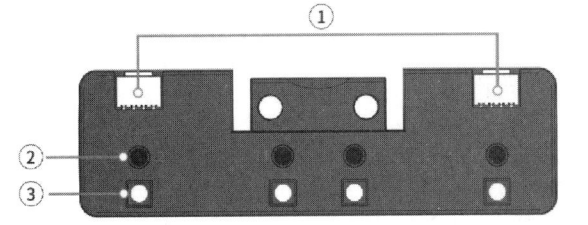

① mBuild 接口
② 光线传感器 × 4
③ 补光灯 × 4

（4）主控连接电脑

需要借助慧编程软件控制硬件获得物体的距离和颜色信息。打开慧编程软件，从"设备库"中选择并添加设备"童芯派"，确保硬件主控为"童芯派"后，点击"连接"完成硬件与软件的连接并选择"在线"模式，从"设备扩展"中选择并添加"新超声波传感器"模块和"四路颜色传感器"模块。

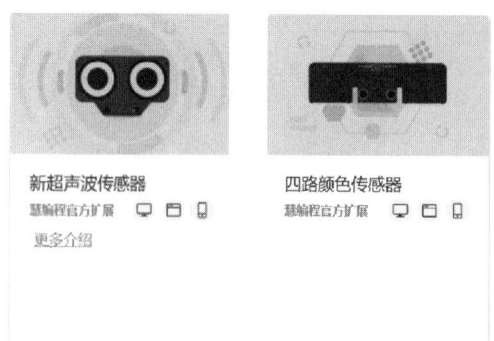

（5）识别是否有物体靠近

智能垃圾桶通过超声波传感器识别到有人靠近后，再进行物品识别。识别是否需有物体靠近需要用到扩展模块"新超声波传感器"的积木。

积木区	积木	功能
新超声波传感器	新超声波传感器 1▼ 与障碍物的距离 (cm)	获取传感器与障碍物之间的距离，数值范围为4—300cm。勾选方框后，"在线"模式下可以实时获得数值
	新超声波传感器 1▼ 将氛围灯 全部▼ 亮度设置为 50 %	灯光亮度积木。设置超声波传感器上指定序号或者全部LED灯的亮度

实践任务：识别物体亮灯

任务要求：当识别到20cm以内有物体时，超声波传感器亮起所有灯。

体验超声波的距离判定，并复习条件判断积木

（6）获得物体的颜色信息

超声波模块识别到有人靠近，四路颜色传感器开始识别物体的颜色，根据结果打开垃圾桶。获得物体的颜色需要使用扩展模块"四路颜色传感器"的积木。

积木区	积木	功能
四路颜色传感器	四路颜色传感器 1 探头 任意 检测到 白 ?（白、红、黄、绿、青、蓝、紫、黑）	条件积木。读取传感器下四路探头中特定的或者任意一个探头的颜色识别结果；颜色判断支持白、黑、红、橙、黄、绿、青、蓝、紫9种颜色

实践任务：识别颜色

任务要求：在20cm以内进行物体识别，如果识别到的是绿色物体，则亮起左侧的超声波传感器。

体验四路颜色传感器的颜色识别，掌握判断条件的嵌套。

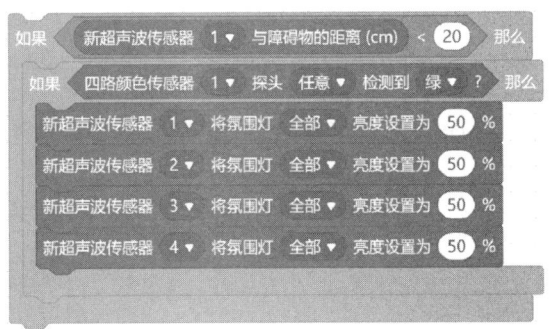

● 打开垃圾桶

实现"打开垃圾桶"的效果，需要童芯派通过扩展板控制舵机进行角度的变化。所以在本环节中，将会认识扩展板、舵机，并学习控制舵机角度等相关的编程控制内容。

（1）认识扩展板

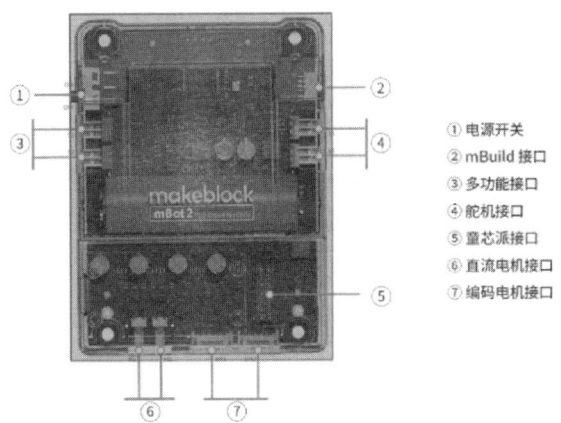

① 电源开关
② mBuild接口
③ 多功能接口
④ 舵机接口
⑤ 童芯派接口
⑥ 直流电机接口
⑦ 编码电机接口

| 教师活动 | 学生活动 |

可将童芯派主控板与扩展板连接，用于给童芯派供电。连接后有很多扩展的接口，其中包括4个多功能接口、2个直流电机接口、2个编码电机接口等。其中单个mBulid接口可以通过串联的方式连接多个传感器。

（2）认识舵机

舵机支持结构转动0~180°的执行部件，可以通过编程控制舵机转动到指定的角度。

（3）控制舵机角度

需要添加新的"mBot2扩展"模块控制舵机角度，通过角度的变化实现智能垃圾桶开合的效果，需要利用到以下积木块：

积木区	积木	功能
mBot2扩展接口	舵机 全部 设置角度为 90	设置舵机转动的角度。一次最多可以连接4个舵机。数值范围为：0~180°

实践任务：识别到绿色打开垃圾桶。

任务要求：舵机初始状态为0°，当识别到绿色物体时，左侧的超声波传感器亮灯，并且通过将舵机设置为90°，实现舵机控制垃圾桶开合。

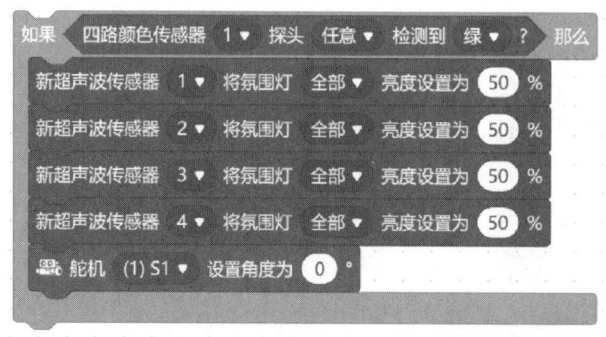

教师活动	学生活动

此环节将项目中的硬件学习与编程知识进行对应，在认识硬件的同时，学习对应的程序控制方式，初步感知硬件编程的操作过程，了解软硬件的控制方式。

4. 项目实现（15分钟）

1）程序设计

在上一环节已经通过编程实现了：在"在线模式"下，识别到绿色物体时，亮起超声波传感器左侧的4个灯，同时旋转对应的舵机角度。

现在，请在已有功能的基础上，完善程序，实现以下效果：

①童芯派启动时，舵机的初始角度设为90°；

②在10cm以内识别到红色物体时，超声波传感器给出灯光提示，同时对应旋转舵机的角度。例如：亮起超声波传感器右侧的4个灯，同时旋转对应的舵机角度；

③如果10cm以内没有识别到物体或者物体的识别距离超过10cm时，超声波传感器和舵机恢复到初始状态。

参考程序：

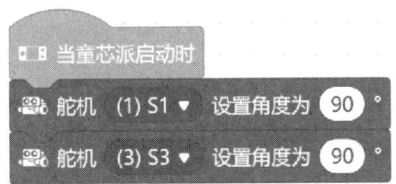　

（设置初始状态）　　　　（检测到红色物体）

（恢复到初始状态）

提示 程序完成之后，将慧编程切换为"上传模式"，把程序上传至童芯派，进行离线使用。

2）测试效果

尝试通过人为操作，影响物体的识别、桶盖的开合情况，调试智能垃圾桶的最终效果。

5. 项目展示（13分钟）

1）以小组为单位进行作品展示

▶ 在学习基础的编程知识之后，调整已搭建好的结构，而后再进一步进行程序设计的完善和效果测试。

教师活动	学生活动
可以参考以下两种方式引导学生进行作品介绍： 问答式：作品主要有什么功能？为什么这么设计？小组成员是如何分工的？在学习和制作的过程中有没有遇到什么问题？问题是否解决了？作品还有哪些可以优化的地方？ 陈述式：作品叫_____，起这个名字的原因是_____，它的功能有_____，小组成员是_____，每个人的工作分工是_____，制作过程中遇到的问题有_____，解决方法是_____，觉得作品还能改进的地方是_____。 2）其他学生进行评价补充 其他学生可以评价展示的项目，或可将自己的项目与展示的项目进行对比说明。 引导学生进行作品的自主展示和介绍，同时鼓励其他学生进行作品点评。在引导学生敢于自我表达的同时，帮助学生学会发现问题，寻找解决办法，最终能够找到作品优化方向。 **6. 课堂总结（2分钟）** 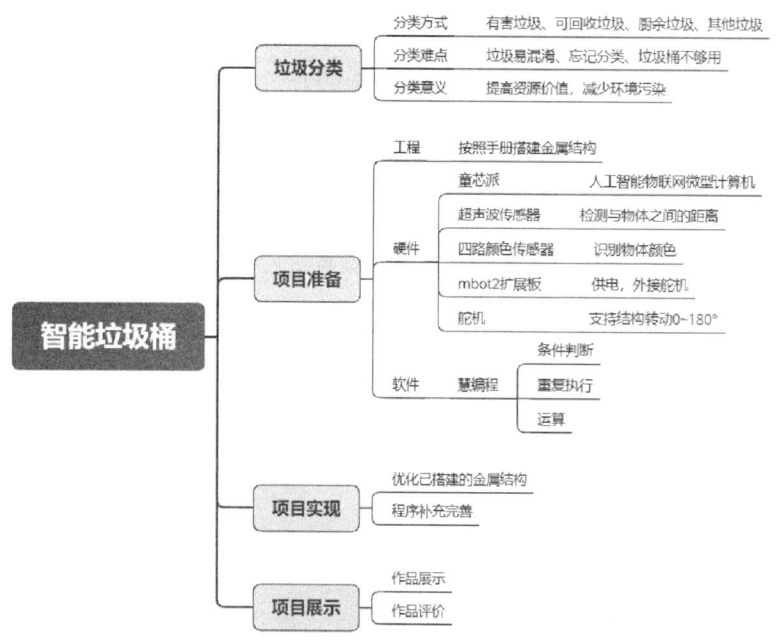	▶ 通过思维导图的形式，梳理本次课程的学习内容，回顾整节课的学习过程。

3.2 智控窗帘

建议课时：90分钟

◎ **教学目标**

☆认知编码电机，并能够通过编程控制运动的速度和时间；

☆认识光线传感器，知道如何通过光线传感器获取环境光数据；

☆能够掌握使用童芯派进行Wi-Fi连接，并能够结合文字表示网络连接状态；

☆了解语音识别的概念和主要应用场景，能够使用语音识别积木进行语音判断；

☆了解智控窗帘的多种控制方式，并能够结合智控窗帘的搭建结构选择合适的控制方式。

◎ **教学重难点**

重点：理解编码电机的转速和动力的正负值表示不同的方向。在网络连接的状态下使用语音识别积木，并能够对语音识别结果进行判断。

难点：理解变量标记窗帘状态，并能够结合童芯派的按键进行窗帘的开关控制。

◎ **课前准备**

教师：准备好装有慧编程软件的电脑，童心派、编码电机、光线传感器和USB连接线等。

学生：可以正确连接童心派、编码电机，熟练运用变量等编程方法。

◎ **教学过程**

教师活动	学生活动
1. 情景导入（5分钟） 在生活中窗帘不可或缺，随处可见。可是在2020年武汉某小区的一条窗帘却频繁登上热搜，牵动人心，全国网友都在关心房主的健康；到武汉封城结束，房主健康归来，并把这条窗帘捐赠给了湖北省博物馆，作为承载着全国网友对武汉疫情的关注与关心的证物被永久收藏。 因为主人的粗心，导致这条网红窗帘的出现。换个角度想一想，如果房子的主人安装了智控窗帘，虽然人远在他乡，但只需要通过手	▶ 观看视频详细了解。

教师活动	学生活动

机App就可以关闭窗户是不是就不会出现这种情况了呢。

2. 项目分析（10分钟）

1）头脑风暴

从之前课程的智能家居中我们了解到智控窗帘可以通过多种方式进行控制，还可以根据天气进行开合程度的调节，观看视频，想一想一共有哪几种控制窗帘开关的方式？

播放《智控窗帘》视频。

现在以小组为单位，思考、讨论并回答以下几个问题：

①视频中呈现了几种控制窗帘的方式？分别是什么？

②除了以上几种控制方式，你还能想到其他的吗？举例说明。

③你希望智控窗帘还具备哪些功能呢？为什么？

经过思考、讨论，可以了解到：智控窗帘能够通过智能音箱、手机App、语音等方式进行控制，还可以根据太阳光线、日落时间自动调整开合程度。

让我们动手制作一个可以语音控制，并且能够根据光线强度进行开合程度调整的智控窗帘。

2）项目拆解

教师可以借助"智控窗帘"的思维导图，带领学生一起拆解"智控窗帘"的各部分功能。

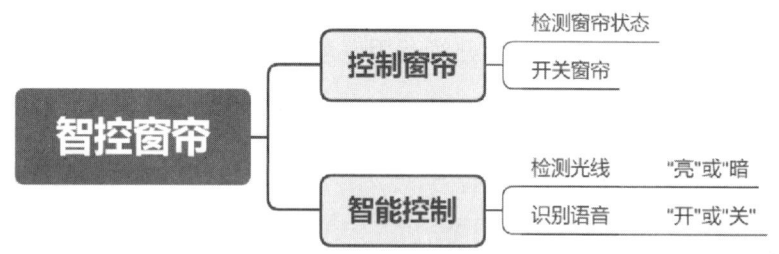

3. 项目准备（45分钟）

根据参考手册完成金属结构的搭建，结合智控窗帘金属结构认识硬件，学习相关的编程控制方式。

1）结构搭建

引导学生完成案例的搭建，使学生能够在已有实物的基础上，更加直观地感知到编程对硬件的控制，同时加深学生对于智控窗帘的工

▶ 小爱语音控制、开合比例控制、定时开合控制、手机APP控制、联动场景控制。

▶ 停电可手拉、遥控控制。

▶ 学生基于现实情况从多方面进行问题思考，对案例进行功能拆解和分析，为项目实现厘清思路。

▶ 结合金属器件和电子硬件完成智控窗帘的搭建。

| 教师活动 | 学生活动 |

程设计核心要素的理解。

2）编程控制

● 控制窗帘

控制窗帘需要利用人工智能编程机器人的主控童芯派连接编码电机，然后通过控制编码电机的运动实现窗帘开关的效果。所以在本环节中，将会初步认识编码电机的工作原理，学习编码电机运动的相关编程内容。

（1）认识编码电机

编码电机采用光电编码器，可以高精度控制。它可以灵活地和各种其他零件组合使用，机身三面各有两个M4螺纹孔可以方便和Makeblock平台机械件进行连接固定。同时，由于使用定制材料，此款电机运行时噪音小，并可以长时间大扭矩输出。

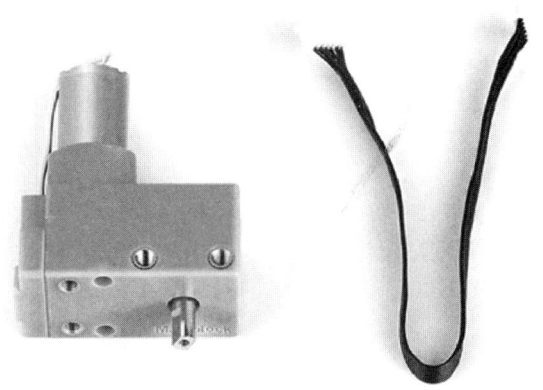

（2）mBot2主控连接电脑

使用USB线连接电脑与智控窗帘结构。打开慧编程软件，确保硬件主控为"童芯派"，从"设备扩展"中选择并添加"mBot2"模块，选择"在线"模式，并点击"连接"，完成硬件与软件的连接。

（3）检查当前窗帘状态

在进行开关窗帘之前，需要先检测当前窗帘所处的状态。比如窗帘为"开"，才能够执行关闭窗帘的操作，同样在窗帘处于"关"的状态，才能够进行打开窗帘的操作。我们通过新建变量"状态"，并使用数字"0"和"1"表示当前窗帘状态，如下所示：

教师活动			学生活动
积木区	积木	表示	
变量	将 状态▼ 设为 0	表示窗帘处于关闭状态	
	将 状态▼ 设为 1	表示窗帘处于打开状态	

▶ 当童芯派启动，需要设置变量"状态"的初始值。

（4）控制编码电机运动

通过编码电机的运动控制窗帘的开关，而控制编码电机的运动需要使用以下积木：

积木区	积木	功能
mBot2底盘	编码电机 左轮(EM1)▼ 转动以 50 转速(RPM)▼ 持续 1 秒	选择电机连接接口，转速（动力）控制电机的运动，转速取值范围为-200~200，动力取值范围为-100~100；时间表示编码电机运动时长，正负表示方向。

实践任务：控制窗帘开关

任务要求：单击"↑"打开窗帘，单击"↓"关闭窗帘。

▶ 注意：转速和动力的正负值表示运动方向，需要经过测试确认。

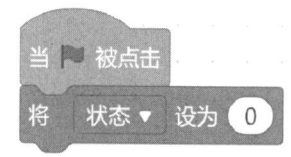

▶ 打开窗帘，编码电机的转速正负值，取决于编码电机的安装位置，需要经过测试确认。

• 智能控制

通过光线和语音控制智控窗帘的开关，需要使用到童芯派的光线传感器与人工智能语音识别技术。所以在本环节中将会了解语音识别技术的概念，体验语音识别技术，学习光线传感器和语音识等相关的编程控制知识。

（1）认识光线传感器

光线传感器是基于半导体的光电效应原理所开发的，可用来对周围环境光的强度进行检测，取值范围为0~100。

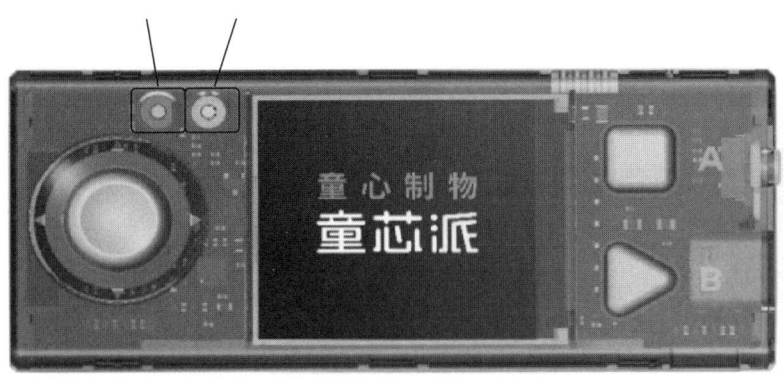

（2）感知环境光强度

有两种方式可以获得当前环境光强度，一种为事件类积木，多用于光线数值的判断，另一种为感知类积木，可以实时获得当前光线的值。具体积木如下表：

积木区	积木	功能
事件	当 光线▼ 读值 > 50 时	当检测到光线数值大于50后执行之后的程序。下拉选项可以选择声音、摇晃程度、计时器
感知	☐ 环境光强度	获取周围环境光的亮度，数值为0~100，亮度越高，数值越大。勾选方框，舞台上看到亮度的数值

实践任务：光线控制开关

任务要求：当环境光亮度大于60时，打开窗帘，当环境光小于60时，关闭窗帘。注意检测当前窗帘状态。

体验两种积木达成同样的效果，使学生能够根据要求选择合适积木完成任务。

方式一："事件类"积木

方式二："感知"类积木

教师活动	学生活动
（程序积木图）	

（3）童芯派连接网络

童芯派需要在联网状态下才能进行语音识别，所以需要先将慧编程的编程模式切换为"上传"模式，然后连接指定的Wi-Fi网络。连接Wi-Fi网络需要使用以下积木：

积木区	积木	功能
人工智能	开始连接无线网络 ssid 密码 password	连接到指定无线网络
	网络已连接？	如果网络已连接，报告条件成立
控制	等待	等待指定条件成立，执行其后程序

（4）体验童芯派语音识别功能

语音识别技术能够将人发送的语音进行识别，转化为文字，让机器明白你说的是什么。日常生活中使用到的语音转文字、语音翻译、听歌识曲、手机语音助手等各种应用，都是根据"语音识别"功能实现的。

使用童芯派进行语音识别，并且显示语音识别结果，需要用到以下积木：

教师活动			学生活动
积木区	积木	功能	
人工智能	识别 (1)普通话▼ 3 秒	能够将语音转为文字,可以识别普通话、英语等12种语言;时长表示通过麦克风发送的需要识别语音内容的时间	
	语音识别结果	语音识别结果,能够提供每一次语音识别的结果	
显示	显示 正在连接网络 在 屏幕中心▼ ,以 (16)中▼ 像素	在显示屏上显示内容。可以通过下拉选项设置显示位置,如屏幕中心、顶部居中等九个位置,同样可以设置字体大小	
	清空显示屏	清除积木。清除显示屏上已有的内容	

实践任务:显示识别语音内容

任务要求:连接指定Wi-Fi网络。每当声音响度大于60时,播放声音"嗨",然后进行语音识别,并将语音识别结果以文字形式显示在屏幕上。

体验童芯派的语音识别功能,加强学生对人工智能模块类积木使用必须连接网络的认知。

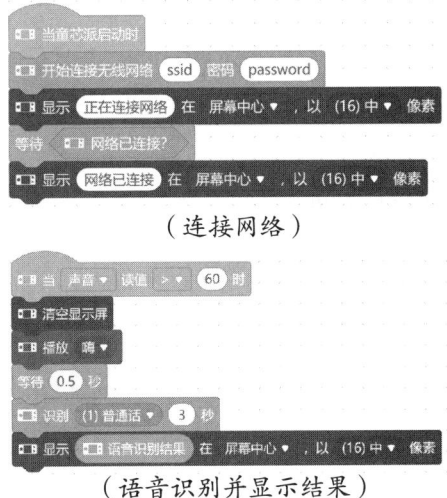

(连接网络)

(语音识别并显示结果)

(5)判断语音识别结果

通过语音控制窗帘的开关需要检测识别结果中是否包含"开"、

▶ 技巧:在播放提示音后,等待0.5秒,可以摒弃提示音的干扰,还可以留出反应时间,提高语音识别准确率。

"关"等文字，这需要用到以下积木：

积木区	积木	功能
运算	苹果 包含 果 ?	判断积木，如果文字"苹果"中包含文字"果"返回肯定值

此环节将项目中的硬件学习与编程知识进行对应，感知硬件编程的操作过程，了解软硬件的控制方式，并且在编程学习中体验并学习人工智能中的语音识别技术。

4. 项目实现（15分钟）

在已搭建的智控窗帘的结构上，完善"智控窗帘"的程序设计，并测试效果。

1）程序设计

在上一环节已经通过编程实现了：在"上传模式"下，童芯派连接互联网进行语音识别并在屏幕上显示识别结果，根据当前环境光的强度控制电机运动，进而达到开关窗帘的效果。

现在，请在已有功能的基础上，完善程序，实现以下效果：

①童芯派启动时，自动连接网络，并以文字提示当前网络状态，如正在连接、连接成功。

②通过变量"状态"表示当前窗帘的开关状态。

③光线控制窗帘。

④语音控制开关。

参考程序：

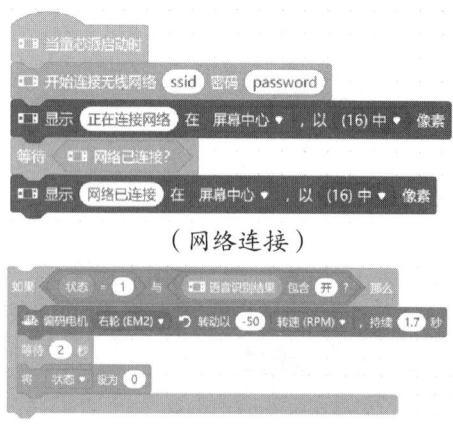

（网络连接）

（语音控制）

> **提示** 程序完成之后，把程序上传至童芯派，进行离线使用。

教师活动	学生活动

2）测试效果

尝试更改光线（用手遮挡）和语音内容调试优化程序。

在学习基础的编程知识之后，调整已搭建好的结构，而后再进一步进行程序设计的完善和效果测试，可以在一定程度上帮助学生持续保持对项目的探索兴趣，更好地达成学习目标。

5．项目展示（13分钟）

以小组为单位进行作品展示和评价。

1）以小组为单位进行作品展示

可以参考以下两种方式引导学生进行作品介绍：

问答式：作品主要有什么功能？为什么这么设计？小组成员是如何分工的？在学习和制作的过程中有没有遇到什么问题？问题是否解决了？作品还有哪些可以优化的地方？

陈述式：作品叫_____，起这个名字的原因是_____，它的功能有_____，小组成员是_____，每个人的工作分工是_____，制作过程中遇到的问题有_____，解决方法是_____，觉得作品还能改进的地方是_____。

2）其他学生进行评价补充

其他学生可以评价展示的项目，或可将自己的项目与展示的项目进行对比说明。

引导学生进行作品的自主展示和介绍，同时鼓励其他学生进行作品点评。在引导学生敢于自我表达的同时，帮助学生学会发现问题，寻找解决办法，最终能够找到作品优化方向。

6．课堂总结（2分钟）

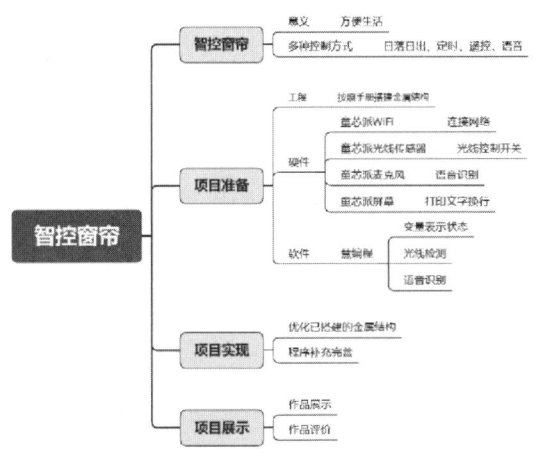

▶ 通过思维导图的形式，梳理本次课程的学习内容，回顾整节课的学习过程。

3.3　智趣笔筒

建议课时：90分钟

◎ **教学目标**

☆能够掌握使用童芯派进行Wi-Fi连接，并能够结合文字表示网络连接状态；

☆学会使用气象数据积木获取指定地区的天气和空气质量等数据，并能够利用屏幕显示数据信息；

☆初步理解语音合成的概念，能够使用童芯派播放天气提示；

☆能够设计一个可以查询天气和娱乐游戏的多功能智趣笔筒。

◎ **教学重难点**

重点：理解语音合成的概念并能够使用童芯派进行语音提示；童芯派在网络连接的状态下获取气象数据。

难点：能够根据识别到的语音结果调用相对应的程序，实现智趣笔筒功能。

◎ **课前准备**

教师：准备好装有慧编程软件的电脑、童芯派、显示屏、Wi-Fi网络、USB连接线。

学生：可以将金属器件与电子硬件结合完成搭建，熟练运用语音合成、语音识别等模块。

◎ **教学过程**

教师活动	学生活动
1. 项目导入（5分钟） 你的身边有没有"小爱""小度""天猫精灵"这样的小伙伴存在呢？它们作为智能音箱在日常生活中可以帮助定闹钟、查询天气、播放音乐，是我们家中必不可少的成员。那么当一个家中出现多个小伙伴，会出现什么情景呢？ 播放《智能音箱》的视频资料。	▶ 观看视频详细了解。

| 教师活动 | 学生活动 |

通过图文的形式，引出"智能音箱"的主题；通过观看视频资料的形式，了解智能音箱形式的变化为后续的课程做铺垫。

2. 项目分析（10分钟）

1）头脑风暴

智能音箱不仅能够查询天气、控制家中的电器，还可以跟它进行对话聊天，给我们的生活带来了很大的便利。笔筒是学习时的好伙伴，但是它只能放置我们的文具用品，功能有些单一。不过我们可以使用mBot2将笔筒与智能音箱结合做一个又有趣又智能的智趣笔筒，使它既能够放置文具用品，又能具有智能化的效果。那么你希望这个智趣笔筒都具有哪些功能呢？

现在以小组为单位，思考、讨论并回答以下几个问题：

①你想让智趣音箱帮你做什么事情呢？请举例说明。

②你希望智趣音箱还可以有哪些有趣的功能呢？请举例说明。

经过思考、讨论，可以了解到：智趣音箱可以通过语音查询天气情况，使用番茄计时法，还可以在我们学习烦闷的时候讲笑话、玩游戏。

2）项目拆解

接下来，我们就一起制作一款有趣又智能的智趣笔筒。

教师可以借助"智趣笔筒"的思维导图，带领学生一起拆解"智趣笔筒"的功能。

▶ 查询天气情况，讲笑话、玩游戏等。

▶ 引导学生基于现实情况从多方面进行问题思考，对案例进行功能拆解和分析，为项目实现厘清思路。

| 教师活动 | 学生活动 |

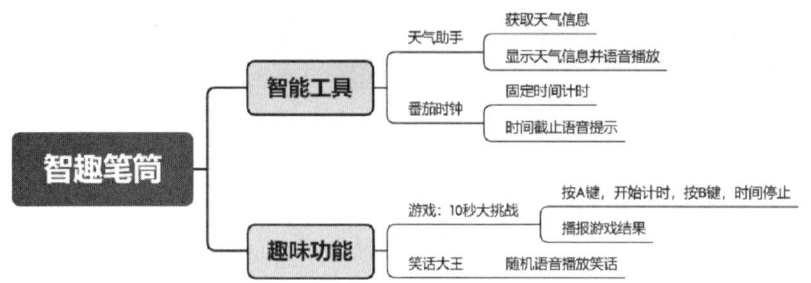

3．项目准备（45分钟）

根据参考手册完成金属结构搭建，结合智趣笔筒金属结构认识硬件，学习相关的编程控制方式。

1）结构搭建

引导学生完成案例的搭建，使学生能够在已有实物的基础上，更加直观地感知编程对硬件的控制，同时加深学生对于智趣笔筒的工程设计核心要素的理解。

▶ 将金属器件与电子硬件结合完成智趣笔筒的搭建。

2）编程控制

● 智能工具之天气助手

天气助手需要mBot2主控童芯派连接网络，然后将获取指定地区的天气信息以文字的形式显示在显示屏上，并使用童芯派语音播报天气信息。所以在本环节中，将会了解将文字转为语音的语音合成技术，学会使用气象数据积木获取所需的天气信息、能够控制童芯派播放语音、显示屏打印文字等相关的编程知识。

（1）认识语音合成技术

语音播报需要童芯派将文字转换为语音，这种将计算机自己产生的、或外部输入的文字信息转变为可以听得懂的、流利的口语输出技术叫做TTS（text to speech）技术，属于人工智能语音合成。如智能音响小爱、手机助手Siri都是使用语音合成技术，实现了机器与人的语音沟通。

（2）连接mBot2主控与电脑

打开慧编程软件，从"设备库"中选择并添加设备"童芯派"，确保硬件主控为"童芯派"，将童芯派与电脑相连，选择"上传"模式，并点击"连接"，完成硬件与软件的连接。

（3）获取气象数据

童芯派连接指定Wi-Fi网络后，获得指定地区的天气数据，需要用到以下积木：

积木区	积木	功能
物联网	地区 最高气温 (℃) ▼	单击"城市"，输入需要查询的城市拼音，下拉选项中选择对应的城市，点击"确定"即完成了目标城市的选择。可查询该城市的最高和最低气温（数字）、天气（英文）、湿度等

设置气象数据查询城市：

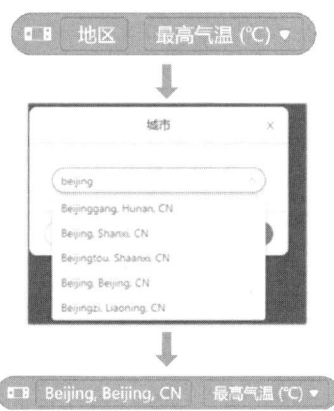

（4）显示屏打印当前天气

童芯派获得原始气象数据的天气信息是英文，所以还需要积木将其翻译为中文并在显示屏上进行显示，需要用到以下积木：

积木区	积木	功能
人工智能	将 hello 译为 中文 ▼	可以将输出的文字翻译为指定语言，输出对应的文字
显示	打印 makeblock 并换行	显示屏上显示自定义内容，并换行显示下一条内容
显示	显示屏朝向 (-90°) 倒置 ▼ 方向	设置显示屏朝向，其中90°为默认文字朝向，-90°为倒置朝向。设置朝向后，更改文字或者图标显示方向
运算	连接 苹果 和 香蕉	用于连接两个字符形成一个新的字符，如"苹果香蕉"

```
北京
天气：晴转多云
最高气温：30
```

教师活动	学生活动

实践任务：智趣笔筒显示屏显示天气与温度（中文）。

任务设计意图：设置显示屏朝向正确显示文字信息，重点为"连接字符"积木块的熟悉与使用。

（5）朗读当前天气情况

童芯派朗读天气情况，需要使用到以下积木：

积木区	积木	功能
人工智能	朗读 自动识别 hello world	朗读内容可以自行设置。内容朗读结束后，才开始执行后面的程序。可自动识别中英文

▶ 两个温度的区别为℃为摄氏度，°F为华氏温度，我国使用摄氏度作为计量单位。

实践任务：天气播报

任务要求：语音识别到"天气"，播放北京地区的气温和天气情况。

任务设计意图：通过识别语音内容然后执行相应的操作，与智趣笔筒进行对话互动，体验人工智能语音合成技术。

● 趣味功能之10秒大挑战

当语音识别结果中包含"挑战"时，唤醒10秒大挑战游戏功能，根据屏幕显示文字提示进行游戏，按下A键，显示屏从0秒开始计时，按下B键，计时停止。判断当前时间是否为10秒，根据游戏结果进行语音播报。所以在本环节将会学习如何使用计时器，检测按键状态等相关编程知识。

| 教师活动 | 学生活动 |

(1) 检测按键状态

游戏的开始和停止根据检测按键A、B的状态进行控制，当检测到按键A被按下，计时器从0开始计时，显示屏显示时间，直到检测到按键B被按下，时间停止，检测当前时间是否等于10.000。检测按键状态需要使用到以下积木：

积木区	积木	功能
感知	按键 A▼ 被按下？	检测按键是否被按下，如果按下返回肯定值

(2) 制作计时器

检测到按键A被按下后计时器归零，并且变量"时间"为当前计时器的值，直到B键按下，变量时间为按键按下时计时器的值。计时器控制需要使用到以下积木：

积木区	积木	功能
感知	重置计时器	计时器归零
	☑ 计时器 (s)	以秒为单位，精确到小数点后三位。勾选方框，在线模式下舞台显示计时器值

实践任务：秒表制作

任务要求：A键按下后，开始计时，10秒后给出提示音。

任务设计意图：重复执行直到判断积木的使用，只有检测到A键被按下后才开始计时。

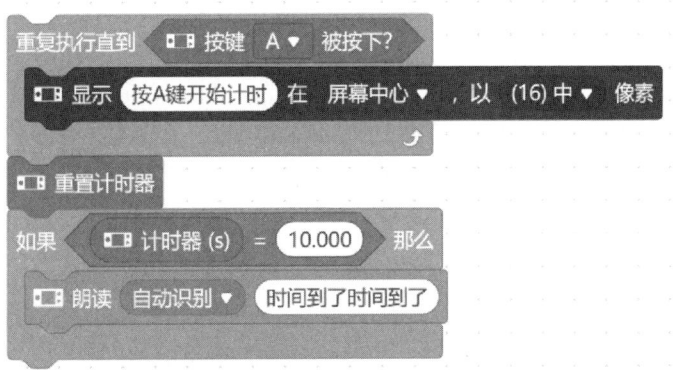

| 教师活动 | 学生活动 |

此环节部分将项目中的硬件学习与编程知识进行对应，感知硬件编程的操作过程，了解软硬件的控制方式，并且在编程学习中体验人工智能中语音合成技术。

4. 项目实现（15分钟）

在已搭建的智趣笔筒的结构上，完善"智趣笔筒"的程序设计，并测试效果。

1）程序设计

在上一环节已经通过编程实现了：天气助手和10秒大挑战游戏。在"上传模式"下，童芯派连接互联网获得气象数据，显示屏显示当前的地区的气象数据，按下按键A开始10秒大挑战游戏。

现在，请在已有功能的基础上，完善程序，实现以下效果：

①童芯派启动时，自动连接网络，是用文字表示网络状态。

②当声音响度大于50后，开始语音识别，并且设置关键词用于智能工具和趣味功能的唤醒，如识别到"天气"，唤醒天气助手。

③智能工具为天气助手、番茄时钟，趣味功能为笑话大王、10秒大挑战。

参考程序：

（网络连接）

（10秒大挑战）

提示 程序完成之后，把程序上传至童芯派，进行离线使用。

2）测试效果

检测特定语音是否能够调动预先设置功能，调试智趣笔筒的最终效果。

在学习基础的编程知识之后，调整已搭建好的结构，而后再进一步进行程序设计的完善和效果测试，可以在一定程度上帮助学生持续保持对项目的探索兴趣，更好地达成学习目标。

5. 项目展示（13分钟）

以小组为单位进行作品展示和评价。

1）以小组为单位进行作品展示

可以参考以下两种方式引导学生进行作品介绍：

问答式：作品主要有什么功能？为什么这么设计？小组成员是如何分工的？在学习和制作的过程中有没有遇到什么问题？问题是否解决了？作品还有哪些可以优化的地方？

陈述式：作品叫_____，起这个名字的原因是_____，它的功能有_____，小组成员是_____，每个人的工作分工是_____，制作过程中遇到的问题有_____，解决方法是_____，觉得作品还能改进的地方是_____。

2）其他学生进行评价补充

其他学生可以评价展示的项目，或可将自己的项目与展示的项目进行对比说明。

引导学生进行作品的自主展示和介绍，同时鼓励其他学生进行作品点评。在引导学生敢于自我表达的同时，帮助学生学会发现问题，寻找解决办法，最终能够找到作品优化方向。

6. 课堂总结（2分钟）

回顾本次课程的学习内容。

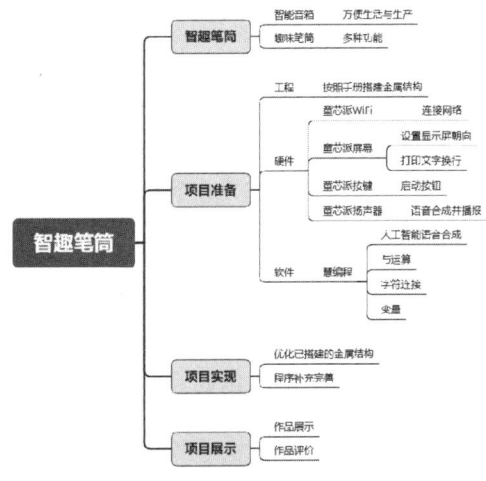

▶ 通过思维导图的形式，梳理本次课程的学习内容，回顾整节课的学习过程。

3.4 物联网小车

建议课时：90分钟

◎ **教学目标**

☆ 理解超声波传感器的工作原理；

☆ 能够使用角色的"人工智能服务"模块的语音识别积木并进行语音判断；

☆ 知道帐号云广播的原理，熟练使用帐号云广播进而实现角色和硬件之间互动；

☆ 能够根据搭建手册正确搭建mBot2小车形态，并且能够通过舞台控制mBot2小车的运动。

◎ **教学重难点**

重点：通过对编码电机的时间和动力进行编程，完成前进后退等多种运行方式；成功调用角色"人工智能服务"模块中的语音识别功能。

难点：掌握通过帐号云广播的接收和发送广播积木实现上传模式下的角色与mBot2硬件的互动。

◎ **课前准备**

教师：准备好装有慧编程软件的电脑、mBot2小车、Wi-Fi网络、USB连接线。

学生：可以将金属器件与电子硬件结合完成搭建，熟练运用语音识别、账号云广播等模块功能。

◎ **教学过程**

教师活动	学生活动
1. 情景导入（5分钟） 物联网是将各种信息传感器和互联网结合起来形成的巨大网络，可以实现任何时间地点人机物之间的互联互通。大到整个城市、楼房、汽车，小到一部手机、一块手表甚至一把钥匙，只要在里面嵌入一个感应器，这个物品就可以随时和你"对话"，也可以和其他物品"交流"。本节课将使用物联网把mBot2小车与电脑进行互联互通，mBot2接受电脑发出的指令进行前进，并且将检测的障碍物情况返回给电脑，实现数据的交换，达到电脑控制mBot2小车的效果。	▶ 复习物联网的概念，引出本节课的案例。

教师活动	学生活动
2. 项目分析（10分钟） **1）头脑风暴** 要制作一个物联网小车，实现电脑控制mBot2小车进行移动的效果，我们都需要做什么呢？ 现在以小组为单位，思考、讨论并回答以下几个问题： ①电脑和小车通过什么通信技术进行信息的交流？举例说明。（提示：蓝牙、Wi-Fi、） ②可以使用电脑键盘控制小车行进，那还有其他控制方式吗？举例说明。 ③物联网小车都可以用在哪些领域内呢？分别能帮助我们做那些事情呢？ 经过思考、讨论，可以了解到：可以使用蓝牙和Wi-Fi技术将mBot2小车与电脑连接形成物联网，进行信息的交流，可以通过电脑的键盘、鼠标、语音等方式控制物联网小车行进。 **2）项目拆解** 现在就有一款可以通过Wi-Fi连接，使用电脑识别语音进而控制的物联网小车。 教师可以借助"物联网小车"的思维导图，带领学生一起拆解"物联网小车"的功能。 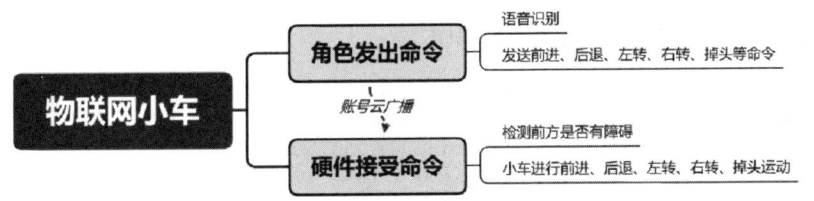 **3. 项目准备（45分钟）** 根据手册完成金属结构搭建，结合物联网小车金属结构认识硬件，学习相关的编程控制方式。 **1）结构搭建** 引导学生完成案例的搭建，使学生能够在已有实物的基础上，更加直观地感知到编程对硬件的控制，同时加深学生对于物联网小车的工程设计核心要素的理解。	▶ 从日常生活着手思考。 ▶ 学生基于现实情况从多方面进行问题思考，对案例进行功能拆解和分析，为项目实现厘清思路。

教师活动	学生活动
2）编程控制 ● 角色发出命令 角色发出命令需要利用到慧编程中角色的语音识别功能获得语音内容得到小车运动命令，然后利用帐号云广播发送命令。所以在本环节，将会学习角色的语音识别功能，帐号云广播的发送和接收的相关编程内容。 （1）角色添加语音识别功能 打开慧编程软件，点击"角色"标签，切换到角色编辑区，从"设备扩展"中选择并添加"人工智能服务"模块和"帐号云广播"模块。 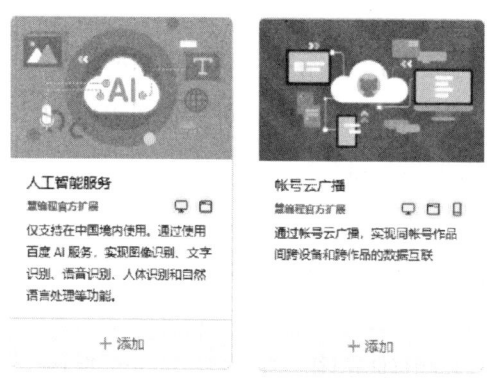 （2）使用语音识别 需要登录慧编程帐号才能够使用"人工智能服务"中的"语音交互"模块进行语音识别，语音识别需要用到以下积木块：	▶ 学生将金属器件与电子硬件结合完成物联网小车的搭建。

积木区	积木	功能
语音交互	开始 普通话▼ 语音识别，持续 2▼ 秒	能够将语音转为文字，可以通过麦克风持续发送2秒或者5秒的内容；可识别普通话、英语、粤语、四川话
	☑ 语音识别结果	能够提供每一次语音识别的结果。勾选积木后，会在舞台区显示识别结果

点击"语音识别"积木，慧编程弹出语音识别窗口，窗口中出现浅蓝色进度时表示开始进行语音识别。点击麦克风右下侧的小三角可以进行麦克风的切换。

教师活动	学生活动
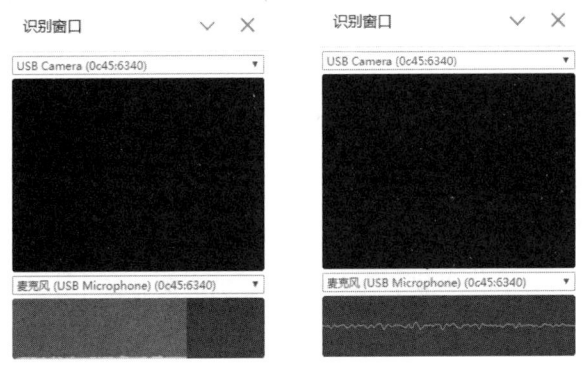

实践任务：语音控制角色"Panda"运动。

任务要求：按下空格键进行语音识别，当识别到"前进"，Panda前进10步，识别到"后退"，Panda后退10步。

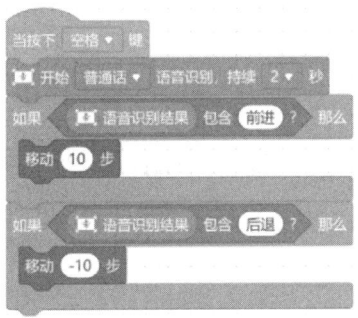

（3）认识帐号云广播

帐号云广播功能可以实现在同帐号作品间跨设备和跨作品的数据互联，需要登录慧编程帐号才能使用。帐号云广播借助Makeblock云服务将广播信息发送给同一慧编程帐号下的所有在线的硬件设备和慧编程舞台，实现设备与设备、设备与角色之间的连接，属于物联网的一个应用。

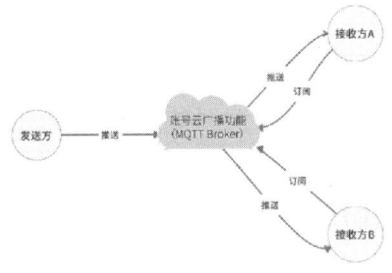

（4）使用帐号云广播发送命令

通过语音识别结果判断是否发送命令，然后通过帐号云广播的功 | ▶ 学会使用慧编程语音识别功能，并且能够"包含"积木判断语音识别内容。 |

能将发送的命令，需要使用以下积木：

积木区	积木	功能
帐号云广播	当接收到帐号云广播 message	当接收到指定的广播后，执行积木后的操作。可以实现角色与硬件（在线/离线）的信息交互
	发送帐号云广播 message	发送广播信息，实现角色与硬件（在线/离线）的信息交互

- 硬件接收命令

童芯派连接Wi-Fi网络，接收帐号云广播接收角色发送的命令，然后根据超声波传感器检测障碍物的结果控制小车执行命令进行相应的运动。所以本环节将会学习童芯派帐号云广播的发送与接收、控制小车运动等编程知识。

（1）主控板连接电脑

点击慧编程中的"设备"标签，切换回设备编辑区，然后通过USB线连接童芯派与电脑，并切换为"上传"模式。从"设备扩展"中选择并添加"新超声波传感器"模块和"mBot2"模块。

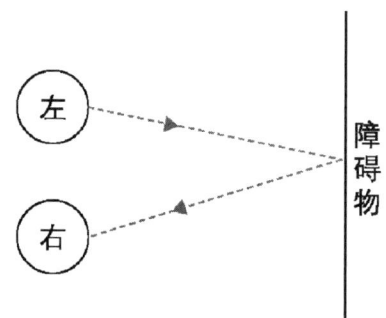

（2）超声波传感器检测原理

童芯派启动后需要使用超声波传感器实时检测障碍物，并将识别结果以变量"状态"的值进行标记。那么超声波传感器是如何检测障碍物？

超声波传感器的工作原理为左边眼睛发出超声波，这些超声波在遇到障碍物的时候，会反弹回来，被右边的眼睛接收。通过超声波传感器根据反射回来的声波，就能够检测到前方有无障碍物，并能够获得传感器与障碍物之间的距离。

教师活动	学生活动

（3）接收角色发送的帐号云广播命令

童芯派需要在连接Wi-Fi网络的情况下才能够通过网络接收到帐号云广播，所以首先需要连接网络，然后用到以下积木块接收角色"Panda"发送的命令：

积木区	积木	功能
物联网	当接收到帐号云广播 message	当接收到指定的广播后，执行积木后的操作。可以实现角色与硬件（在线/离线）的信息交互
	发送帐号云广播 message	发送广播信息，实现角色与硬件（在线/离线）的信息交互

▶ 学习角色与硬件的互动，所以要分别对角色和硬件编程。

实践任务：角色Panda控制灯光。

任务要求：按下空格键，角色识别到语音"开"，小车的超声波传感器灯光打开，角色识别到语音"关"，小车超声波传感器的灯光关闭。

（角色Panda程序）

（硬件童芯派程序）

▶ 初步体验帐号云广播的使用，达成软硬件的互动。

（4）小车执行角色命令

小车接收角色命令并执行相应的运动，需要使用以下积木块：

积木区	积木	功能
mBot2底盘	前进 以 50 转速(RPM) 持续 1 秒	下拉三角，选择运动状态。转速取值范围为-200~200，时间为小车运动时长
	停止编码电机 全部 运动	可以停止左轮、右轮、全部编码电机的运动

| 教师活动 | 学生活动 |

实践任务：语音控制小车掉头。

任务要求：

①按下空格，角色识别语音包含"头"，发出"掉头"命令，否则发出"停止"命令；

②童芯派接收"掉头"命令后，在无障碍物的情况下进行掉头；

③有障碍则发送广播"障碍"给角色，角色提示当前有障碍物。

提示 可借鉴智能窗帘中的变量"状态"的用法，状态"0"表示当前有障碍。

童芯派启动后，重复执行检测障碍物，改变变量"状态"的值。掉头按照行驶习惯右转，可左转。

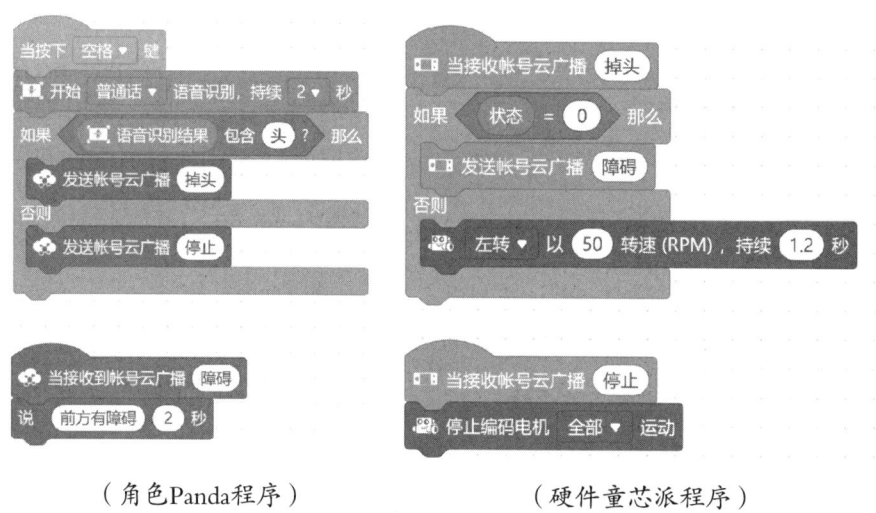

（角色Panda程序） （硬件童芯派程序）

此环节部分将项目中的硬件学习与编程知识进行对应，感知硬件编程的操作过程，了解软硬件的控制方式。并且通过帐号云广播实现慧编程中的角色与童芯派硬件之间的互动，体验通过Wi-Fi技术构建物联网。

4. 项目实现（15分钟）

在已搭建的物联网小车的结构上，完善"物联网小车"的程序设计，并测试效果。

1）程序设计

在上一环节已经通过编程实现了：在"上传模式"下，按下空格建，角色Panda识别语音，通过帐号云广播将识别语音结果发送给童芯派，童芯派通过帐号云广播接收命令，在无障碍物的情况下执行相应

| 教师活动 | 学生活动 |

的命令。

现在，请在已有功能的基础上，完善程序，实现以下效果：

角色程序：

①每次按下键盘后，进行语音识别，根据语音识别结果发送"前进""后退""左转""右转""掉头"等命令，如果识别结果不被包含，则发送"停止"命令。

②当接收到"障碍"广播后，角色提示"前方障碍物"。

童芯派程序：

①童芯派启动后连接Wi-Fi网络并实时检测障碍物，并使用变量"状态"标记有无障碍物。

②童芯派接收到命令后，判断当前有无障碍物。

③有障碍物，超声波传感器灯亮，发送广播"障碍"给角色，并且童芯派屏幕显示"当前有障碍"。

④无障碍物，童芯派屏幕显示将要执行的命令，小车执行命令进行运动，超声波传感器灯灭。

⑤每次小车执行固定时间的运动操作。

参考程序：

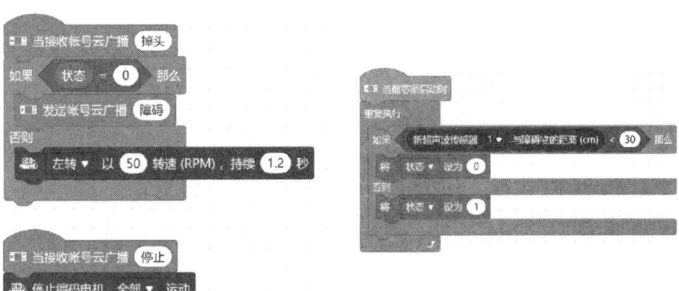

（童芯派检测障碍物）　　　　（童芯派连接网络）

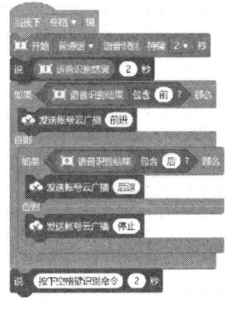 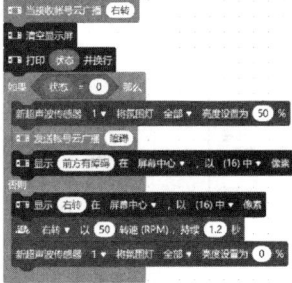

（角色Panda程序硬件）　　（童芯派程序（右转））

提示 程序完成之后，把程序上传至童芯派，进行离线使用。

教师活动	学生活动

2）测试效果

尝试给出不同的命令，测试小车行进效果。如"小车掉头""掉头""头"。

在学习基础的编程知识之后，调整已搭建好的结构，而后再进一步进行程序设计的完善和效果测试，可以在一定程度上帮助学生持续保持对项目的探索兴趣，更好地达成学习目标。

5. 项目展示（13分钟）

以小组为单位进行作品展示和评价。

1）以小组为单位进行作品展示

可以参考以下两种方式引导学生进行作品介绍：

问答式：作品主要有什么功能？为什么这么设计？小组成员是如何分工的？在学习和制作的过程中有没有遇到什么问题？问题是否解决了？作品还有哪些可以优化的地方？

陈述式：作品叫_____，起这个名字的原因是_____，它的功能有_____，小组成员是_____，每个人的工作分工是_____，制作过程中遇到的问题有_____，解决方法是_____，觉得作品还能改进的地方是_____。

2）其他学生进行评价补充

其他学生可以评价展示的项目，或可将自己的项目与展示的项目进行对比说明。

引导学生进行作品的自主展示和介绍，同时鼓励其他学生进行作品点评。在引导学生敢于自我表达的同时，帮助学生学会发现问题，寻找解决办法，最终能够找到作品优化方向。

6. 课堂总结（2分钟）

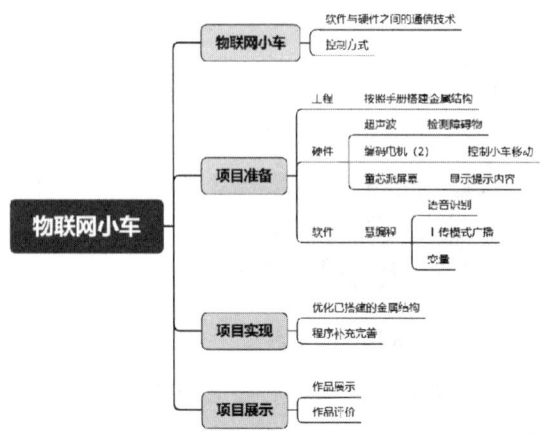

▶ 通过思维导图的形式，梳理本次课程的学习内容，回顾整节课的学习过程。

3.5 全地形机器人

建议课时：90分钟

◎ **教学目标**

☆ 了解全地形机器人的分类，能够理解脚式、履带式、轮式机器人的差异；

☆ 能够使用蓝牙适配器连接电脑与硬件设备，并知道如何检测是否连接成功；

☆ 掌握"上传模式广播"的使用，学会发送和接收上传模式广播消息；

☆ 能够区分发送"上传模式广播"与"发送上传模式广播并附加值"两个积木，掌握附加值的使用；

☆ 能够根据搭建手册正确搭建全地形机器人形态，并且可以借助编程控制全地形机器人的行进方向。

◎ **教学重难点**

重点：学会使用蓝牙连接电脑与设备，并使用上传模式广播实现角色与设备之间的互动；成功调用角色"人工智能服务"模块中的语音识别功能。

难点：掌握通过上传模式广播的接受和发送广播积木实现上传模式下的角色与mBot2硬件的互动。

◎ **课前准备**

教师：准备好装有慧编程软件的电脑、mBot2小车、Wi-Fi网络、USB连接线。

学生：可以将金属器件与电子硬件结合完成搭建，熟练运用上传模式广播等模块功能。

◎ **教学过程**

教师活动	学生活动
1. 情景导入（5分钟） 自然灾害对人类的生活和生产活动造成消极影响，威胁城市系统的稳定性。它不仅会对城市的自然环境和生态系统造成破坏，还可能引发如食物危机、用水危机、能源危机、商贸业务中断、暴力冲突等一系列社会经济文化危机。以地震为例，地震不仅会造成地表断裂、山体滑坡等自然环境破坏，也会对震区城市的基础设施、能源系统、	

教师活动	学生活动
教育系统、医疗卫生系统造成不同程度的毁坏。而正是由于地震会对城市和山体的公路进行破坏，公路路面开裂、路基沉陷，对救灾团队需要使用的交通工具造成了极大的挑战。交通工具需要避免车轮陷入坑洞和沟渠的情况，而轮式车辆的车轮容易陷入壕沟或松软泥泞的地面，那么我们需要采取哪种行驶的车辆能够快速到达救灾现场进行营救呢？ 播放《多种救援机器人》视频。 	▶ 介绍地震引起的灾害，进而引出需要设计一个能够适应地震后的交通环境的机器人。

2. 项目分析（10分钟）

1）头脑风暴

通过上面的视频介绍，我们知道机器人可以分为轮式、履带式、脚式、蛇式等多种，轮式机器人更加轻便，速度更快，脚式机器人更加灵活，并能够适应多种地形。

现在以小组为单位，思考、讨论回答以下几个问题并完成表格：

①轮式机器人有什么优点？更适应于哪种地形？执行什么任务？有什么缺点？为什么？

②履带式机器人有什么优点？更适应于哪种地形？执行什么任务？有什么缺点？为什么？

③脚式机器人有什么优点？更适应于哪种地形？执行什么任务？有什么缺点？为什么？

机器人	优点	擅长地形与任务	缺点
轮式机器人			
履带式机器人			
脚式机器人			

教师活动	学生活动
经过思考、讨论，可以了解到：履带式机器人适用于地面平稳性较差的场景，并且能够承受较大拉力，更适合地震救灾。 2）项目拆解 现在就有一款借助高科技手段，能够进行地震救灾的全地形机器人。 教师借助"全地形机器人"的思维导图，带领学生一起拆解"全地形机器人"的功能。 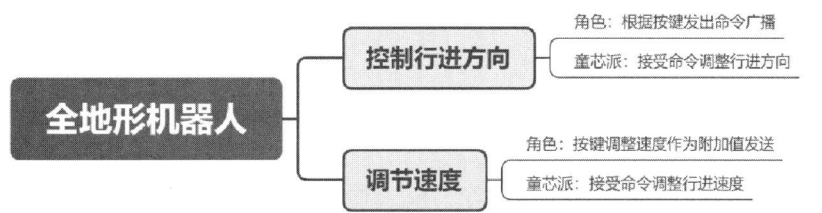 **3. 项目准备（45分钟）** 1）结构搭建 引导学生完成案例的搭建，使学生能够在已有实物的基础上，更加直观地感知到编程对硬件的控制，同时加深学生对于全地形机器人的工程设计核心要素的理解。 2）编程控制 ● 控制行进方向 角色通过上传模式广播发送命令，全地形机器人主控童芯派在通过蓝牙连接电脑的前提下接受上传模式广播，更改行进方向。所以本环节将掌握如何使用蓝牙连接电脑与童芯派，并且学习蓝牙和上传模式广播的工作原理等相关的编程内容。 （1）添加角色与硬件相关拓展模块 打开慧编程软件，点击"角色"标签，切换到角色编辑区，从"设备扩展"中选择并添加"上传模式广播"模块。点击慧编程中的"设备"标签，切换回设备编辑区，从"设备扩展"中选择并添加"上传模式广播"模块和"mBot2"模块。 （2）电脑使用蓝牙连接mBot2主控 将蓝牙适配器插在USB接口上，打开mBot2底盘开关并靠近蓝牙适配器；长按蓝牙适配器上的蓝牙按钮3秒，松开后听到全地形机器人滴	▶ 学生基于现实情况从多方面进行问题思考，对案例进行功能拆解和分析，为项目实现厘清思路。 ▶ 学生结合金属器件和电子硬件完成全地形机器人的搭建。

教师活动	学生活动
的一声，表示连接成功。蓝牙连接电脑后，可以通过"在线"模式控制全地形机器人运动检测是否连接成功，也可以使用"上传"模式将程序上传至全地形机器人进行检测。  实践任务：检测蓝牙是否连接成功。 任务要求：分别使用"在线"模式和"上传"模式检测蓝牙是否连接成功。如声音、显示、灯、运动等。 使用上传模式广播之前务必要保证蓝牙连接成功，避免出现连接其他器材的情况。  （上传模式）　　　　　　　　（在线模式） （3）上传模式广播的使用 在设备连接电脑（USB线、蓝牙）的前提下，使用上传模式广播可以让舞台角色与设备进行互动。注意上传模式广播只有在上传模式下才能使用。角色通过上传模式广播发送命令给全地形机器人，全地形机器人接受上传模式广播发送的命令并改变行进方向。 需要用到的角色积木如下：	▶ 技巧：长按蓝牙3秒是一个重置蓝牙的过程，教室设备多，建议不要省去该步骤。

积木区	积木	功能
上传模式广播	发送上传模式广播 message	发送广播信息，实现角色与硬件（在线/离线）的信息交互

需要用到的硬件设备积木如下：

第3章 人工智能编程机器人玩转物联网

教师活动			学生活动
积木区	积木	功能	
上传模式广播	当接收上传模式广播 message	当接收到指定的广播后，执行积木后的操作。可以实现角色与硬件（在线/离线）的信息交互	
mBot2底盘	前进 以 50 转速 (RPM)	mBot2一直运动直到接收到停止命令。点击下拉三角，选择运动状态。转速取值范围为-200~200	

实践任务：按键控制全地形机器人运动。

任务要求：

①角色检测到方向键"↑""↓"被按下，全地形机器人前进或后退，松开则停止运动。

②切换设备为"上传"模式，全地形机器人接受命令进行相应的运动。

③将程序上传至全地形机器人，观察效果进行调试。

▶ 上传模式广播在"上传"模式才能使用。

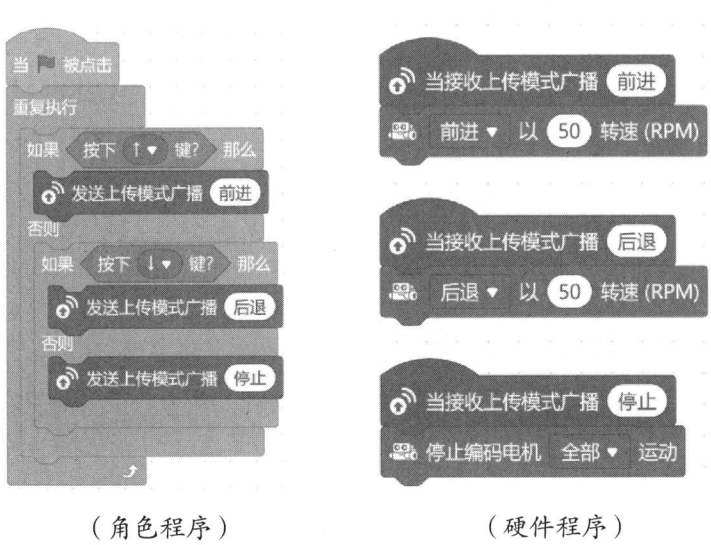

（角色程序）　　　　（硬件程序）

● 调节速度

通过角色的按键调整速度值，并将当前速度作为上传模式广播的附加值发送出去，全地形机器人接受命令后，将附加值作为机器人前进的速度。所以本环节将会学习上传模式广播中附加值的接受与发送

| 教师活动 | 学生活动 |

等相关编程知识。

（1）角色以附加值的形式发送当前速度值

角色通过按键调节速度值，并将该速度值与行进命令一起通过上传模式广播发送。首先设置变量"速度"初始值设为50，每次按下按键则对变量"速度"的值进行相应的加减调节。然后通过以下积木将变量"速度"与上传模式广播一起发送：

积木区	积木	功能
上传模式广播	发送上传模式广播 message 并附加值 1	发送广播信息与附加值。附加值格式为数字、文本

"发送上传模式广播并附加值"的原理如下（帐号云广播与上传模式广播的区别详见参考内容）：

发送上传模式广播并附加值可以理解为将指定的广播信息以信封的形式发送，附加值则为信封里包含的内容。每次接收方接受到该信封后，可以直接执行信封封面的内容，也可以打开信封使用信封里的信息。每次发送广播信息，就意味着一个新的信封被发送出去，相应的信封里附加的信息也会发生改变。上传模式广播要求设备必须与电脑相连接，就相当于投递信封必须保持道路的通畅，否则上传模式广播无法使用。

（2）上传模式广播附加值概念

"发送上传模式广播"与"发送上传模式广播并附加值"的区别如下：

上传模式广播发送方	上传模式广播接收方	运行效果
发送上传模式广播 前进	当接收上传模式广播 前进 前进 以 50 转速（RPM）	接收到"前进"广播后，以50的转速前进
发送上传模式广播 前进 并附加值 速度	当接收上传模式广播 前进 前进 以 上传模式广播 前进 的附加值 转速（RPM）	接收到"前进"广播后，将附加值变量"速度"作为转速值前进

从表中可以看出"发送上传模式广播并附加值"积木能够实现更多的功能，如通过附加值调整速度，调整灯光的等。同样也可以只使用该积木发送广播，而不使用附加值。

教师活动	学生活动

（3）根据角色附加值改变行进速度

接受角色指定上传广播的附加值并作为全地形机器人的行进速度。需要时用到以下积木块：

积木区	积木	功能
上传模式广播	上传模式广播 message 的附加值	读取指定广播的附加值

实践任务：调整全地形机器人行进速度

任务要求：

①设置变量"速度"初始值为50，通过"s""a"键调整全地形机器人速度。

②机器人接受行进命令，并以该命令的附加值"速度"进行运动。

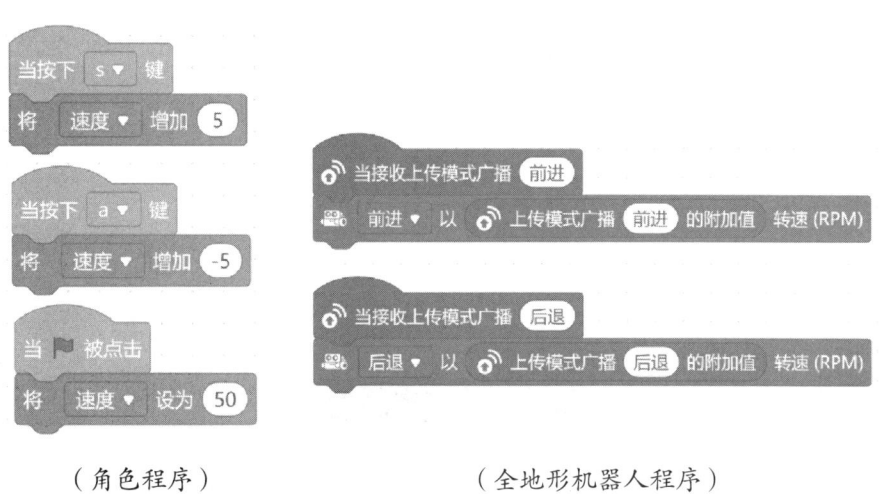

（角色程序）　　　　　　　　（全地形机器人程序）

▶ 体验上传模式广播附加值的接收和发送，并能够灵活使用。

此环节部分将项目中的硬件学习与编程知识进行对应，感知硬件编程的操作过程，了解软硬件的控制方式。并且通过上传模式广播实现慧编程中的角色与童芯派硬件之间的互动，体验物联网技术中蓝牙的应用。

4. 项目实现（15分钟）

在已搭建的全地形机器人的结构上，完善"全地形机器人"的程序设计，并测试效果。

1）程序设计

在上一环节已经通过编程实现了：在"上传模式"下，程序运行

| 教师活动 | 学生活动 |

后点击"↑""↓"键控制全地形机器人行进方向，通过"a""s"控制全地形机器人的行进速度。

现在，请在已有功能的基础上，完善程序，实现以下效果：

角色程序：

①当按下方向键"↑""↓""←""→"发送"前进""后退""左转""右转"命令，否则发出"停止"命令。

②设置变量"速度"初始值为50，之后每次按下"s"键，速度增加5，按下"a"键，速度减少5。

③每次发送上传模式广播时，将变量"速度"以附加值的形式发送。

童芯派程序：

①接收到"前进""后退""左转""右转"广播后进行行进方向的调整，并以附加值为行进速度。

②将当前运行的速度显示在屏幕上。如前进速度50。

③当接收到"停止"广播后，停止所有电机运动，并显示当前速度。

参考程序：

（全地形机器人程序（停止））

提示 程序完成之后，把程序上传至童芯派，进行离线使用。

2）测试效果

尝试按下方向键的同时调整速度，观察全地形机器人行进速度。

在学习基础的编程知识之后，调整已搭建好的结构，而后再进一步进行程序设计的完善和效果测试，可以在一定程度上帮助学生持续保持对项目的探索兴趣，更好地达成学习目标。

5. 项目展示（13分钟）

1）以小组为单位进行作品展示

可以参考以下两种方式引导学生进行作品介绍：

教师活动	学生活动

问答式：作品主要有什么功能？为什么这么设计？小组成员是如何分工的？在学习和制作的过程中有没有遇到什么问题？问题是否解决了？作品还有哪些可以优化的地方？

陈述式：作品叫_____，起这个名字的原因是_____，它的功能有_____，小组成员是_____，每个人的工作分工是_____，制作过程中遇到的问题有_____，解决方法是_____，觉得作品还能改进的地方是_____。

2）其他学生进行评价补充

其他学生可以评价展示的项目，或可将自己的项目与展示的项目进行对比说明。

引导学生进行作品的自主展示和介绍，同时鼓励其他学生进行作品点评。在引导学生敢于自我表达的同时，帮助学生学会发现问题，寻找解决办法，最终能够找到作品优化方向。

6. 课堂总结（2分钟）

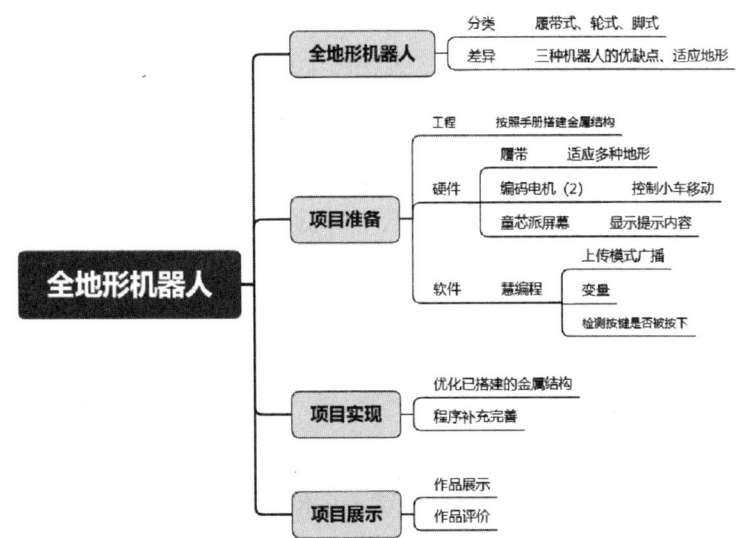

▶ 通过思维导图的形式，梳理本次课程的学习内容，回顾整节课的学习过程。

3.6 安防巡逻机器人

建议课时：90分钟

◎ **教学目标**

☆ 了解函数的概念，能够使用函数自制积木完成编程；

☆ 能够利用帐号云广播进行两个或多个童芯派之间的通信；

☆ 能够根据简单示例图片完成机械手和机械臂的搭建；

☆ 能够使用童芯派作为遥控控制安防巡逻机器人完成夹取障碍物到指定地点的任务。

◎ **教学重难点**

重点：学会利用帐号云广播完成童芯派之间的通信；能够新建"夹取"函数，并成功调用；完成机械手、机械臂的搭建。

难点：掌握通过账号云广播接受和发送消息，实现两个或多个童心派之间的互动。

◎ **课前准备**

教师：准备好装有慧编程软件的电脑、童芯派、舵机、Wi-Fi网络、USB连接线。

学生：可以将金属器件与电子硬件结合完成搭建，熟练运用账号云广播等模块功能。

◎ **教学过程**

教师活动	学生活动
1. 情景导入（5分钟） 消防安全的重要性从小学到大学，从学校到家庭一直被提及的话题。火灾不仅会造成惨重的财产损失，对于森林火灾、危险品火灾还可能会造成大量的人员伤亡。观看以下新闻或观看视频： 2010年7月16日晚间18时左右，大连市金州区大连新港附近中石油一条输油管道起火爆炸。经过2000多名消防官兵彻夜奋斗，截至17日上午，火势已基本扑灭。事故造成一人牺牲，一人重伤，大连附近海域至少50平方公里的海面被原油污染。 2015年8月12日22时51分46秒，位于天津市滨海新区天津港的瑞海	

教师活动	学生活动
公司危险品仓库发生火灾爆炸事故，本次事故中爆炸总能量约为450吨TNT当量。造成165人遇难（其中参与救援处置的公安现役消防人员24人、天津港消防人员75人、公安民警11人，事故企业、周边企业员工和居民55人）、8人失踪，798人受伤，304幢建筑物、12428辆商品汽车、7533个集装箱受损。 2019年3月30日18时许，四川省凉山州木里县雅砻江镇立尔村发生森林火灾，着火点在海拔3800米左右，地形复杂、坡陡谷深，交通、通信不便。截至2019年4月4日15时15分，这次森林火灾已确认遇难31人，其中消防人员27人。 播放视频《［凉山森林火灾一周年祭］别哭，我最爱的人》。 **2. 项目分析（10分钟）** **1）头脑风暴** 每次火灾的发生都有消防官兵冲在第一线保护人民财产与安全，甚至为扑灭大型的火灾献出自己的生命，如"8·12天津滨海新区爆炸事故"有165人遇难，2019四川凉山森林火灾遇难人员31人。请制作一款帮助消防官兵的安防巡逻机器人，减少人员伤亡。 现在以小组为单位，思考、讨论回答以下几个问题： ①哪种类型机器人能够在救灾场景发挥更大的作用？为什么？ ②作为安防巡逻机器人，必须具备哪些功能？说明理由。 ③可以通过什么方式控制安防巡逻机器人，使其能够更加灵活地工作？ ④安防巡逻机器人除了能用于消防安全外，还可以用在哪些环境，实现什么功能呢？ 经过思考、讨论，可以了解到：对于火灾这一特殊环境，履带机器人不仅能够适应多种地形还有较高的稳定性，安防巡逻机器人还应该具有机械臂与机械手，能够进行人员的搬运和障碍物的清除。安防巡逻机器人不仅能用于火灾这一特殊情境，还可以用于安全巡逻、抗震救灾等特殊场景。 **2）项目拆解** 现在就有一款能够帮助消防官兵进行救援工作的安防巡逻机器人。 教师可以借助"安防巡逻机器人"的思维导图，带领学生一起拆解"安防巡逻机器人"的功能。	▶ 通过观看视频资料的形式，了解消防安全的重要性为后续的课程做铺垫。 ▶ 脚式、轮式、履带式。

教师活动	学生活动
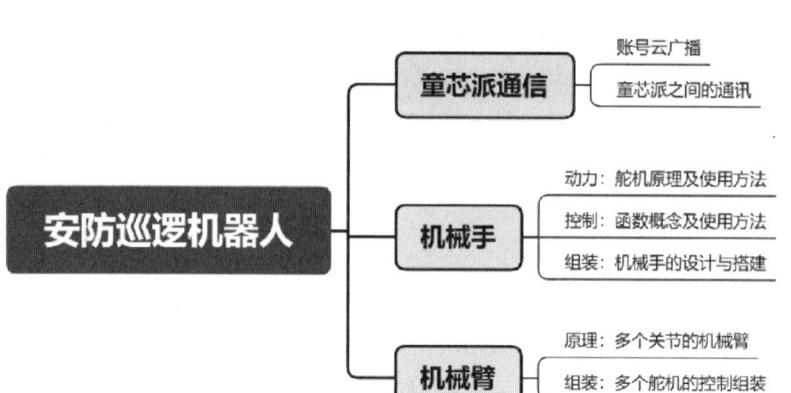	▶ 基于现实情况从多方面进行问题思考，对案例进行功能拆解和分析，为项目实现理清思路。

3. 项目准备（25分钟）

1）结构搭建

学习安防巡逻机器人所需要的编程知识、根据简单示例图片完成机械手、机械臂的组装。也可根据给出的参考手册完成结构的搭建。

2）编程控制

● 主控通信

将两个或多个主控板-童芯派通过帐号云广播进行通信，通过一个童芯派发送帐号云广播，其他童芯派接受帐号云广播并执行相关命令，可以完成远程控制、mBot2编队效果。所以在本环节你将学会如何灵活运用物联网，实现童芯派作为遥控器控制mBot2小车的效果。

（1）登录慧编程账号

要使一个童芯派作为遥控器控制一台或者多台人工智能编程小车，首先需要保证所有的童芯派都是使用同一账号进行编程和程序上传，这样才能够保证通过帐号云广播发送的广播消息被其他设备获取。

（2）设置主控板-童芯派程序

童芯派发送方：该角色可以将摇杆、按钮、声音、光线等条件作为账号云广播发送的触发条件。

童芯派接收方：该角色设置接受指定账号云广播后执行相应的操作。可以将同一个程序上传给多个人工智能编程小车，达到一台操控多台的效果，也可以设置多个被控制童芯派程序，接受同一个账号云广播。

教师活动					学生活动

设置不同的小车执行不同的动作达到编队的效果，具体如下：

童芯派发送方	接收方1	接收方2	接收方3	实现效果
摇杆向上	静止	向左行进再向左	向右行进再向右	字母M
摇杆向下	前进	向右前进	向左前进	交叉前进
摇杆向左	左转	左转	左转	全体左转
摇杆向右	右转	右转	右转	全体右转

实践任务：童芯派遥控mBot2小车。

任务要求：使用一个童芯派摇杆控制人工智能编程小车运动，如前进、后退、加速、减速等。

● 机械手

通过组装舵机形成机械手，然后利用函数对机械手进行编程控制，控制机械手进行抓取物品。所以本环节将了解函数的概念，掌握函数的使用方法，并学习舵机和函数相关的编程内容。

（1）检测舵机性能

取出两个舵机与人工智能编程小车底盘连接，注意接口位置。通过以下积木块检测舵机是否可以正常工作，并且确定舵机的90°方向。

▶ 可以就童芯派的通信进行拓展，比如编队、一控多等。

积木区	积木	功能
mBot2扩展接口	舵机 (1) S1▼ 当前设置的角度 (°)	通过选择接口，"在线"模式下可以查看当前接口连接舵机的角度
	舵机 全部▼ 的设置角度增加 10 °	通过选择接口，增加相应接口连接舵机的角度。度数的正负值表示加减

▶ 建议在当前就树立控制某个接口后的舵机，而不是控制全部舵机的习惯。

实践任务：检测舵机性能。

任务要求：分别控制两个舵机进行从0~180°的旋转，并明确0°、90°、180°位置。

（除以上两块积木外，还可以使用"智能垃圾桶"中使用到的舵机积木进行检测）

教师活动	学生活动
三个舵机角度的认识为两个舵机构成机械手打下基础。 （2）实现夹取效果 固定两个舵机后，通过两个舵机支架的角度变化，达到夹取的效果，如同时180°然后90°。 （3）设置夹取函数 使用自制积木块制作"夹取"积木，自制积木块也可以被称为创建函数。函数是指可重复调用的一连串的指令，在程序设计中，使用函数可以提升程序的简洁性和可读性，并且能够使得整个程序变得模块化。 制作"夹取"积木，选中"自制积木"类积木，然后点击"制作新的积木"；在弹出的窗口中找到"自制积木"文字，点击将积木名称修改为"夹取"，并点击右下方"确定"按钮；找到在脚本区的"定义夹取"积木，将相关积木块拖动到该积木下。 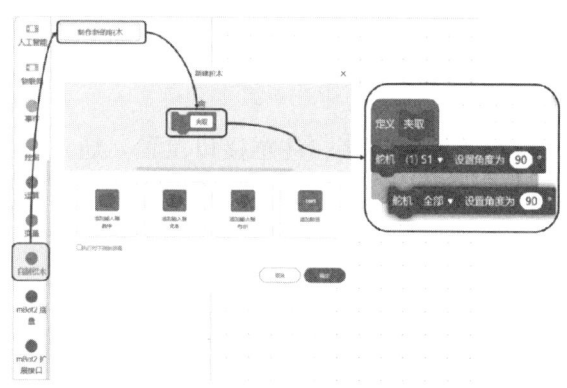 实践任务：自制"夹取"积木。 任务要求：两个舵机的原始状态为舵机支架相碰，按下空格键后，同时增加相同角度，等待1秒后，恢复初始状态。 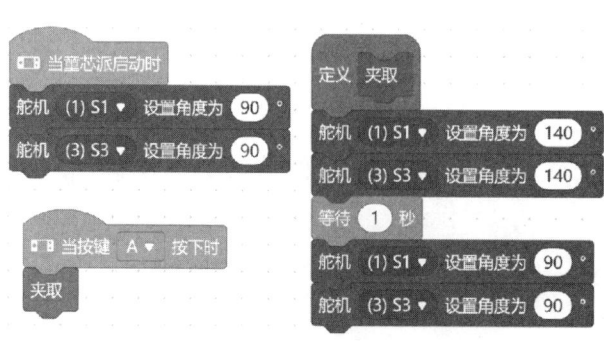	▶ 学会使用函数优化程序，体验代码的简洁性。

教师活动	学生活动

（4）认识机械臂

机械臂的运动状态由自由度（Degreeof Freedom）来定义。一般而言，某一物体在三维坐标系中存在6种运动状态——沿着x轴、y轴、z轴的延伸方向做平移运动和围绕x轴、y轴、z轴做旋转运动。上述6种运动状态称为该质点的6个自由度。在机械臂的设计和开发过程中，一个舵机能表示一个机械臂的关节，而一个关节做出的旋转运动能表示一个自由度。因此机械臂关节的数量，直接决定机械臂能够灵活运动的程度。

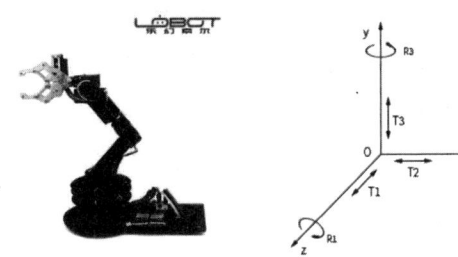

4. 项目实现（35分钟）

根据给出的机械臂和机械手的重要环节提示，结合全地形机器人的结构搭建出安防机器人。

1）安防机器人结构搭建

经过编程控制的学习，知道由两个舵机可以组成机械手，通过对舵机的角度控制实现机械手的抓取动作。可以使用舵机作为机械臂的关节，通过对关节舵机的控制能够实现机械臂的灵活运动。将编程知识与示例图片结合，在全地形机器人上安装机械臂和机械手实现安防巡逻机器人的搭建，能够使用童芯派作为遥控器控制安防巡逻机器人的前进后退等运动，也能够执行抓取动作。

2）安防巡逻机器人程序编写

童芯派发送方	童芯派接收方
遥感上下左右	前进、后退、左转、右转
A键被按下	机械臂角度加
B键被按下	机械臂角度减
摇杆中间被按下	夹取物品

教师活动	学生活动
3）测试效果。 控制安防巡逻机器人抓取不同的障碍物，根据效果优化"抓取"函数。 学生根据安防巡逻机器人关键搭建提示完成结构搭建，在已有的搭建基础上进行结构的修改，将编程知识与搭建结合起来，不断的优化与修改，提高自己的动手能力与编程思维。 **5. 项目展示（13分钟）** 1）观看机器人比赛视频 播放视频《MakeX比赛》，让学生了解机器人比赛的乐趣 2）以小组为单位进行比赛（具体的比赛地图不限，可自由设定） 规则：在规定时间内，通过遥控将障碍物放在指定地点，完成数量多的获胜。 在比赛过程中，不断优化调试自己的程序。同时参考获胜组的项目，进行点评学习。 引导学生进行作品的自主展示和介绍，同时鼓励其他学生进行作品点评。在引导学生敢于自我表达的同时，帮助学生学会发现问题，寻找解决办法，最终能够找到作品优化方向。 **6. 共同合作，灵活操控（2分钟）** 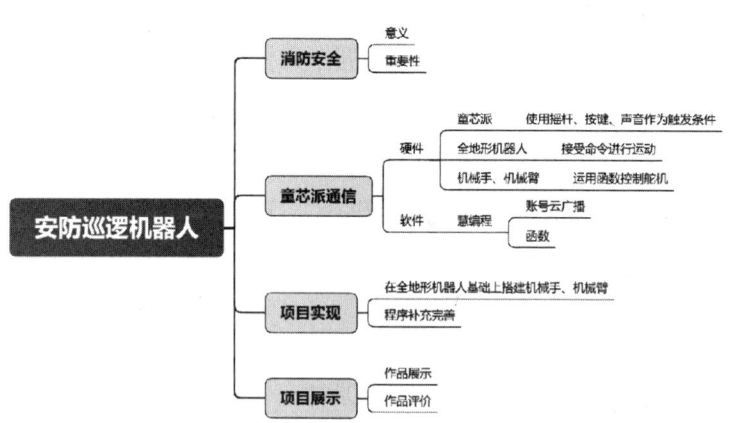	▶ 通过模拟机器人竞赛，来对作品进行展示和评价。 ▶ 通过思维导图的形式，梳理本次课程的学习内容，回顾整节课的学习过程。

3.7 环境数据采集

建议课时:90分钟

◎ **教学目标**

☆ 认识科学传感器的结构,并且知道如何获得科学传感器中与农作物相关的数据信息;

☆ 认识童芯派屏幕的构成,并能够结合文字坐标精准控制文字在屏幕上的位置;

☆ 知道如何利用图表相关积木将数据内容添加到表格和折线图中,完成数据的可视化;

☆ 能够设计一个实时显示与农作物相关的数据信息的环境数据采集器。

◎ **教学重难点**

重点:认识科学传感器的构成,并知道如何人为地改变数据的值。能够使用图表相关积木进行表格和折线图的显示。

难点:使用不同的触发条件显示不同数据的图表。

◎ **课前准备**

教师:准备好装有慧编程软件的电脑、mBot2主板、科学传感器、USB连接线。

学生:可以将金属器件与电子硬件结合完成搭建,熟练运用科学传感器各模块功能。

◎ **教学过程**

教师活动	学生活动
1. 情景导入(5分钟) 人类为了更好地生活在奋斗,植物也在为了更好的生活环境而努力。沙漠里的植物为了能够存活,不断地扎深自己的根系,缩短叶子的面积。当干旱来临时,戈壁上的风滚草会将根系收起来,团成一团随风四处滚动,直到找到适宜自己生活的环境后,发出新枝,冒出新芽。现在就有一颗蒲公英,为了去更好的生长环境付出了自己的生命,观看短片并思考他为什么要奔向对面的草坪。 播放《疯狂的蒲公英》的视频资料。	▶ 通过观看视频资料的形式,了解植物生长受哪些因素的影响,为后续的课程做铺垫。

教师活动	学生活动

2. 项目分析（10分钟）

1）头脑风暴

从视频中我们得知合适的生活环境对于植物的生长至关重要，那对于农业来说，如果要想获得农作物的高产丰收，就必须要及时得知当前农作物的生活环境的相关的数据信息，并且人为地干预调节这些影响农作物生长的因素。比如浇水，施肥等等。

现在以小组为单位，思考、讨论并回答以下几个问题：

①影响农作物生长的因素有哪些？请举例说明。

②哪些影响因素是可控并且能够被监测到的？

③列举数据呈现的方式，并说出优点。

经过思考、讨论，可以了解到：农作物生长环境数据采集需要测量土壤的湿度、空气温湿度、光照强度等数据，可以使用表格、柱状图、折线图等方式进行数据的可视化呈现。

2）项目拆解

现在就有一款以图表形式呈现的能够实时监测农作物生长环境的环境数据检测器。

教师可以借助"环境数据采集器"的思维导图，带领学生一起拆解"环境数据采集器"的功能。

▶ 学生基于现实情况从多方面进行问题思考，对案例进行功能拆解和分析，为项目实现厘清思路。

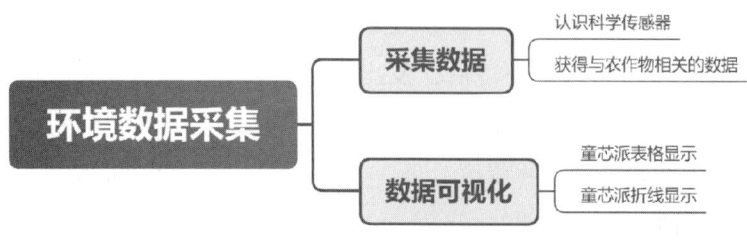

教师活动	学生活动
3. 项目准备（45分钟） **1）结构搭建** 引导学生完成案例的搭建，使学生能够在已有实物的基础上，更加直观地感知编程对硬件的控制，同时加深学生对于环境数据采集的工程设计核心要素的理解。 **2）编程控制** ● 采集数据 科学传感器连接mBot2主控板获取空气温湿度、土壤湿度等与农作物相关的数据，并使用显示屏打印相关的数据信息，在本环节将会了解科学传感器的作用和功能，知道如何利用科学传感器获取相关信息，并且以文字显示等相关编程内容 （1）认识科学传感器 科学传感器集成多种功能的传感器，具有心率传感器、温湿度传感器、土壤湿度传感器等9种功能，可以用于心率检测、土壤湿度检测、空气温湿度检测等。 ① 气体传感器　⑥ 空气温湿度传感器 ② 火焰传感器　⑦ 电子罗盘 ③ 人体红外传感器　⑧ 大气压传感器 ④ 触摸传感器　⑨ 心率传感器 ⑤ 土壤湿度传感器 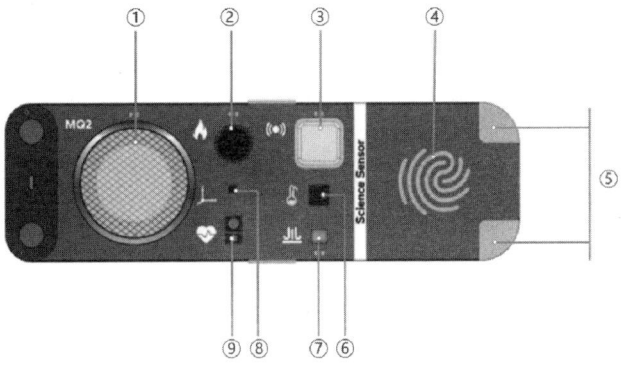 （2）连接mBot2主控与电脑 打开慧编程软件，从设备库中选择并添加设备"童芯派"，确保硬件主控为"童芯派"，将童芯派与电脑相连，选择"上传"模式，并点击"连接"，完成硬件与软件的连接；	▶ 学生将金属器件与电子硬件结合完成搭建。 ▶ 用手触摸相应的传感器可以改变数据。

教师活动	学生活动

（3）获取与农作物相关的数据

空气的温度、湿度、土壤湿度是影响植物生长的主要因素，获取这些数据需要用到以下积木：

积木区	积木	功能
科学传感器	科学传感器 1▼ 检测到的空气湿度 (%)	获得当前环境的空气湿度
	科学传感器 1▼ 检测到的土壤湿度	将科学传感器插入土壤中，获得土壤湿度
	科学传感器 1▼ 检测到的空气温度 ℃	获得当前环境的空气温度

实践任务：使用文字显示当前环境的温度和湿度。

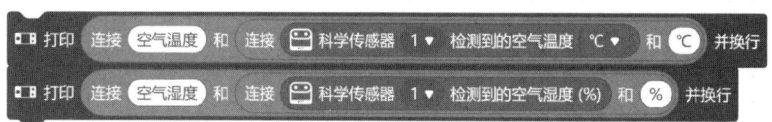

空气温度：20℃
空气湿度：50%

任务要求：能够查看科学传感器的各项数据并且使用显示屏进行文字显示。

● 数据可视化

将获得的土壤湿度、空气温湿度以表格和折线图的形式进行数据可视化，所以本环节将了解表格和折线图的基本知识，知道如何在童芯派的表格中填入数据并显示，学会添加折线图的数据，能够设置图表的颜色等相关编程知识。

（1）认识表格

数据统计表格一般有表头（标题）、行标题、列标题和数据内容四个主要部分组成，其中表头是表格的名称，用于说明统计表的主要内容，放在表格的正上方；行标题和列标题用于表示表格内容，表格内容可以是文本或者数字。以表格的左上角为原点（0,0），其中纵坐标表示行，横坐标表示列，通过（行，列）可以快速定位表格内容，如50%位于表格的（第四行，第二列）。

教师活动	学生活动

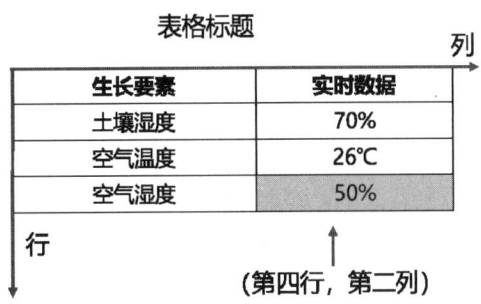

（2）认识折线图

折线图是将绘制在工作表中的数据绘制到折线图中，可以显示随着时间而变化的连续数据，可以通过折线的起伏观察数据的变化。

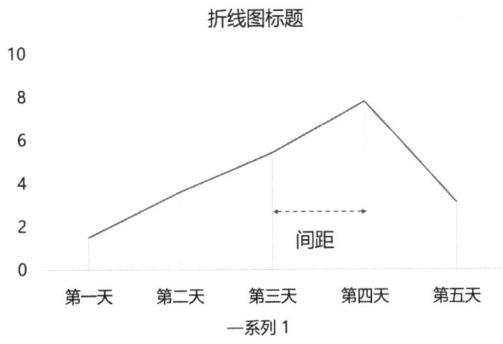

（3）设计表头

表格和折线图都需要表头说明图表的主要内容，一般位于表格的正上方。童芯派板载1.44寸全彩显示屏，其中以左上角为坐标原点，横坐标为x轴，纵坐标为y轴，取值范围为0~128。可以通过设置(x,y)的值控制文字显示位置，其中文字的左上角的坐标值为(x,y)。需要使用以下积木块：

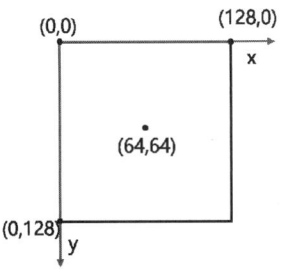

积木区	积木	功能
显示	显示 makeblock 在 x 0 y 0 以 (16)中▼ 像素	x,y表示文字内容显示的位置，同样可以设置字体大小

设置文字的大小和位置：

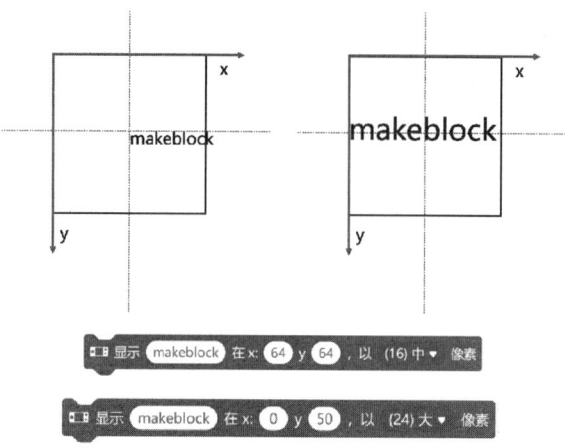

（4）表格数据填写

童芯派中表格的行列随着数据内容的添加而变化，最大能够容纳四行三列的数据内容。添加表格中数据内容，需要用到以下积木块：

积木区	积木	功能
显示	表格，在第 1 行，第 1 列，填写 excel_content	可以通过选择行列的值向相应的单元格中添加内容，如果数据内容过长，则会滚动显示

实践任务：制作简易表格。

任务要求：

大棚实时情况

生长要素	实时数据
空气温度	26℃

通过制作简单表格熟练数据内容的添加，同时将科学传感器检测数据进行可视化。

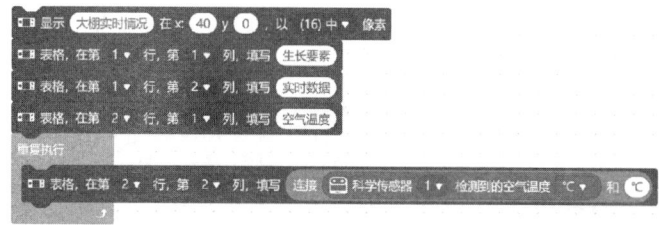

（5）制作折线图

折线图可以通过对相等时间间隔内的数据进行可视化，通过起伏观察当前数据情况。制作折线图需要使用以下积木：

积木区	积木	功能
显示	折线图,添加数据 50	显示折线图,并添加数据,取值范围为0~100
	折线图,设置间距为 5 像素	显示间距,上一个数据与下一个数据之间的横坐标差值

（6）设置图表和文字颜色

通过不同的画笔颜色表示不同的折线图能够帮助我们更清晰地观察数据的变化。设置画笔颜色需要使用以下积木:

积木区	积木	功能
显示	设置画笔颜色	可以通过选择行列的值向相应的单元格中添加内容,如果数据内容过长,则会滚动显示

实践任务：折线显示空气温度的变化。

任务要求：使用绿色折线图显示空气温度的变化,间距为10。

学会设置画笔颜色,并将科学传感器中的数据使用折线图进行可视化。

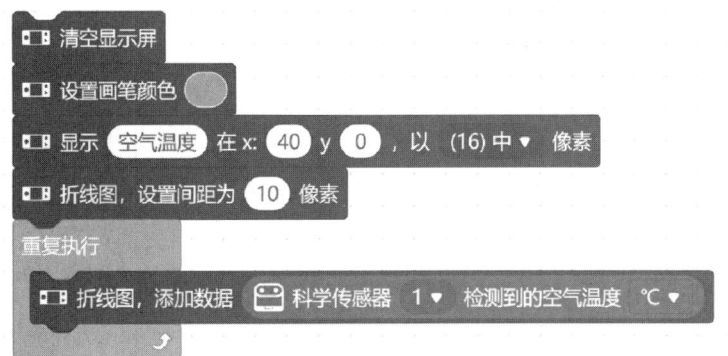

此环节部分将项目中的硬件学习与编程知识进行对应,感知硬件编程的操作过程,了解软硬件的控制方式,并且在编程学习中体验人工智能中语音合成技术。

▶ 在已搭建的环境数据采集案例的结构上,完善"数据环境采集"的程序设计,并测试效果。

4. 项目实现（15分钟）

1）程序设计

在上一环节已经通过编程实现了：表格显示数据内容,折线图表示空气温度。

现在,请在已有功能的基础上,完善程序,实现以下效果:

①童芯派启动时,提示使用摇杆和按键能够观测到不同的数据显示。

②使用文字表示空气温度、空气湿度、土壤湿度三个影响因素的变化。

③使用表格提示空气温度、空气湿度、土壤湿度三个影响因素的变化。

④分别使用不同的画笔颜色制作空气温度、空气湿度、土壤湿度三个影响农作物的折线图以实时显示数据的变化,并且能够通过按钮切换。

参考程序:

提示 程序完成之后,把程序上传至童芯派,进行离线使用。

2)测试效果

尝试通过更改科学传感器三个数据的值,调试环境数据采集的最终效果。

在学习基础的编程知识之后,调整已搭建好的结构,而后再进一步进行程序设计的完善和效果测试,可以在一定程度上帮助学生持续保持对项目的探索兴趣,更好地达成学习目标。

5. 项目展示(13分钟)

1)以小组为单位进行作品展示

可以参考以下两种方式引导学生进行作品介绍:

教师活动	学生活动

问答式：作品主要有什么功能？为什么这么设计？小组成员是如何分工的？在学习和制作的过程中有没有遇到什么问题？是否解决了？作品还有哪些可以优化的地方？

陈述式：作品叫_____，起这个名字的原因是_____，它的功能有_____，小组成员是_____，每个人的工作分工是_____，制作过程中遇到的问题有_____，解决方法是_____，觉得作品还能改进的地方是_____。

2）其他学生进行评价补充

其他学生可以评价展示的项目，或可将自己的项目与展示的项目进行对比说明。

引导学生进行作品的自主展示和介绍，同时鼓励其他学生进行作品点评。在引导学生敢于自我表达的同时，帮助学生学会发现问题，寻找解决办法，最终能够找到作品优化方向。

6. 课堂总结（2分钟）

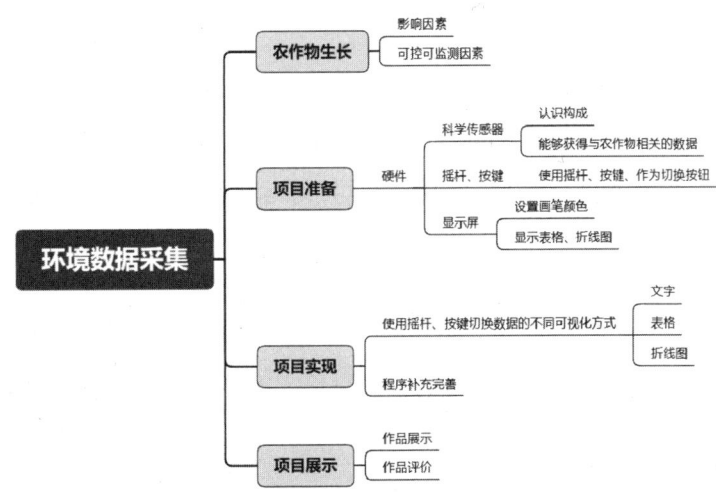

▶ 通过思维导图的形式，梳理本次课程的学习内容，回顾整节课的学习过程。

3.8　环境数据采集

建议课时：90分钟

◎ **教学目标**

☆认识并了解列表的概念，能够创建新的列表并完成列表数据的添加、查找与删除；

☆知道变量的多种呈现方式，并能够进行舞台优化显示；

☆学会使用"数据图表"模块，可以将数据内容添加到表格和折线图中，完成数据的可视化；

☆能够设计一个实时显示大棚数据信息并可以设计数据平台。

◎ **教学重难点**

重点：掌握列表的创建和数据添加、查找、删除；向图表中添加数据形成折线图。

难点：读取列表制作折线图。

课前准备

◎ 教师：准备好装有慧编程软件的电脑、mBot2主板、科学传感器、USB连接线。

学生：可以将金属器件与电子硬件结合完成搭建，熟练运用科学传感器编程及账号云广播功能。

◎ **教学过程**

教师活动	学生活动
1. 情景导入（5分钟） 通过物联网将大棚内的数据采集传感器与远程数据平台相连接，通过数据平台可以实时监测到大棚内的农作物生长情况，控制大棚内的通风、灌溉系统，达到足不出户也能掌控作物生长情况，创设舒适的农作物生长环境。 播放《智慧农业大棚》的视频资料。	▶ 通过观看视频资料的形式，了解数据平台如何监测大棚情况，掌握作物生长环境。

教师活动	学生活动

智慧农业大棚数据平台

通风系统：开 关　　滴灌系统：开 关

土壤湿度：0 %　　光照强度：32
空气湿度：49 %　　空气温度：29 ℃

2. 项目分析（10分钟）

1）头脑风暴

从视频中我们得知这个智慧农业大棚不仅可以检测棚内的环境，还能通过手机App打开喷灌、通风扇用于改善棚内的温度和湿度，为现在的农民伯伯的工作提供了极大的便利。

现在以小组为单位，思考、讨论并回答以下几个问题：

①视频中用到了哪些传感器监测大棚内的环境？

②请你选择一种传感器，并说明它的作用是什么？

③如果将这些数据呈现在数据平台上，你觉得哪种数据可视化的效果最清晰直观呢？

经过思考、讨论，可以了解到：大棚内用到了土壤湿度、空气温湿度、光照强度、大气压等传感器来监测棚内的数据进而控制棚内的通风、灌溉系统，给农作物创造更适合的生长环境。

2）项目拆解

现在就有一款可以实时显示大棚内的各种数据并且将数据可视化的智慧农业大棚数据平台。

教师可以借助智慧农业大棚数据平台的思维导图，带领学生一起拆解智慧农业大棚数据平台的功能。

▶ 基于现实情况从多方面进行问题思考，对案例进行功能拆解和分析，为项目实现厘清思路。

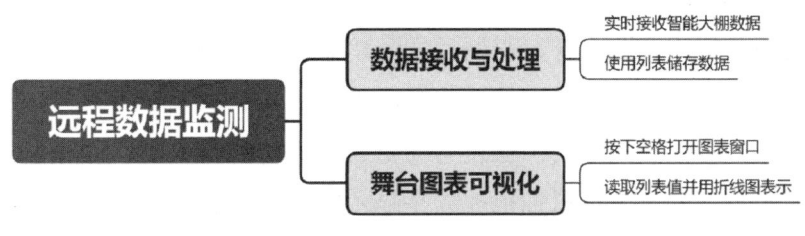

教师活动	学生活动

3. 项目准备（45分钟）

本节课借用环境数据采集的金属结构，主要授课内容为软件知识——智慧农业大棚数据平台的制作，目的是实现电脑远程监测大棚内的数据。接下来将根据思维导图进行详细讲解：

● 数据接收与处理

使用数据环境采集器采集农业大棚内的数据信息，如土壤湿度、空气温湿度等，并使用账号云广播将这些数据上传到慧编程中预先设置好的智慧农业大棚数据平台页面，角色接受数据信息后使用变量在舞台上进行实时显示。所以在本环节中将会学习变量的多种呈现方式，能够熟练掌握软件和硬件之间的信息传输，认识列表的概念和积木，知道如何向列表中添加和删除数据等相关编程知识。

（1）环境数据采集器发送数据

之前的课程中已经学习过使用账号云广播，在硬件联网的状态下能够实现同一账号下多个硬件和软件之间实现信息的交互。所以使用账号云广播功能将大棚内的数据发送至软件的数据平台中，其中账号云广播的名称为参数的名字，附加值为参数的值，如图：

（2）设置环境数据采集器停止数据传输按钮

童芯派启动后，重复执行发送账号云广播，如果检测到按键被按下或者摇杆被触发后，停止这个脚本，就能够达成停止数据的传输。停止当前按钮被按下，需要使用以下积木：

积木区	积木	功能
控制	停止 全部脚本▼ 全部脚本 这个脚本 该角色的其他脚本	执行停止指定脚本。停止这个脚本即是停止当前事件下的所有程序

（3）农业大棚数据平台接收数据

打开"远程数据监测预置程序"文件，联网后的环境数据采集器在联网状态下，将采集到的数据信息通过账号云广播附加值发送，农业大棚收集账号云广播后，将接收到的附加值设为变量，并进行舞台大字显示，达到实时显示数据的效果。鼠标拖拽大字显示的变量到合

| 教师活动 | 学生活动 |

适的位置。

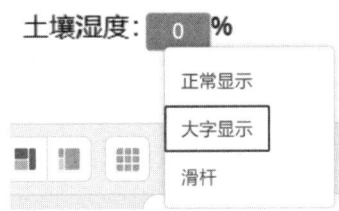

（4）创建新角色进行多个数据显示

可以通过点击"添加"角色按钮，进行新的数据角色的绘制，如绘制"光照强度"角色，并修改角色名称。

实践任务：添加多个数据角色。

任务要求：完成图片中四个数据的实时显示。

| 教师活动 | 学生活动 |

（5）认识列表

列表是数据存放的一种方式，列表中的每个元素都有它的索引位置。假如将一个变量看作是抽屉，那么列表就是容纳很多抽屉的柜子，索引就是每个抽屉独一无二的编号。我们可以通过向列表中添加数据，也可以通过索引快速定位并得知列表中该项的值。如图：

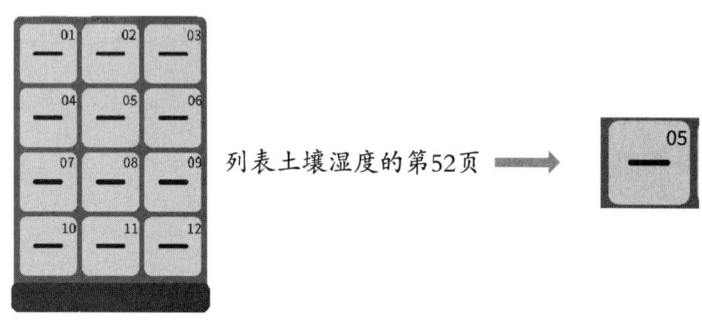

（列表：土壤湿度）

（6）建立列表

建立列表的方法与建立变量的方法类似，点击"变量"模块中的"建立一个列表"后弹出列表的命名窗口，输入相应的名称即可，同样可以选择该列表是适用于所有的角色还是仅适用于当前的角色。

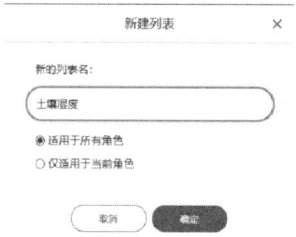

（7）添加与删除列表中数据

需要将计算得到的平均值添加到列表中，并且每次运行程序时都要清除之前列表中的所有数据，需要用到以下积木：

积木区	积木	功能
变量	将 thing 加入 土壤湿度▼	将框内的数据添加到列表中，框内的数据可以是文本、数字
	删除 土壤湿度▼ 的全部项目	删除这个列表中的全部数据，通过点击下拉三角可以选择其他列表

教师活动	学生活动

● 舞台图表可视化之制作图表可视化按钮

智慧农业大棚数据平台实时显示监测到的数据，如果想要观看数据的波动与变化需要点击空格键打开，当图表打开后，逐一读取存储数据的列表值，将该数值作为折线图的y轴添加到图表中，形成当前数据的折线图。所以在本环节将学习读取列表的值、识数据图表积木、学习如何将数据添加到图表中等相关编程知识。

（1）认识图表类型

慧编程中的"数据图表"模块中图表的类型一共有五种，分别是表格、折线图、柱状图、双轴图、饼图，其中在"环境数据采集"环节学习认识了表格和折线图。饼图多用于表示一个事物中各个分类所占的比例，柱状图多用于比较同一时期的不同事物又或者是同一事物不同时期的值。如下：

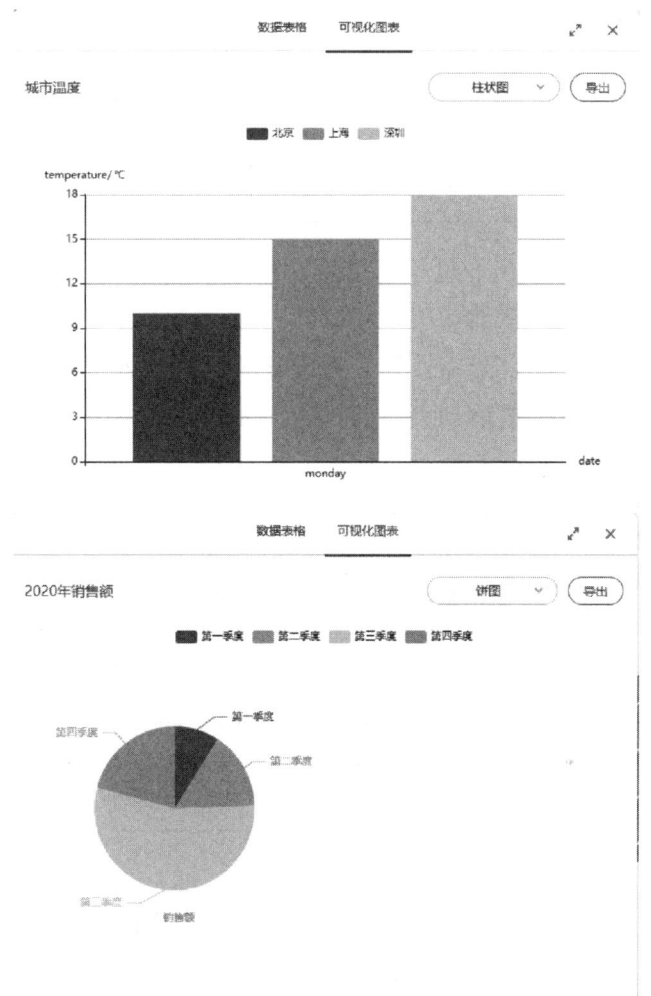

| 教师活动 | 学生活动 |

（2）设置打开图表

按下空格键后，打开图表，每次打开图表前都需要清除数据，才能最大程度地保证数据的准确性。需要使用到以下积木：

积木区	积木	功能
数据图表	打开图表窗口	打开图表窗口
	清空图表数据	清空当前图表全部内容

（3）设置图表要素及类型

对于图表来说，表头、x轴标题、y轴标题都是必备要素，设置可视化图表页面并选择图表类型需要以下积木：

积木区	积木	功能
数据图表	设置图表标题 untitled	输入并设置图表标题
	设置图表类型为 表格	设置图表类型，可选择表格、折线图、柱状图、双轴图、饼图
	设置轴标题：x轴 date y轴 temperature/℃	设置x轴标题，y轴标题

（4）遍历列表并将值添加到图表中

当接收到打开图表命令后，需要快速遍历相对应的列表，将列表中储存的平均值逐一添加到图表中。首先需要知道列表有多少项，然后重复执行该次数，就能够达到逐个读取列表值的目的，读取数据添加到表格中，需要使用以下积木：

积木区	积木	功能
数据图表	输入 indoor 的数据：x轴 monday y轴 15	列表的项目数
	土壤湿度 的第 1 项	读取列表中指定项数的值
变量	土壤湿度 的项目数	添加x、y的数据，其中indoor表示数据的名称，统一名称为同一组数据

实践任务：制作土壤湿度折线图。

任务要求：遍历土壤湿度列表中的平均值，并以折线图的形式进行可视化。

| 教师活动 | 学生活动 |

检查之前讲解内容的掌握情况，注意需要等待一段时间后再执行该任务。

此环节部分主要学习软件编程知识，将硬件收集的数据进行分析、可视化，构建智慧农业大棚数据平台系统，加深学生对舞台的理解和认知。

4. 项目实现（15分钟）

1）程序设计

在上一环节已经通过编程实现了：接收硬件采集信息并实时显示，形成土壤湿度的折线图函数。

现在，请在已有功能的基础上，完善程序，实现以下效果：

①完善舞台界面并实现空气温湿度、光线强度、土壤湿度四个数据的实时显示；

②分别计算四组数据并储存在相对应的列表中；

③点击空格按键出现四组数据的折线图。如下所示：

参考程序：

2）测试效果

尝试通过更改科学传感器三个数据的值，调试图表可视化的最终效果。

| 教师活动 | 学生活动 |

在学习基础的编程知识之后,调整已搭建好的结构,而后再进一步进行程序设计的完善和效果测试,可以在一定程度上帮助学生持续保持对项目的探索兴趣,更好地达成学习目标。

5. 项目展示(13分钟)

1)以小组为单位进行作品展示

可以参考以下两种方式引导学生进行作品介绍:

问答式:作品主要有什么功能?为什么这么设计?小组成员是如何分工的?在学习和制作的过程中有没有遇到什么问题?是否解决了?作品还有哪些可以优化的地方?

陈述式:作品叫_____,起这个名字的原因是_____,它的功能有_____,小组成员是_____,每个人的工作分工是_____,制作过程中遇到的问题有_____,解决方法是_____,觉得作品还能改进的地方是_____。

2)其他学生进行评价补充

其他学生可以评价展示的项目,或可将自己的项目与展示的项目进行对比说明。

引导学生进行作品的自主展示和介绍,同时鼓励其他学生进行作品点评。在引导学生敢于自我表达的同时,帮助学生学会发现问题,寻找解决办法,最终能够找到作品优化方向。

6. 课堂总结(2分钟)

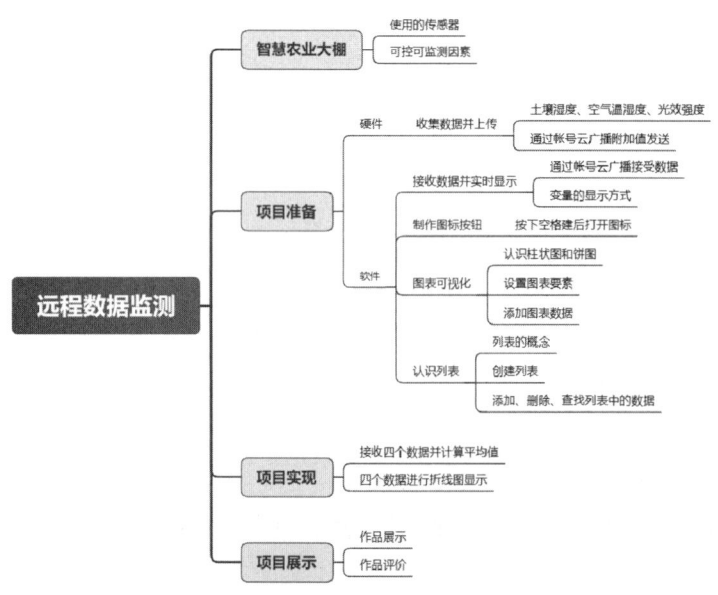

▶ 通过思维导图的形式,梳理本次课程的学习内容,回顾整节课的学习过程。

3.9 智能通风系统

建议课时：90分钟

◎ **教学目标**

☆认识农业大棚搭建结构，理解处于不同状态下，两个舵机角度的差异；

☆分别修改两个舵机角度，能够理解并设置大鹏全开和全关运动函数；

☆制作智能通风系统开关按钮，能够根据温度和湿度控制农业大棚开合；

☆能够设计使用舵机作为动力控制并且能够根据温湿度自动打开关闭的智能通风系统。

◎ **教学重难点**

重点：理解智慧农业大棚处于不同状态下的舵机角度设置。制作智能通风系统开关按钮。

难点：理解舵机的角度变换，并能够使用摇杆控制大棚关闭。

◎ **课前准备**

教师：准备好装有慧编程软件的电脑、mBot2主板、舵机、USB连接线。

学生：可以将金属器件与电子硬件结合完成搭建，熟练运用舵机等模块功能。

◎ **教学过程**

教师活动	学生活动
1. 情景导入（5分钟） 通过物联网不仅能够将农业大棚中的数据传送到数据平台，还可以通过数据平台将数据进行分析处理，再发送相应的指令给农业大棚，进而控制喷灌、通风等操作，能够及时根据数据的变化为农作物创造更加适合生长的环境。 观看视频《智慧农场》。 **2. 项目分析（10分钟）** 1）头脑风暴 上节课我们已经制作了可以远程监测农业大棚中环境因素的智慧	▶ 通过图文的形式，引出远程控制农场的主题；通过观看视频资料的形式，了解使用APP远程操控大棚内的通风和喷灌系统。

教师活动	学生活动

农业数据平台，但是只是监控远远不够，如果可以远程操控大棚中的硬件设备，就能及时地为大棚中的农作物创造合适的环境，如果土壤湿度过低，可以打开灌溉系统进行喷灌，提高土壤湿度。那现在需要给智慧农业大棚设计一个智能通风系统，实现能够根据温湿度控制农业大棚的开关。

现在以小组为单位，思考、讨论并回答以下几个问题：

①你会如何设计农业大棚让其实现通风操作，会使用哪些器材呢？

②什么样的空气温湿度条件打开大棚？什么样的温湿度值关闭大棚呢？

③除了根据空气温湿度采取是否打开大棚，还可以有哪些操控大棚通风系统的操作呢？

经过思考、讨论，可以了解到：可以使用风扇换气、遮阳棚打开关闭等措施实现通风操作，除了根据温湿度控制外，还可以使用电脑按键、童芯派按键、摇杆控制大棚的开关。

2）项目拆解

现在就有一款使用舵机作为动力控制并且能够根据温湿度自动打开关闭的智能通风系统。

教师可以借助"智能通风系统"的思维导图，带领学生一起拆解"智能通风系统"的功能。

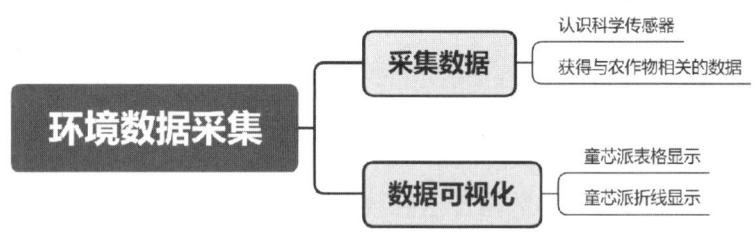

3. 项目准备（45分钟）

1）结构搭建

引导学生完成案例的搭建，使其能够在已有实物的基础上，更加直观地感知编程对硬件的控制，同时加深学生对于智慧农业大棚的工程设计核心要素的理解。

2）编程控制

手动开关按钮

▶ 学生基于现实情况从多方面进行问题思考，对案例进行功能拆解和分析，为项目实现厘清思路。

教师活动	学生活动
使用两个舵机作为大棚开关的动力装置，设置按键A、B控制大棚的开或关，同样可以通过摇杆上下控制大棚开关的程度，实现更加细微的调节。所以在本环节将会学习舵机的精准控制、摇杆状态的检测等相关编程知识。 （1）认识大棚结构 农业大棚通过控制舵机角度达到开关大棚的效果，其中借助齿轮将三个长短相同的蓝色平台的一端固定在舵机的中心位置，另一端通过折叠后的A4纸固定，该结构借鉴了古代折扇的结构。 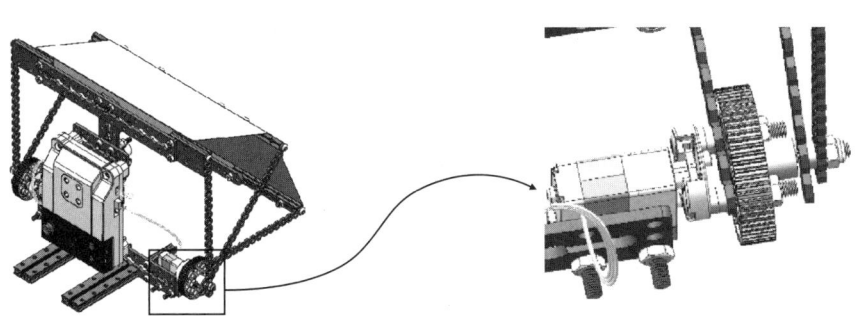 （2）连接主控与电脑 打开慧编程软件，从设备库中选择并添加设备"童芯派"，确保硬件主控为"童芯派"，将童芯派与电脑相连，选择"上传"模式，并点击"连接"，完成硬件与软件的连接。 （3）设置舵机的初始角度 将智慧农业大棚结构抽象为图形，可以观察到大棚的开关主要通过控制三个轴的位置实现。 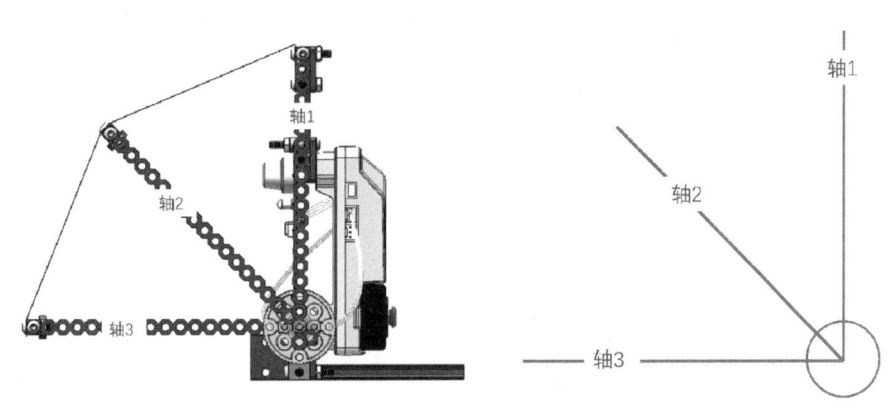	▶ 将金属器件与电子硬件结合完成智慧农业大棚的搭建。

其中轴三为动力轴，即通过控制轴三的角度就能够达到想要的开关程度。因为大棚需要两个舵机进行控制，而它们两个的安装是处于轴对称状态，就导致舵机的位置相同，但是角度不同。其中当大棚处于全开状态下S1接口舵机角度为90°加上5°的间隙值，得到95°，S3接口舵机与之相反，90°减去5°，得到85°，同样当大棚处于全关状态时，S1的角度为180°，S3的角度为0°。

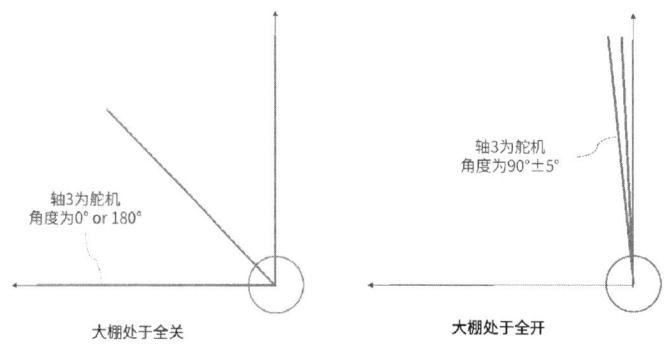

（4）设置打开效果

大棚缓慢打开能够避免砸伤人的安全事故出现，所以通过逐渐增加舵机的角度达到缓慢打开的效果。需要使用到以下积木块：

积木区	积木	功能
mBot2底盘	舵机 全部▼ 的设置角度增加 10	控制舵机角度的增加，范围0~180°

实践任务：制作开棚函数。

任务要求：舵机位于全关状态，然后逐渐打开，直到全关状态。注意S1与S3的舵机增加值相反。

```
定义 全开
  显示 开棚 在 屏幕中心▼ 以 (16)中▼ 像素
  舵机 (3) S3▼ 设置角度为 0°
  舵机 (1) S1▼ 设置角度为 180°
  重复执行 85 次
    舵机 (3) S3▼ 的设置角度增加 1°
    舵机 (1) S1▼ 的设置角度增加 -1°
    等待 0.05 秒
```

教师活动	学生活动

提示 因为两个舵机的安装位置不同，所以角度增加值相反。

（5）通过摇杆控制开关程度

使用事件类积木作为触发开关，当摇杆向上拨动时，重复执行并检测，如果摇杆向上拨动，大棚缓慢打开，否则大棚状态不发生变化。通过这种触发后再检测摇杆状态，能够保证只有摇杆被拨动，大棚才改变状态，实现精准控制。

● 远程控制通风系统

在智慧农业大棚数据平台中通过点击舞台角色进行造型切换，其中通风系统为开时，则为自动控制，即根据温度和湿度判断是否发送开棚和关棚的命令；通风系统为关时，则为远程按键控制，通过点击键盘上的按键，发送开棚和关棚的命令。所以在本环节将会学习如何设置自动通风系统，检测电脑按键是否被按下等相关编程知识。

（1）判断鼠标点击角色

慧编程中"侦测"模块中没有检测鼠标点击角色积木，所以判断鼠标点击角色应同时满足鼠标碰到角色并且鼠标被按下两个条件，需要使用以下积木：

积木区	积木	功能
侦测	按下鼠标?	检测到鼠标被按下后返回肯定值
	碰到 鼠标指针 ▼ ? ✓ 鼠标指针 舞台边缘	检测到碰到鼠标指针返回肯定值，通过点击下拉三角可以选择舞台边缘等多种侦测对象。

（2）改变按钮造型

切换按钮造型前需要知道角色的多个造型的名称或者序号，如本案例中按钮角色的名称为"开""关"，其中造型"开"序号为1，造型"关"序号为2。除了观察造型的名称和编号外，也可以直接更改造型的名称，通过鼠标选中造型，长按调换造型的位置达到更换造型编号的目的。

教师活动	学生活动

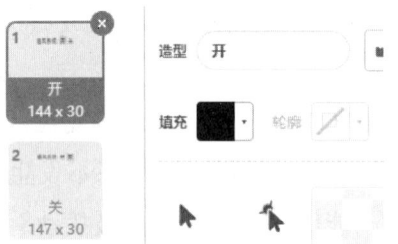

改变造型按钮需要先检测当前造型为"开"还是"关",检测后换成另一种造型,需要使用以下积木:

积木区	积木	功能
外观	造型 编号▼	得知当前角色的造型编号和造型名称
	下一个造型	切换角色的下一个造型
	换成 开▼ 造型	切换指定的角色造型

实践任务:制作智能通风系统开关按钮。

任务要求:鼠标点击角色切换造型,发送命令,如造型为"开",发送"开棚"。

检查学生对于角色的造型切换和鼠标点击角色知识的掌握程度。

```
当 ▶ 被点击
重复执行
    如果 〈碰到 鼠标指针▼ ?〉 与 〈按下鼠标?〉 那么
        如果 〈造型 编号▼ = 1〉 那么
            换成 关▼ 造型
            发送帐号云广播 关棚
            等待 2 秒
        否则
            换成 开▼ 造型
            发送帐号云广播 开棚
            等待 2 秒
```

(3)打开智能通风系统

智能通风系统通过检测空气温度和空气湿度的值选择发送开棚关棚命令,空气温度的取值范围为-40~125℃,空气湿度的取值范围为

教师活动	学生活动

0~100%。其中空气湿度温度的取值为存储平均数列表中的最后一项，也就是该列表的总项目数的值，如图：

空气温度▼ 的第 空气温度▼ 的项目数 项

（4）远程操控大棚开关

当智能通风系统关闭后，可以通过键盘上的按键远程控制大棚，当按下某一按键后，使用帐号云广播发送"开棚"或者"关棚"命令，达到远程操控的效果。

此环节将项目中的硬件学习与编程知识进行对应，感知硬件编程的操作过程，了解软硬件的控制方式，并且在编程学习中软硬件的数据交互。

4. 项目实现（15分钟）

1）程序设计

在上一环节已经在远程数据监测程序的基础上添加了大棚全开的函数并测试。

现在，请在已有功能的基础上，完善程序，实现以下效果：

①童芯派按键A、B控制大棚的全开和全关。

②摇杆向上、下波动控制大棚开关的程度。

③舞台上打开智能通风系统后，根据检测到的空气温湿度值发送大棚打开关闭命令。

④舞台上关闭智能通风系统后，使用键盘的"↑""↓"键控制大棚。

参考程序：

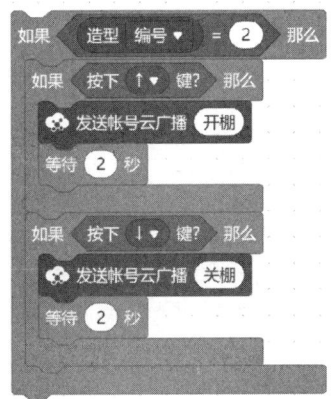

（关闭智能通风系统，按键控制开关）

> **提示** 程序完成之后，把程序上传至童芯派，进行离线使用。

▶ 在已搭建的智慧农业大棚的结构上，完善"智能通风系统"的程序设计，并测试效果。

教师活动	学生活动
2）测试效果 尝试通过更改科学传感器的值，调试智能通风系统的最终效果。 在学习基础的编程知识之后，调整已搭建好的结构，而后再进一步进行程序设计的完善和效果测试，可以在一定程度上帮助学生持续保持对项目的探索兴趣，更好地达成学习目标。 **5. 项目展示（13分钟）** **1）以小组为单位进行作品展示** 可以参考以下两种方式引导学生进行作品介绍： 问答式：作品主要有什么功能？为什么这么设计？小组成员是如何分工的？在学习和制作的过程中有没有遇到什么问题？是否解决了？作品还有哪些可以优化的地方？ 陈述式：作品叫＿＿＿＿，起这个名字的原因是＿＿＿＿，它的功能有＿＿＿＿，小组成员是＿＿＿＿，每个人的工作分工是＿＿＿＿，制作过程中遇到的问题有＿＿＿＿，解决方法是＿＿＿＿，觉得作品还能改进的地方是＿＿＿＿。 **2）其他学生进行评价补充** 其他学生可以评价展示的项目，或可将自己的项目与展示的项目进行对比说明。 引导学生进行作品的自主展示和介绍，同时鼓励其他学生进行作品点评。在引导学生敢于自我表达的同时，帮助学生学会发现问题，寻找解决办法，最终能够找到作品优化方向。 **6. 课堂总结（2分钟）** 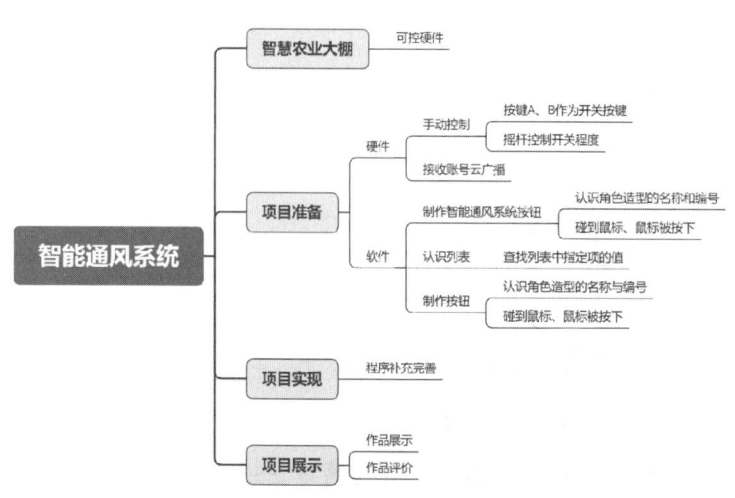	▶ 通过思维导图的形式，梳理本次课程的学习内容，回顾整节课的学习过程。

3.10　智能传送

建议课时：90分钟

◎ **教学目标**

☆ 了解传送带的概念，知道生活中传送带的应用；

☆ 认识四路颜色传感器，理解四路颜色传感器颜色识别的原理；

☆ 能够使用变量制作计时器，并理解计时器在整个程序中的逻辑；

☆ 能够根据搭建手册正确搭建智能传送带形态，并且可以借助编程完成智能传送带的制作。

◎ **教学重难点**

重点：学习四路传感器颜色识别原理；理解使用变量制作计时器的逻辑。

难点：能够使用变量制作计时器，并理解计时器在整个程序中的逻辑。

◎ **课前准备**

教师：准备好装有慧编程软件的电脑、mBot2主板、四路颜色传感器、编码电机、USB连接线。

学生：可以将金属器件与电子硬件结合完成搭建，熟练运用四路颜色传感器、编码电机等模块功能。

◎ **教学过程**

教师活动	学生活动
1. 情景导入（5分钟） 传送带是实现短距离的A点到B点的一种运输设备，在日常生活多应用于地铁安检、超市自动扶梯，在物流中通常用于两点之间的货物。但通过对传送带的装置、节点进行改装，使它不仅能够进行货物的传送，还可以根据货物的类型分流，大大提升了传送带的功能性。 播放视频《多种类型的传送带》。	▶ 了解不同传送带的形态，为后续的课程做铺垫。

| 教师活动 | 学生活动 |

2. 项目分析（10分钟）

1）头脑风暴

从视频中可以看到各种类型的传送带，它们都使用的是履带传送结构。最简单的履带传送结构是两个齿轮加上一条履带，如图所示。当齿轮1顺时针转动时，履带上的物体就会随着履带向右转动。这种结构可以在长距离的传动过程中使用较少的零件达到效果，同样也可以降低能量损耗。

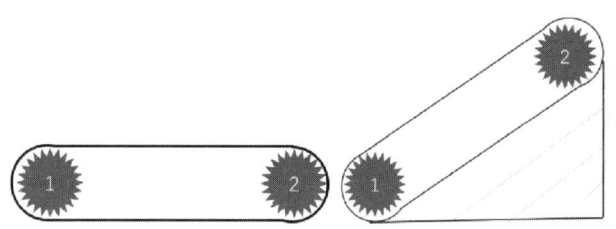

认真观察履带传送结构，以小组为单位，思考、讨论回答以下几个问题：

①履带传送结构中除了两个齿轮和一根履带，还有其他必不可少的零件吗？举例说明。

②除了通过按键控制开关，还有其他的控制方法能够达到绿色节能的效果呢？

③工厂中的关于传送带的安全事故频发，针对这一现象你有什么解决方案吗？

经过思考、讨论，可以了解到：履带传送结构除了齿轮和履带外，还需要能够提供动力的零件作为能量来源，比如电机、手摇把手等；可以使用传感器检测货物，有货物开始运行，长时间没有检测货

教师活动	学生活动
物则停止传送带运行；针对安全事故，可以采取紧急制动按钮、履带的安装松紧适当、履带运行速度不能过快等措施减少事故的发生。 2）项目拆解 制作一款具备安全节能功能的智能传送带设备。 教师借助"智能传送带"的思维导图，带领学生一起拆解"智能传送带"的功能。 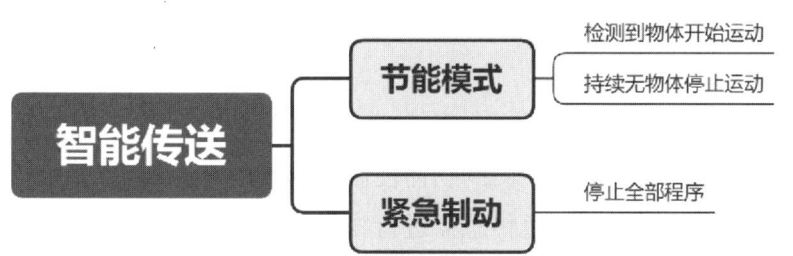 3.项目准备（45分钟） 1）结构搭建 引导学生完成案例的搭建，使学生能够在已有实物的基础上，更加直观地感知到编程对硬件的控制，同时加深学生对于智能传送带的工程设计核心要素的理解。 2）编程控制 ● 节能模式 智能传送带使用四路颜色传感器进行物体检测，检测到物体后开始运动，持续固定时间都没有检测到物体，则停止传送带运动进入节能模式。所以在本环节内将认识四路颜色传感物体识别的原理，学会使用四路颜色传感器进行物体检测，并能够使用变量进行倒计时的设置等以及相关的编程内容。 （1）四路颜色传感器颜色识别原理 在现实世界中，当我们看到一个东西是红色时，往往意味着该物体对红光的吸收较弱，而对其他光的吸收较强，因此当我们让四路颜色传感器的四个补光灯以红灯照射一个物体时，越红的物体对红色光的发射越强烈，光线传感器的读值也就越高，我们由此得到了被检测物体的"红色程度"。以此类推，我们可以切换补光灯的颜色，让其	▶ 基于现实情况从多方面进行问题思考，对案例进行功能拆解和分析，为项目实现厘清思路。 ▶ 结合金属器件和电子硬件完成智能传送带的搭建。

| 教师活动 | 学生活动 |

在红、绿、蓝之间不断变化，记录光线传感器在对应时刻的读值，从而推算出被检测物体的"红色程度""绿色程度"和"蓝色程度"，进而推测被检测物体的颜色。物体的灰度值是指图像的颜色深度，取值范围为0~100，黑色为0，白色为100。

（2）主控连接电脑

打开慧编程软件，从"设备扩展"中选择并添加"四路颜色传感器"模块和"mBot2"模块；使用USB线将传送带与电脑连接（也可以使用蓝牙适配器），切换为"在线"模式。

（3）检测物体开始运动

节能模式为检测到物体，传送带开始运行，当持续一段时间都没有检测到物体后，传送带停止，通过是否检测到物体控制传送带的开关，实现节能的效果。本案例使用四路颜色传感器进行物体检测。检测到物体，传送带开始运动，需要用到以下积木块：

积木区	积木	功能
四路颜色传感器	四路颜色传感器 1▼ 探头 (1)R2▼ 检测到的 物体 R 值▼	读取特定探头的颜色识别和灰度识别结果。其中R值、G值、B值的取值范围为0~255，物体灰度值取值范围为0~100

提示

四路颜色传感器与超声波传感器检测物体原理区别

本案例使用四路颜色传感器检测物体，而不是超声波传感器。是因为超声波传感器通过发送超声波，然后根据返回的超声波判断前方是否有物体，其检测结果会受到物体相对于传感器的位置和角度的影响。四路颜色传感器可以通过RGB补光灯光的变化，记录光线传感器接受物体反射的不同颜色RGB补光灯的光线，判断前方有无物体，这种通过光线进行物体检测不受位置和角度的影响。由于两个传感器检测物体的原理不同（波形与光），相比之下超声波更擅长于检测静态物体的距离，四路颜色传感器更擅长于动态物体的检测。

传感器类型	物体相对于传感器的位置				物体相对于传感器的角			
	0.5cm	5cm	10cm	30cm	−40°	−10°	20°	50°
四路颜色传感器	是	是	是	是	是	是	是	是
超声波传感器	否	否	否	否	是	是	是	是

实践任务：开启传送带。

任务要求：检测到物体灰度值大于0，开启传送带；没有检测到物品停止传送带运动。学会使用四路颜色传感器判断是否有物体出现。

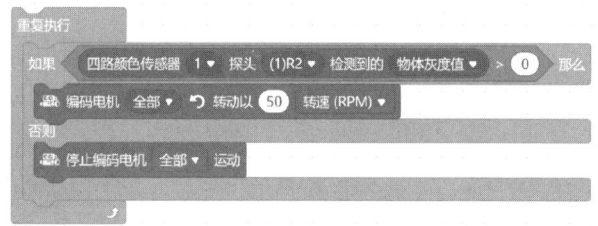

（4）无物体进入节能模式

节能模式为当持续时间检测不到物体，停止传送带运动，等待下次检测到物体时，重新开始运动。本案例采用倒计时的方法，设置初始"时间"变量为10s；每次没有检测到物体，变量"时间"减少1；检测到"时间"的值等于0后，停止电机运动；倒计时过程中，只要检测到物体，变量恢复初始值。

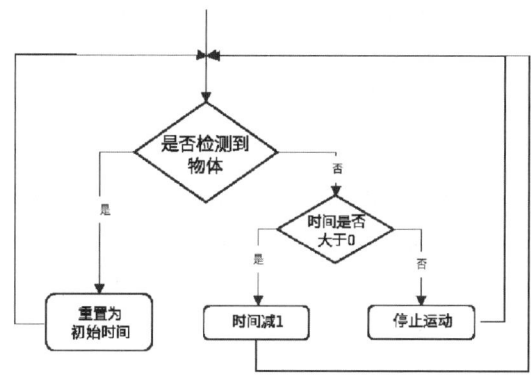

实践任务：控制传送带运动。

任务要求：检测到物体后，"时间"重置为初始时间10；没有检

教师活动	学生活动

测到物体并且检测到"时间"大于0,等待1s,"时间"减1;否则(时间小于或等于0)停止传送带运动。如下:

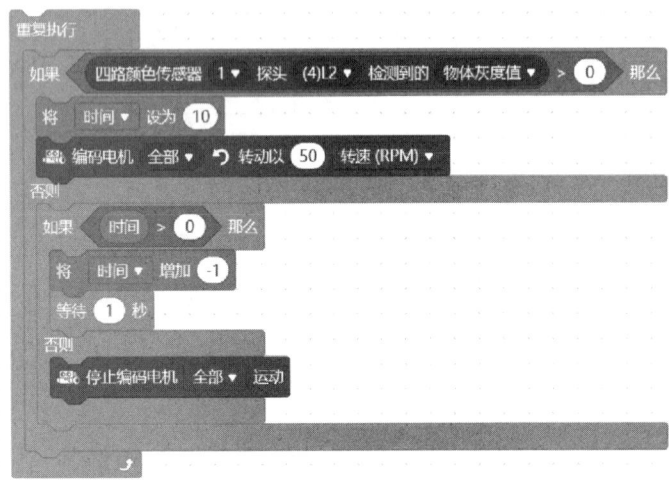

● 紧急制动

为保证生产安全,设置紧急制动按钮,当该按钮被按下后,停止传送带所有工作并发出提示。所以在本环节将会学习如何设置紧急制动按钮、怎样停止所有程序的相关编程知识。

按下按钮后,传送带停止运动,其他全部程序停止运行。停止所有程序,需要用到以下积木块:

积木区	积木	功能
控制	停止 全部脚本▼	执行停止指定脚本。停止这个脚本即是指停止当前事件头下的所有程序

此环节将项目中的硬件学习与编程知识进行对应,感知硬件编程的操作过程。通过简易流程图的方式表述编程逻辑,更加清晰易懂。

4. 项目实现(15分钟)

1)程序设计

在上一环节已经通过编程实现了:在"在线模式"下,智能传送带能够根据是否检测到物体进行启动或停止的操作。

现在,请在已有功能的基础上,完善程序,实现以下效果:

▶ 停止全部脚本后,电机和灯光停止在最后状态,如灯光依然为红色,电机依然运转。

| 教师活动 | 学生活动 |

①童芯派启动,更新屏幕。提示A为启动按钮,B为紧急制动按钮。

②紧急制动设置:当按钮B按下时,停止电机运动,提示当前为紧急制动状态,并停止所有脚本。

③启动按钮A设置:按键A按下,清空显示屏,设置进入节能状态倒计时为变量"时间"初始值为10。

④传送带运动设置:重复执行检测物体操作,并显示"节能倒计时?秒"的提示,检测到物体,传送带开始运动,当连续10秒钟都检测不到物体时,停止电机运动。

参考程序:

(紧急制动)

提示 程序完成之后,把程序上传至童芯派,进行离线使用。

2)测试效果

尝试调整智能传送带的速度和高度,观察不同速度和高度对检测结果有无影响。

在学习基础的编程知识之后,调整已搭建好的结构,而后再进一步进行程序设计的完善和效果测试,可以在一定程度上帮助学生持续保持对项目的探索兴趣,更好地达成学习目标。

5. 项目展示(13分钟)

1)以小组为单位进行作品展示

可以参考以下两种方式引导学生进行作品介绍:

问答式:作品主要有什么功能?为什么这么设计?小组成员是如何分工的?在学习和制作的过程中有没有遇到什么问题?是否解决了?作品还有哪些可以优化的地方?

陈述式:作品叫_____,起这个名字的原因是_____,它的功能有_____,小组成员是_____,每个人的工作分工是

教师活动	学生活动
＿＿＿＿，制作过程中遇到的问题有＿＿＿＿，解决方法是＿＿＿＿，觉得作品还能改进的地方是＿＿＿＿。 2）其他学生进行评价补充 其他学生可以评价展示的项目，或可将自己的项目与展示的项目进行对比说明。 引导学生进行作品的自主展示和介绍，同时鼓励其他学生进行作品点评。在引导学生敢于自我表达的同时，帮助学生学会发现问题，寻找解决办法，最终能够找到作品优化方向。 **6. 课堂总结（2分钟）** 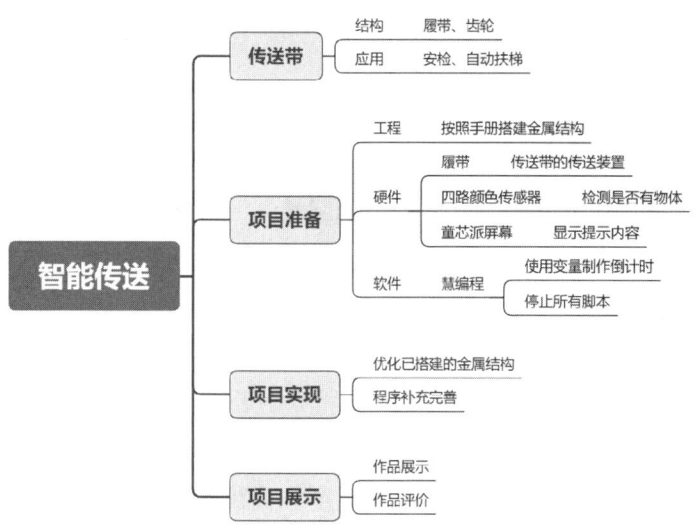	▶ 通过思维导图的形式，梳理本次课程的学习内容，回顾整节课的学习过程。

3.11 物流分拣

建议课时：90分钟

◎ **教学目标**

☆ 了解物流分拣的一般工作流程，知道物流分拣在整个物流体系的重要性；

☆ 能够使用四路颜色传感器识别物体颜色；

☆ 学会使用颜色、亮度、饱和度三种参数设置童芯派灯光颜色，并结合颜色识别结果进行显示；

☆ 能够根据搭建手册正确搭建物流分拣结构，并且可以借助编程控制物流分拣结构的偏转角度。

◎ **教学重难点**

重点：学会使用四路颜色传感器的颜色识别功能；根据集包袋的位置设置舵机偏转角度。

难点：对识别的货物进行计数，能够理解变量"货物数量"的位置。

◎ **课前准备**

教师：准备好装有慧编程软件的电脑、mBot2主板、四路颜色传感器、编码电机、USB连接线。

学生：可以将金属器件与电子硬件结合完成搭建，熟练运用四路颜色传感器、编码电机等模块功能。

◎ **教学过程**

教师活动	学生活动
1. 情景导入（5分钟） 网购时代的来临伴随着大量的快递产生，2020年双十一期间订单数量高达22.5亿单，约等于2010年全年中国快递量的总和，这些集包袋拼接起来可绕地球赤道16圈多。快速攀升的物流单量给快递行业也带来巨大的压力，无数的集包袋从各个地区发出，送到全国各地每个人的手中。其中物流分拣是最繁琐和容易出错的环节，物流人需要将快递根据收货地所在的省市地区进行分类归放，之后再打包。数以亿	▶ 了解物流分拣在整个物流流程的重要性，为后续的课程做铺垫。

教师活动	学生活动

计的快递需要做到不出错、高效率的分拣对于物流人员来说是高压高难度的操作，现在已有各种各样的物流分拣工具出现，减缓了人工分拣的压力，同时也降低了错误率。

播放视频《物流分拣》。

2. 项目分析（10分钟）

1）头脑风暴

通过上面的视频介绍，我们知道物流分拣是首先获得快递的目的地信息，然后"小黄人"根据目的地将快递投放到各个集包袋中，最后通过人工或者机器将集包袋打包进行运输。

现在以小组为单位，思考、讨论回答以下几个问题：

①整个物流分拣过程中重要的步骤是什么？为什么？

②除了根据目的地进行分类，还有没有其他方式？

③物流分拣机器人只能用在根据目的地分类上面吗？还可以用在物流的哪个环节呢？举例说明。

经过思考、讨论，可以了解到：整个物流分拣过程中最重要的步骤是将快递分类，因为该步骤繁琐、工程量大且为整个快递运输中的第一步。除了根据目的地分类还可以先根据快递的包装类型进行分类，然后再根据目的地分类，这样能够保证快递包裹的完整性。物流分拣除了能用于目的地分类外，还可以用在某一单快递内的货物挑选，机器人根据订单内的货物信息进行挑选。

2）项目拆解

制作一款能够帮助快递员进行快递包裹分拣的设备。

教师可以借助"物流分拣"的思维导图，带领学生一起拆解"物流分拣"的功能。

▶ 基于现实情况从多方面进行问题思考，对案例进行功能拆解和分析，为项目实现厘清思路。

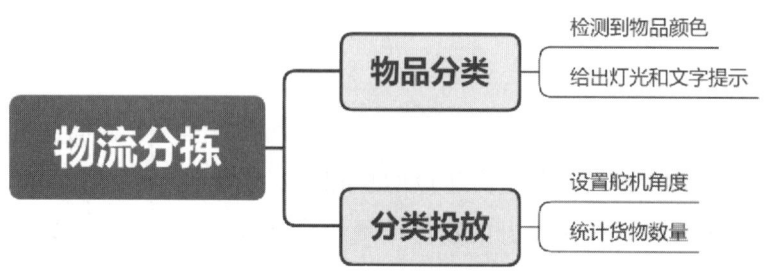

3. 项目准备（45分钟）

根据手册搭建金属结构，结合物流分拣金属结构认识硬件，学习

教师活动	学生活动
相关的编程控制方式。 　　1）结构搭建 　　引导学生完成案例的搭建，使学生能够在已有实物的基础上，更加直观地感知编程对硬件的控制，同时加深学生对于物流分拣案例的工程设计核心要素的理解。 　　2）编程控制 　　● 物品分类 　　使用四路颜色传感器检测物品的颜色，根据检测到的颜色给出灯光和显示屏文字的提示。所以在本环节将会学习使用四路颜色传感器检测物品颜色，能够使用童芯派的灯光表示相应的颜色以及显示屏显示文字等相关的编程内容。 　　（1）mBot2主控连接电脑 　　打开慧编程软件，从"设备扩展"中选择并添加"四路颜色传感器"模块和"mBot2"模块；使用USB线将传送带与电脑连接（也可以使用蓝牙适配器），切换为"在线"模式。 　　（2）使用灯光显示颜色识别结果 　　使用四路颜色传感器识别物品的颜色进行货物分类，并使用童芯派的灯光颜色显示识别结果。我们需要用到以下积木：	▶ 结合金属器件和电子硬件完成物流分拣的搭建。

积木区	积木	功能
灯光	LED灯 全部▼ 显示	通过拖动颜色、饱和度和亮度的位置设置指定位置的灯光颜色，也可从舞台吸取颜色进行设置

　　实践任务：物品分类并提示。

　　任务要求：当A键被按下，传送带启动；当检测到"红""蓝""绿"颜色的货物时进行相应颜色的灯光显示；没有检测到物品，则显示白色灯光。

教师活动	学生活动
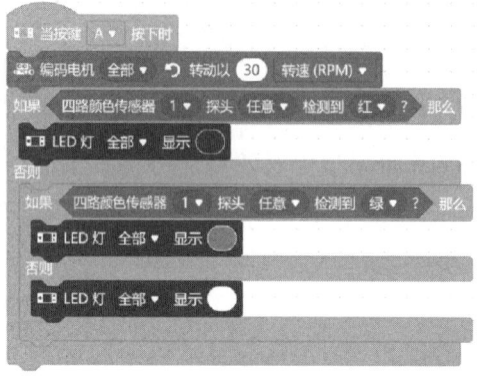	▶ 学习使用四路颜色传感器的颜色识别功能。学生修改编码电机的速度，观察不同速度对检测结果的影响。

● 分类投放

检测到物品颜色后，根据不同的颜色识别结果设置舵机的角度，达到分类投放的效果，同时进行货物数量的统计。所以在本环节学习舵机角度的设置、使用变量计数等相关编程知识。

（1）舵机偏转角度设置

根据集包袋摆放位置，设置舵机的偏转角度。舵机每次改变角度后，需要设置一段等待时间，避免出现分类机械臂的多次频繁转动导致舵机发热。

（2）统计物品的数目

A键被按下后，设置变量"数量"初始值为0，每次执行检测循环时，变量"数量"加1，没有检测到货物则变量减1，物流分拣结束后可得到已分拣物品的数目。

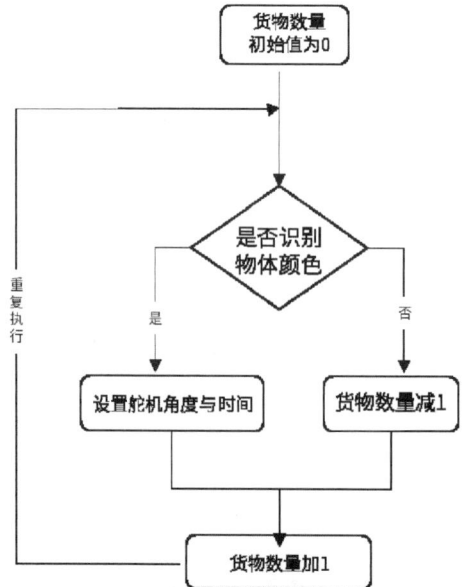

教师活动	学生活动

（3）为什么不是每次识别到颜色后，货物数量加1？

避免因为传送带突然停止，货物被检测后，但还没有被分拣进入集包袋的情况造成货物数量错误。放在每次循环之后，就能够保证每个货物都经过分拣进入相应的集包袋。

此环节将项目中的硬件学习与编程知识进行对应，感知硬件编程的操作过程。通过简易流程图的方式表述编程逻辑，更加清晰易懂。

4. 项目实现（15分钟）

1）程序设计

在上一环节已经通过编程实现了：在"在线模式"下，智能传送带能够根据识别物体颜色的结果进行相应的灯光显示并控制舵机进行分类投放计数。

现在，请在已有功能的基础上，完善程序，实现以下效果：

①童芯派启动，更新屏幕。提示A为启动按钮，B为停止按钮。

②停止按钮设置：当按钮B按下时，停止电机运动，提示当前分拣货物的数量，并停止所有脚本。

③启动按钮A设置：按键A按下，清空显示屏，设置货物数量的初始值为0。

④物品分类设置：重复执行物品分类，根据识别的物品颜色，显示相应的灯光和文字提示，如识别到红色货物，童芯派灯光为红色，屏幕显示为"红色"。

⑤分类投放设置：根据识别到的货物和集包袋的位置设置舵机角度。

参考程序：

（紧急制动）

提示 程序完成之后，把程序上传至童芯派，进行离线使用。

2）测试效果

尝试调整传送带的速度，观察不同速度对检测结果有无影响。

▶ 货物数量加1需放在整个检测流程的最下方，避免出现在检测过程中，传送带停止，出现数量错误。

▶ 在已搭建的物流分拣的结构上，完善"智能分拣"的程序设计，并测试效果。

教师活动	学生活动
在学习基础的编程知识之后，调整已搭建好的结构，而后再进一步进行程序设计的完善和效果测试，可以在一定程度上帮助学生持续保持对项目的探索兴趣，更好地达成学习目标。 **5. 项目展示（13分钟）** **1）以小组为单位进行作品展示** 可以参考以下两种方式引导学生进行作品介绍： 问答式：作品主要有什么功能？为什么这么设计？小组成员是如何分工的？在学习和制作的过程中有没有遇到什么问题？是否解决了？作品还有哪些可以优化的地方？ 陈述式：作品叫_____，起这个名字的原因是_____，它的功能有_____，小组成员是_____，每个人的工作分工是_____，制作过程中遇到的问题有_____，解决方法是_____，觉得作品还能改进的地方是_____。 **2）其他学生进行评价补充** 其他学生可以评价展示的项目，或可将自己的项目与展示的项目进行对比说明。 引导学生进行作品的自主展示和介绍，同时鼓励其他学生进行作品点评。在引导学生敢于自我表达的同时，帮助学生学会发现问题，寻找解决办法，最终能够找到作品优化方向。 **6. 课堂总结（2分钟）** 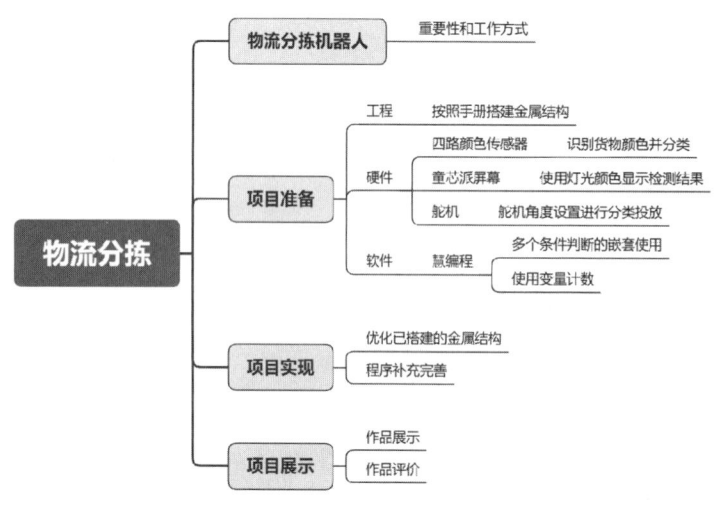	▶ 通过思维导图的形式，梳理本次课程的学习内容，回顾整节课的学习过程。

3.12 自动驾驶

建议课时：90分钟

◎ **教学目标**

☆理解四路颜色传感器的巡线原理，知道0和1所代表的含义；

☆学会使用四路颜色传感器的学习按钮，并能够检测是否学习成功；

☆知道位置偏移量的正负和大小所代表的含义；

☆理解设置巡线灵敏度的作用，并能够将巡线灵敏度与偏移量结合调整左右轮的速度，达到自动驾驶的效果；

☆能够参考手册完成自动驾驶小车的金属结构搭建，并在地图上实现自动驾驶的效果。

◎ **教学重难点**

重点：知道如何使用四路巡线传感器的学习按钮；理解位置偏移量的大小表示偏移状态，正负表示偏移方向。

难点：理解巡线灵敏度的作用，并能够将巡线灵敏度与位置偏移量结合矫正小车的左转或右转。

◎ **课前准备**

教师：准备好装有慧编程软件的电脑、mBot2主板、四路颜色传感器、编码电机、USB连接线。

学生：可以将金属器件与电子硬件结合完成搭建，熟练运用四路颜色传感器、编码电机等模块功能。

◎ **教学过程**

教师活动	学生活动
1. 情景导入（5分钟） 试想一下，你坐上汽车，输入目的地后就安心睡觉，当你醒来，已经到达了目的地。整个过程中没有堵车、没有周围汽车的鸣笛声，只需要输入目的地，是不是感觉超级棒。事实上，现有的自动驾驶技术已经能够完成这种效果。那自动驾驶到底是什么呢？怎样才能够使	▶ 通过观看视频资料的形式，了解自动驾驶的原理和自动驾驶所需

教师活动	学生活动

汽车完成自动驾驶的效果呢？一起看短视频了解一下。

播放视频《自动驾驶》。

自动驾驶汽车又称无人驾驶汽车，是一种通过电脑系统控制实现无人驾驶的智能汽车。依靠人工智能、视觉计算、雷达和全球定位系统协同合作，让汽车能够感知周围的路况、车况和行人，能够自动安全地进行行驶。

2. 项目分析（10分钟）

1）头脑风暴

自动驾驶汽车是通过摄像头、激光雷达、超声波雷达判断车身周围的环境状况做出相应的操作进而实现自动驾驶的效果。那么mBot2如何实现自动驾驶的效果呢？观看以下视频，以小组为单位，思考、讨论回答以下几个问题：

①mBot2通过什么传感器分辨线段和背景进而到达巡线效果呢？

②mBot2如何判断当前路线为弯道呢？又是如何实现完美通过弯道的效果呢？

③你还有哪些方法能够帮助mBot2实现该地图的自动驾驶呢？

经过思考、讨论，可以了解到：mBot2小车可以通过灰度传感器、四路颜色传感器分辨线段和背景进而达到巡线的效果，其中使用四路颜色传感器可以通过四个探头对于线段的位置得出当前小车是左倾还是右倾，然后调整速度达到完美通过弯道的效果。

2）项目拆解

我们可以借助四路颜色传感器完成人工智能编程小车的自动驾驶效果。

教师借助"自动驾驶小车"的思维导图，带领学生一起拆解"自动驾驶小车"的功能。

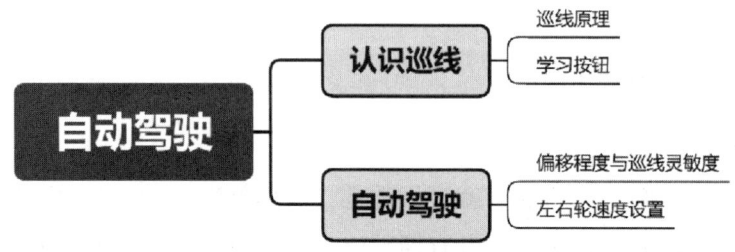

3. 项目准备（45分钟）

参考手册完成金属结构的搭建，结合自动驾驶小车金属结构认识

的传感器，为后续的课程做铺垫。

▶ 基于现实情况从多方面进行问题思考，对案例进行功能拆解和分析，为项目实现厘清思路。

教师活动	学生活动

硬件，学习相关的编程控制方式。

1）结构搭建

引导学生完成案例的搭建，使学生能够在已有实物的基础上，更加直观地感知编程对硬件的控制，同时加深学生对于自动驾驶小车的工程设计核心要素的理解。

2）编程控制

● 认识巡线

通过四路颜色传感器分辨线段和背景，然后根据四路颜色传感器返回的偏移量矫正小车的移动方向，达到自动驾驶的效果。所以在本环节将会学习四路颜色传感器巡线的原理，如何使用四路颜色传感器上的学习按钮提高巡线的准确度等相关编程知识。

（1）四路颜色传感器巡线原理

四路颜色传感器使用四个探头分辨线段与背景，使用数字0和1表示单个探头的检测状态也就是此时的位置。其中数字1表示检测到背景，相对应的LED灯亮；数字0表示检测到线段，相对应的LED灯熄灭。如四路颜色传感器的巡线状态为0000，则表示当前四个颜色传感器全部检测到线段，位置如下所示：

▶ 结合金属器件和电子硬件完成自动驾驶机器人的搭建。

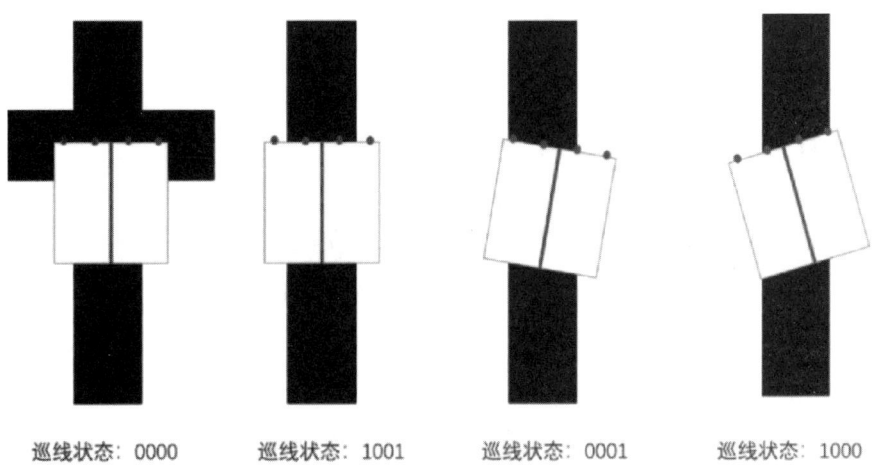

巡线状态：0000　　巡线状态：1001　　巡线状态：0001　　巡线状态：1000

四路颜色传感器可以检测到线段的16种状态，进而根据巡线状态做出相应的运动控制，达到巡线的目的。如检测到0001，小车偏向右侧，则控制小车向左行驶调整方向；检测到1000，小车偏向左侧，则控制小车向右行驶调整方向。

教师活动	学生活动

（2）学习按钮的认识与使用

通过学习按钮学习背景和线段的颜色，经过学习后，可以在深色背景和浅色线段进行巡线。背景和线段的颜色不仅仅局限于黑色和白色，只要背景和线段的颜色对比明显，都可以使用四路颜色传感器进行巡线。

将传感器4个探头都置于巡线地图背景上，双击按键，观察到4个巡线状态指示灯快速闪烁时，在背景和线段水平定高晃动传感器直到巡线状态指示灯停止快闪（时间约2.5s）。学习参数会自动存储，若学习失败则两个巡线状态灯会转为慢闪，需要重新学习。可以通过观察四路颜色传感器的指示灯检测是否学习成功。如检测到背景，指示灯亮，监测到线段，指示灯灭。

实践任务：正确使用学习按钮并检测。

任务提示：可通过观察四路颜色传感器的LED指示灯的状态确定是否学习成功。

通过使用学习按钮并根据LED灯判断是否学习成功，加深学生对于"0"为背景、"1"为线段的认知。

● 自动驾驶

利用四路颜色传感器检测小车相对线段的偏移程度，进而对小车左右轮的速度进行调整，达到矫正左倾或右倾的效果，从而实现巡线自动驾驶。所以在本环节将认识不同位置的小车偏移量的值，如何调整左右轮的速度实现左转右转的效果等相关编程知识。

（1）mBot2主控连接电脑

打开慧编程，使用USB线连接mBot2小车与电脑，选择"在线"模式。从"设备拓展"中选择并添加"mBot2"模块和"四路颜色传感器"模块。

（2）设置自动驾驶速度变量

四路颜色传感器检测到小车的位置发生变化，然后分别控制小车左右轮速度实现向左倾斜、向右倾斜，达到巡线效果。所以需要设置变量"速度"为小车的基础运行速度，设置变量"左轮速度""右轮速度"控制小车的左右轮速度。另外由于编码电机的安装位置需要注意左轮速度为正值，右轮速度为负值，实现小车前进的效果。

教师活动	学生活动

（3）设置巡线灵敏度

小车偏移量是以四路颜色传感器中间两个探头位于线段的正上方为初始位置，即偏移量为0，如图所示。当小车向左倾斜时，偏移量值为负，范围-100~0，小车向右倾斜时，偏移量值为正，取值范围为0~100。可以将速度与偏移量结合控制小车速度，如向右倾斜则控制右轮速度增加达到矫正的效果。为避免与小车左右轮速度直接进行叠加，造成小车方向大幅度调整的问题，所以设置变量"巡线灵敏度"解决这一问题。

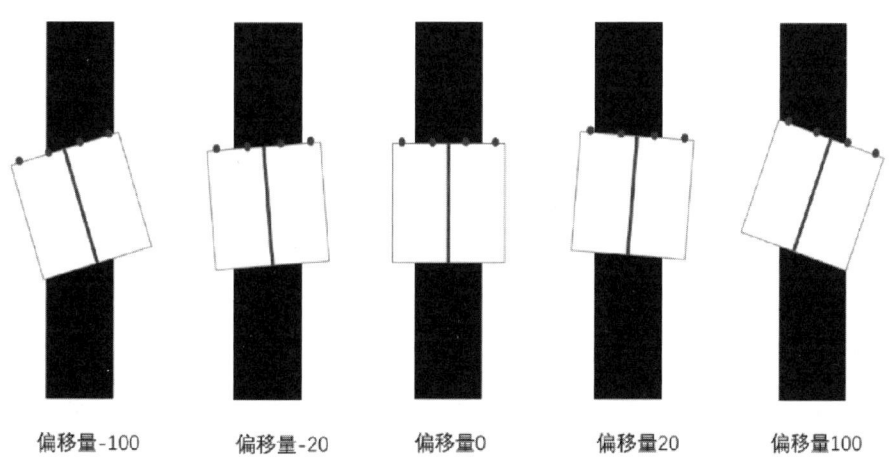

偏移量-100　　偏移量-20　　偏移量0　　偏移量20　　偏移量100

（4）设置小车运行速度

通过将巡线灵敏度乘以小车偏移量获得左右轮行驶的速度，进而实现自动驾驶的效果。整个过程需要用到以下积木块：

积木区	积木	功能
四路颜色传感器	☑ 四路颜色传感器 1 ▼ 相对巡线的偏移程度 (-100~100)	获取四路颜色传感器的位置偏移量，向左倾斜为负值，向右倾斜为正值。在线模式勾选小方框，可获得实时偏移量
mBot2 扩展接口	编码电机 EM1 ↻ 转动以 50 % 动力，编码电机 EM2 ↻ 转动以 50 %动力	设置编码电机动力，其中EM1和EM2需一正一负才能实现前进或后退

示例：自动巡线右轮速度值为：

教师活动	学生活动

[图：将 右轮速度▼ 设为 -1 * 速度 + 巡线灵敏度 * 四路颜色传感器 1▼ 相对巡线的偏移程度(-100~100)]

实践任务：自动巡线小车

[图：重复执行
将 右轮速度▼ 设为 -1 * 速度 + 巡线灵敏度 * 四路颜色传感器 1▼ 相对巡线的偏移程度(-100~100)
将 左轮速度▼ 设为 速度 - 巡线灵敏度 * 四路颜色传感器 1▼ 相对巡线的偏移程度(-100~100)
编码电机 EM1 ↻ 转动以 左轮速度 %动力，编码电机 EM2 ↻ 转动以 右轮速度 %动力]

任务要求：根据自动巡线右轮速度值的示例程序，设置左轮速度。

此环节将涉及的巡线原理与学习按钮的使用单独讲解，加深学生理解。在自动驾驶环节将巡线原理与软件编程结起来，将了解知识与实际应用相结合，感知硬件编程的操作过程。

4. 项目实现（15分钟）

1）程序设计

在上一环节已经通过编程实现了：设置自动驾驶小车的左右轮速度。现在，请在已有功能的基础上，完善程序，实现以下效果：

①童芯派启动，更新屏幕。提示A为启动按钮，B为停止按钮。

②停止按钮设置：当按钮B按下时，停止电机运动，打印当前识别的颜色，并停止所有脚本。

③启动按钮A设置：按键A按下，小车开始自动巡线。

参考程序：

[图：当按键 A▼ 按下时
将 速度▼ 设为 55
将 巡线灵敏度▼ 设为 0.6
重复执行
  将 右轮速度▼ 设为 -1 * 速度 + 巡线灵敏度 * 四路颜色传感器 1▼ 相对巡线的偏移程度(-100~100)
  将 左轮速度▼ 设为 速度 - 巡线灵敏度 * 四路颜色传感器 1▼ 相对巡线的偏移程度(-100~100)
  编码电机 EM1 ↻ 转动以 左轮速度 %动力，编码电机 EM2 ↻ 转动以 右轮速度 %动力]

提示 程序完成之后，把程序上传至童芯派，进行离线使用。

2）测试效果

尝试调整小车的速度和巡线灵敏度，观察不同的速度和灵敏度对

▶ 给出右轮速度的参考程序，学生设置左轮速度，注意整个过程中，右轮速度为负值，左轮速度为正值。

▶ 在已搭建的mBot2小车的结构上，完善"自动驾驶"的程序设计，并测试效果。

教师活动	学生活动

巡线效果的影响。

在学习基础的编程知识之后，调整已搭建好的结构，而后再进一步进行程序设计的完善和效果测试，可以在一定程度上帮助学生持续保持对项目的探索兴趣，更好地达成学习目标。

5．项目展示（13分钟）

1）以小组为单位进行作品展示

可以参考以下两种方式引导学生进行作品介绍：

问答式：作品主要有什么功能？为什么这么设计？小组成员是如何分工的？在学习和制作的过程中有没有遇到什么问题？是否解决了？作品还有哪些可以优化的地方？

陈述式：作品叫_____，起这个名字的原因是_____，它的功能有_____，小组成员是_____，每个人的工作分工是_____，制作过程中遇到的问题有_____，解决方法是_____，觉得作品还能改进的地方是_____。

2）其他学生进行评价补充

其他学生可以评价展示的项目，或可将自己的项目与展示的项目进行对比说明。

通过进行作品的自主展示和介绍，同时鼓励其他学生进行作品点评，在引导学生敢于自我表达的同时，帮助学生学会发现问题，寻找解决办法，最终能够找到作品优化方向。

6．课堂总结（2分钟）

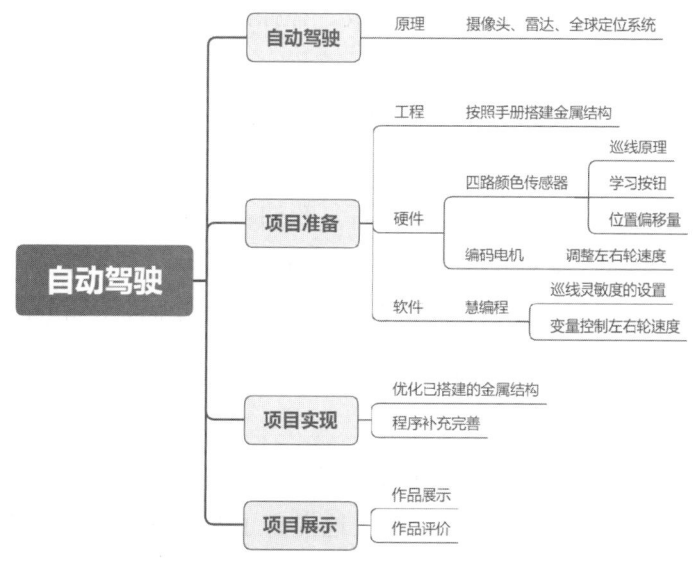

▶ 通过思维导图的形式，梳理本次课程的学习内容，回顾整节课的学习过程。

附　　录

附录1：青少年机器人竞赛——MakeX Starter

一、赛事背景

MakeX是一个引导青少年全方位成长的国际化机器人赛事和教育平台。其品牌发源于中国，是一个以STEAM教育为核心的国际化机器人赛事和教育品牌，旨在通过机器人赛事、STEAM科技嘉年华、科技教育普及活动与教育交流大会等多种活动形式，激发青少年对于创造的热爱，让大众更加深刻认识STEAM教育的价值。

作为MakeX赛事平台的核心活动，MakeX机器人挑战赛秉承创造、协作、快乐、分享的精神理念，希望通过有趣、有挑战性的高水平比赛引导青少年系统学习科学（S）、技术（T）、工程（E）、艺术（A）和数学（M），并将这些学科知识运用到现实生活中去探索和解决实际问题。

二、赛事精神

创造：我们倡导求知、创新，鼓励所有选手积极思考、动手创造，敢于挑战自我、解决问题。

协作：我们倡导积极沟通，紧密配合，鼓励选手之间精诚协作，团队之间合作共赢！

快乐：我们鼓励选手以积极、乐观的心态迎接挑战，在探索和解决问题的过程中收获快乐。

分享：我们鼓励选手时刻展现出一名Maker的开放心态，乐于向同伴、对手及社会分享自己的知识、经验与喜悦！

MakeX赛事精神是MakeX机器人挑战赛的文化基石。我们希望为所有参赛选手、老师及行业专家提供一个交流、学习以及成长的平台，帮助孩子们在创造中学习新技能，在协作中懂得尊重他人，在竞赛中获得一份快乐的人生体验，并乐于向社会分享自己的知识与责任，朝着改变世界、创造未来的宏伟志向而努力！

三、赛项介绍

MakeX Starter是面向6—13岁小学阶段的青少年推出的多任务类赛项。

该赛项融合自动控制阶段和手动控制阶段，极大地提升了赛项的趣味性和参赛体验，多任务的赛项设计和联盟合作赛制设计，充分锻炼参赛选手的逻辑思考能力和策略规划能力，促进联盟队伍间沟通协作能力的提升。

四、比赛流程

每场赛事的日程会根据实际情况确定，一般情况下，包含以下环节：

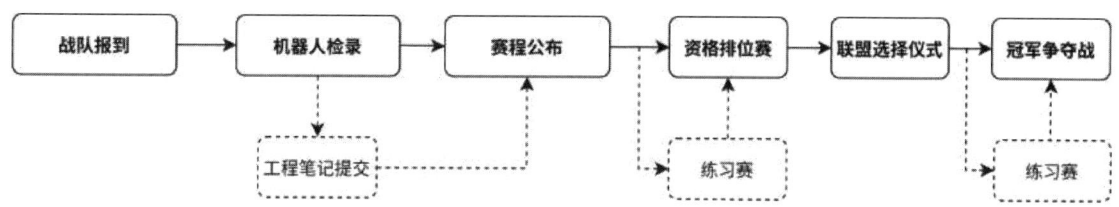

五、比赛内容

以2022赛季MakeX Starter的比赛为例，比赛主题为"零碳行动"。

十八世纪以来，化石燃料的使用给人类生活带来很多便利，同时也向自然环境中排放许多二氧化碳，全球气温也随之升高。

目前越来越多的国家参与到全球变暖的应对行动中，纷纷提出关于零碳计划的目标与政策，希望实现"碳中和"及"奔向零碳"。为了人类共同的家园，我们将从朝夕相处、赖以生存的城市开始改变，零碳城市是我们的答案。

1. 玩法简介

MakeX Starter为多任务类赛项，比赛由红蓝双方结成联盟合作完成。

比赛总时长为4分钟，由自动控制阶段和手动控制阶段两部分组成，各阶段时长由联盟双方协商决定。战队需要在自动控制阶段完成自动任务，阶段切换后，在手动控制阶段完成手动任务。比赛结束后，裁判根据计分时刻时各道具的最终状态计算双方各项任务得分。

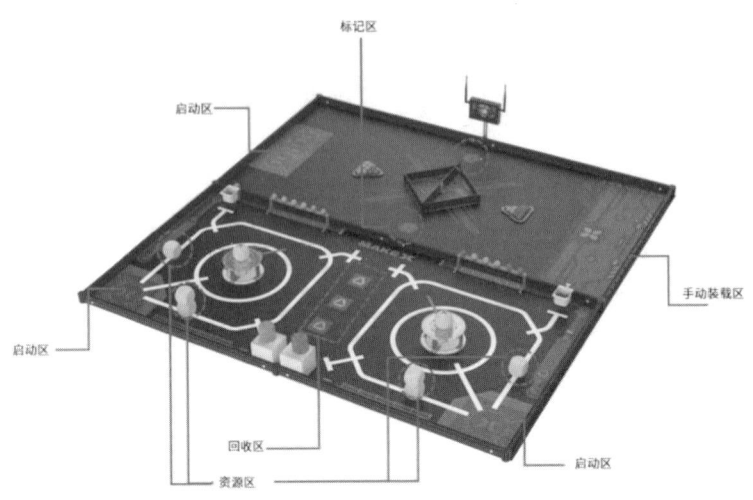

比赛场地轴测图45°

2. 场地说明

MakeX Starter比赛场地由地图和边框组成，场地边框内尺寸为2317mm*2317mm，场地外边框尺寸为2347mm*2347mm。

比赛地图分为自动任务区1151mm*2317mm和手动任务区1151mm*2317mm两个部分，主要包括启动区、标记区、回收区、手动装载区、资源区等区域。

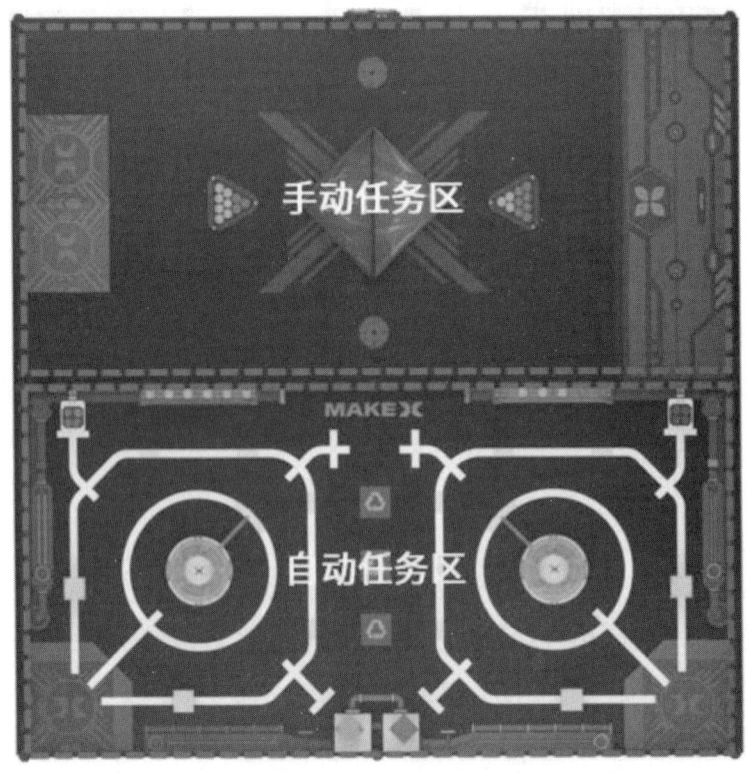

场地区域划分示意图

3. 任务介绍及得分判定

比赛任务分为独立任务、联盟任务以及可能出现的神秘任务。

独立任务：M01—M05，独立任务所得分数为队伍得分。

联盟任务：M06—M08，联盟任务所得分数红蓝双方共享。

神秘任务：大型赛事中，现场公布的比赛任务。

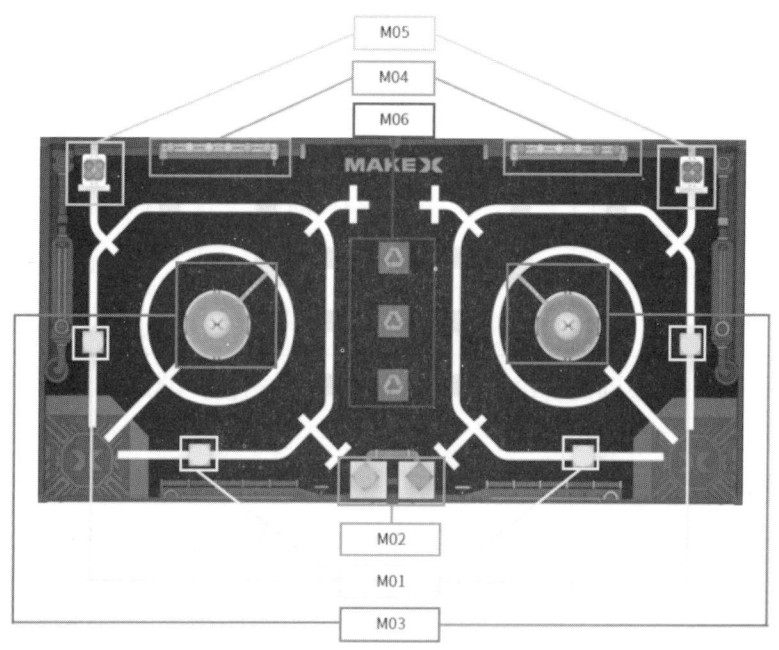

自动任务区任务位置示意图

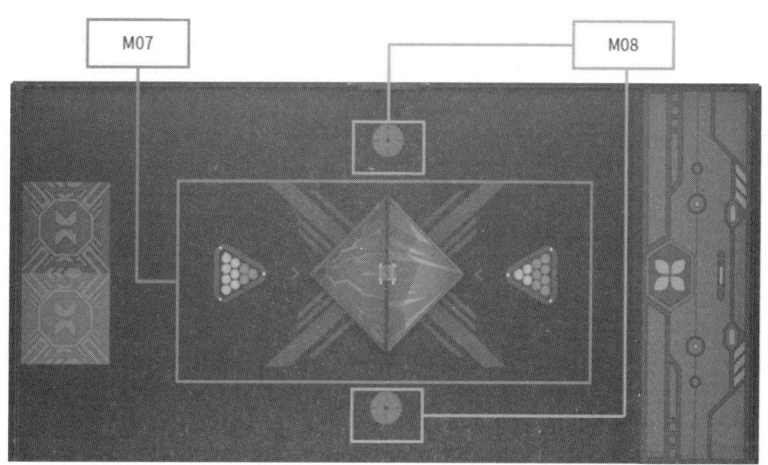

手动任务区任务位置示意图

单场比赛中，每支战队需要完成5个独立任务、3个联盟任务，具体如下所示：

阶段及时间	任务类型	比赛任务
自动控制阶段 （x秒，$0 \leq x \leq 240$）	独立任务	M01取出可再生资源箱
		M02取得自动灌溉装置
		M03开启储能电站
		M04分拣树苗
		M05搬运树苗
	联盟任务	M06回收可再生资源
准备阶段（30秒）	在此时间段可完成机器人改装以及选手换位等 （不计入总体比赛时长）	
手动控制阶段 （$240-x$秒）	联盟任务	M07植物研究
		M08摆放标记物

神秘任务：在不同级别的赛事中，可能存在与已有任务（M01—M08）均不同的比赛任务。

4. 计分说明

全场比赛中，裁判只在两个计分时刻进行计分，分别是自动控制阶段结束后和手动控制阶段结束后。在比赛过程中，裁判会实时监控比赛进程，记录警告与违例的情况。

1）独立任务得分

比赛任务	得分道具	单个道具得分	理论最高分值
M01取出可再生资源箱	黄色小方块	30分/个	90分
M02取得自动灌溉装置	红色/蓝色小方块	30分/个	30分
M03开启储能电站	黄色大球	50分/个	50分
M04分拣树苗	红色/蓝色/绿色小球	30分/个	180分
M05搬运树苗	红色/蓝色小球	30分/个	120分

2）联盟任务得分

比赛任务	得分道具	单个道具得分	理论最高分值
M06回收可再生资源	符合得分要求的绿色区域	30分/区域	90分
M07植物研究	红色/蓝色小球	10分/个	340分
	红色/蓝色小方块	30分/个	60分
M08摆放标记物	符合规范的自制道具	30分/个	60分

单场比赛结束以后，裁判将确认战队单场得分，每支战队单场得分由三部分构成：独立任务得分、联盟任务得分与违例扣分。单场得分将用于计算资格排位赛排名或冠军争夺战排名。

3）资格排位赛计分方式

资格排位赛单场得分：本方独立任务得分+联盟任务得分–本方违例扣分

资格排位赛单场最高分：470分+550分–0分=1020分

4）冠军争夺战计分方式

冠军争夺战单场得分:红方独立任务得分+蓝方独立任务得分+联盟任务得分–双方违例扣分

冠军争夺战单场最高分：470分+470分+550分–0分=1490分

5．单场比赛流程

比赛时间共计240秒。对于任意队伍，其比赛阶段及切换时间如下：

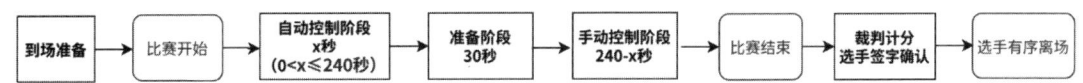

1）到场准备

单场比赛开始前，选手应按照赛程时间提前抵达场地，并在裁判的引导下做好以下准备：

（1）将机器人电源保持开启状态，完全放在本方自动任务区的启动区内，蓝牙手柄保持开启状态，放在手动任务区的启动区内，战队标记物放置于手动任务区的手动装载区内。

（2）选出一名联盟队长抽取道具卡，并按照道具卡摆放M01与M04任务道具位置。

（3）检查场地和道具摆放是否规范。

（4）等待裁判指令。

2）自动控制阶段

裁判倒计时5秒后，自动控制阶段计时开始：

（1）自动阶段开始后，机器人通过运行自动程序在自动任务区内完成相应的任务，期间选手可以向裁判发起重启请求。

（2）自动阶段开始后，联盟可随时发起阶段切换申请，即比赛由自动控制阶段切换到手动控制阶段，进入手动任务区后机器人不可以再返回自动任务区。阶段切换申请有且只有一次机会，联盟双方对于阶段的切换须自行达成一致意见，并由联盟队长发起，裁判同意后，联盟双方同时进入手动任务区域。

（3）本阶段时长为0~240秒，具体持续时间取决于联盟发起的阶段切换申请。

3）准备阶段

在裁判同意后，比赛停止计时，进入30s的准备阶段(不计入总体比赛时间）。联盟需在准备阶段完成：

（1）站位调整：选手需按照"操作规则"中的站位要求进行站位。

（2）机器人改装和测试：选手可以对机器人进行改装，使其更适应手动控制阶段的任务，测试并确认蓝牙手柄遥控功能正常。

（3）启动并放置机器人：选手将机器人完全放置在手动任务区启动区内，确保其开启并运行在合适的程序上。选手可拿起手柄，但需要注意机器人在准备阶段不得完全离开启动区。

若选手在30s准备阶段内未完成相关操作，裁判会直接发出手动控制阶段开始的指令，比赛将直接进入手动控制阶段，未完成改装准备的选手可以继续进行，超出的时长将计入比赛时长。

4）手动控制阶段

在裁判发出"开始"指令后，手动控制阶段开始：

（1）手动控制阶段时，选手进行观察手和操作手的任务分工，并站在指定站位区完成相关任务，具体站位要求请参考"操作规则"中关于参赛选手错误站位。在手动控制阶段，观察手和操作手可以向裁判申请换位，具体换位要求请参考"操作规则"中关于参赛选手错误换位。

（2）若联盟在4分钟比赛时间未结束前，向裁判申请结束比赛，裁判许可后发出"比赛结束"指令并停止计时，则比赛提前结束；或在4分钟的比赛时间用完时，裁判将主动发出"比赛结束"指令，比赛结束。

比赛全程参赛队员可依照比赛规范对机器人进行维修、改装，在此期间比赛时间不停止。除安全问题外，选手不得向裁判申请暂停比赛。

5）裁判计分及选手签字确认

比赛结束后，裁判会进行得分统计。如对比赛无异议，双方联盟队长必须在成绩单上签字确认比赛结果。如对比赛结果存在异议，参赛战队无需签字，应在未签字确认成绩的前提下，立刻向当值裁判提出异议，积极沟通。

签字确认后，参赛队员应主动协助裁判复原场地道具，并携带机器人和手柄有序离场。

六、技术规范

1）机器人制作规范

机器人制作规范是指导各参赛队伍更好地参赛备赛的公平公正且安全的竞赛标准规范。其鼓励各参赛队伍在充分阅读、理解该规范的前提下进行机器人的编程搭建。所有参赛战队的机器人必须严格遵守该制作规范，凡违背该规范要求的机器人将被要求整改，情节严重者将被判罚取消比赛成绩或取消比赛资格。

2）机器人机械规范

TO1每支参赛战队仅可使用同一台机器人进行赛前检录，检录通过后，该战队仅可使用通过检录的机器人进行比赛,严禁战队更换机器人,严禁战队使用未通过检录的机器人。

T02整场比赛过程中,主控、底盘、车轮、履带不可更换,其余零件可以更换。

T03整场比赛过程中,机器人的长、宽不得超过280mm,高度不得超过300mm。

a.机器人尺寸以最大伸展尺寸为准,检录时需展开所有活动结构(含改装后状态)至最大尺寸状态。

b.机器人完全展开后,任意部分不得超出长280mm*宽280mm*高300mm的立方体。

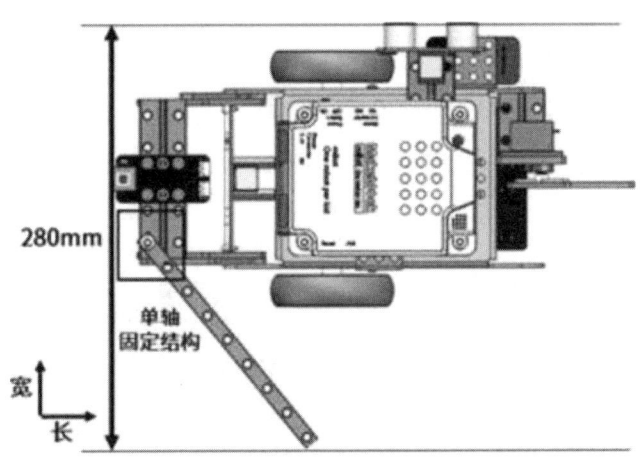

最大延伸尺寸俯视图

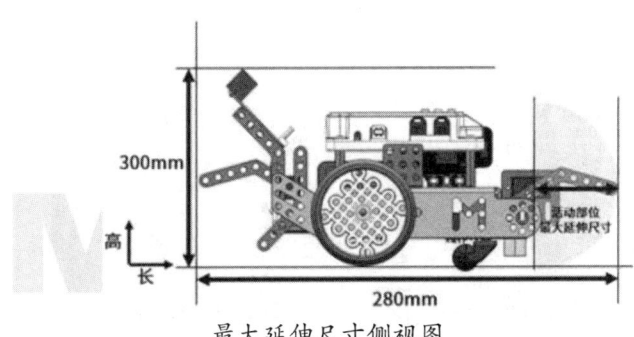

最大延伸尺寸侧视图

T04在整个比赛过程中,机器人任意时刻最大净重不超过2.5kg,包含电池重量,不包含战队标记物重量。

T05参赛战队可自行制作机械零件,可以使用3D打印、激光切割等零件,不允许使用高集成度的完整商业产品,包括但不限于多自由度机械臂或机械手等。

3)战队标记物制作规范

战队标记物的制作要求如下:

T06该自制道具应为立体道具,不限制材质,推荐使用激光切割机或3D打印机制作而成。高度需要超过120mm,在地面的垂直投影不得超出100mm*100mm的方形区域。

战队标记物示意图

T07该道具需要展示战队风貌，组委会鼓励参赛队在道具上绘制个性化的图案或文字，但是须积极向上、能够体现主题和赛事精神，内容须符合国家法律法规要求，若出现不符合要求的内容，裁判有权判定该道具不通过检录。

战队标记物必须通过机器人检录和赛前检录才可被携带至赛场。

七、操作规则

比赛过程中，参赛队员须站在规定区域进行比赛。自动控制阶段，参赛队员须站在自动任务区的规定操作区域。手动控制阶段，每支战队可由一名操作手与一名观察手在图示区域内进行比赛，参赛队员不可在操作区外进行比赛。若战队仅有一名参赛队员，则须选择其中一个比赛角色进行比赛，不可同时扮演操作手和观察手的角色（例：操作手不可拿着手柄在观察手区操作机器），操作区域实际大小视比赛现场情况而定。

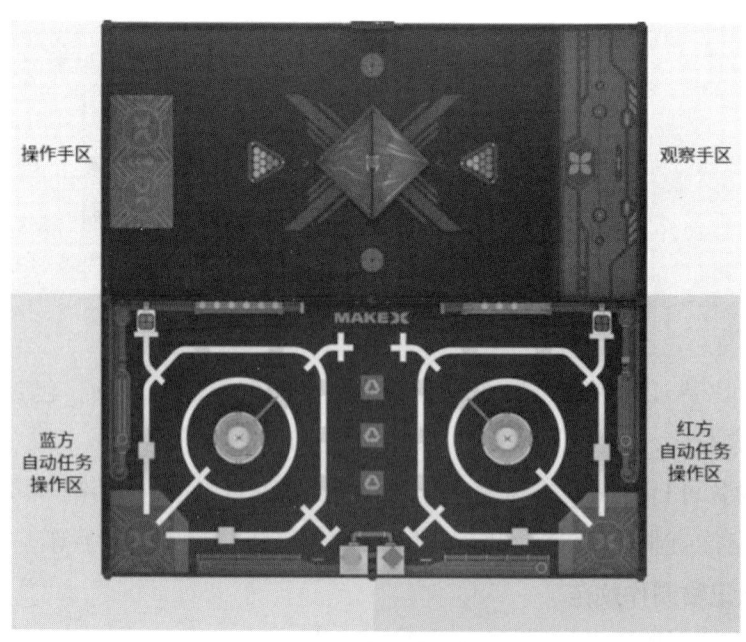

图选手站位示意图

附录2：奖项及年度积分说明

根据赛事规模和队伍数量，比赛将会被划分成不同等级的积分赛、国内大区赛、海外国家赛、国内国家赛与海外洲际赛。各参赛战队可自愿报名参加全年各类积分赛，累计获得年度积分。年度积分的累计以战队编号为准。MakeX Starter赛项，年度积分计算方法如下：

参加单场积分赛，参赛战队可获得的年度积分=（所有资格排位赛总得分+冠军争夺战最佳单场成绩总得分）*赛事等级系数。

赛事等级	等级系数
积分赛	得分之和*0.01
国内大区赛 海外国家赛	得分之和*0.02
国内国家赛 海外洲际赛	得分之和*0.03

获得冠军、亚军、季军及单项奖、综合奖的队伍还将获得额外的年度积分。

附录3：2022MakeX机器人挑战赛工程笔记书写建议

一、须知

（1）工程笔记价值：帮助建立团队档案，梳理和记录整个学习过程。因此工程笔记的记录应当贯穿于整个准备比赛的过程，而不是在赛前一次性书写完成。

（2）工程笔记提交：战队可以采用在线文档或者手写的方式。无论采用何种方式，每个战队都必须在现场提交纸质版。

纸质版工程笔记：有评审环节的赛项（Challenge和Premier赛项），每个战队在评审现场提交1份纸质版给评审教师；无赛前评审环节的赛项（Starter和Explorer赛项），每支战队需在机器人检录处提交1份纸质版工程笔记给工作人员。无法提交原件的参赛战队请自行准备复印件。

（3）工程笔记将作为所有奖项的重要评选依据，各奖项评选标准请查阅奖项手册。

二、封面基本要求

必须标注战队名称、战队编号、赛项名称。

三、内容基本要求

1. 目录指引

方便评审教师翻阅，快速找到对应内容版块。

2. 过程记录（必填）

从原型设计，制作搭建，到调试完成，机器人的每一次改进都应当记录在册。保留所有的手稿、设计图纸、计算过程、电路图等，以图片的形式插入工程笔记中。

（1）制作进度规划表。

（2）设计灵感/草图。

（3）技术原理（可以对各部分装置进行分解）。

（4）制作步骤（附清晰图片）。

（5）遇到的问题及解决方法。

问题举例：

遇到了哪些技术失败？为什么失败了？最后是如何解决的？

你们在机器人的功能表现方面做了哪些努力？实现了哪些优化?

你们的项目规划进度表是否如期进行？出现了哪些意外或者延期？如何补救？

队员之间是否起过争执，最后是如何解决的？

3. 作品总结

（1）作品结构与功能介绍（可配合图片与文字）。

（2）作品技术创新点介绍。

（3）竞赛策略介绍（针对得分与防守采取的策略选择）。

4. 团队介绍

（1）团队队员与分工介绍。

（2）团队文化展示（Logo、队旗、口号、文化衫等）。

（3）团队优秀事迹分享（团队故事）。

5. 感想与其他想说的话（选填）

（1）比赛中的收获（技术方面）。

（2）比赛中的成长（精神方面）。

（3）对比赛的建议。